해(害)를 선으로 바꾸신 하나님

| 이재영 지음 |

쿰란출판사

 감사의 글

축복의 삶과 행복을 누리는 비결

저에게는 늘 메모하는 습관이 있었습니다. 운전을 하다가도, 식사를 하다가도, 자전거를 타다가도 순간적으로 스치는 생각들을 적어 두었습니다. 문득문득 떠오르는 글귀들, 그냥 놓쳐버리기에는 너무 아깝고 아쉬운 글들, 이런 쪽지들을 모아 정리한 후에 문장을 만들고 다듬다 보니 또 한 권의 책을 펴내게 되었습니다. 세상에서 가장 미련하고 부족하기가 그지없는 제가 네 번째 책을 펴내게 된 것은 순전히 하나님의 은혜입니다. 그리고 성령님의 도움이 있었기에 가능한 일이었음을 고백합니다.

첫 번째 책은 60세가 되면 책을 내겠다는 약속으로 인하여 출판을 하게 되었고, 두 번째 책은 1권을 보신 분들의 권면과 요청에 따라서 엉겁결에 출판을 하게 되었습니다. 세 번째 책은 어느 출판사에서 간증을 공모한다기에 목회를 시작하면서부터 목회 여정에 있었던 사연들을 모았습니다. 세 번째 작품을 탈고한 후에 모아진 자료를 또다시 정리하다 보니 그냥 삭제해 버리기에는 아쉽고도 아까운 간증거리와 교훈적인 글들이 있었습니다. 매우 유치하고 부끄러운 글이지만 읽는 이로 하여금 신앙생활에 유익이 되기를 소망하면서 책으로 엮었습니다. 사역을 감당하는 데 유익이 되도록 기도할 뿐입니다.

교회는 각양각색의 사람들이 모이는 곳인지라 사업이나 행사에 방해요소가 되는 사람들이 있기 마련입니다. 또한 목회에 걸림돌이 되는 자들도 있을 수 있습니다. 이런 교회는 목회자에게도 고통스런 일이지만 본인에게도 불행한 일입니다. 왜냐하면 하나님의 심판이 따르기 때문입니다.

저는 청년 시절부터 지금까지 교회 일을 방해한다든지 목회에 걸림돌이 되는 자들의 결말을 보아왔습니다. 대부분 그들의 인생길이 형통하지 못하였습니다. 삶의 현장에 좋은 일이 오는 것을 보지 못하고 불행하고 비극적인 인생으로 전락해 버렸습니다. 참으로 애석한 일이었습니다. 그 일들을 목격하는 순간, 하나님의 일을 훼방하면 반드시 보응이 따른다는 것을 깨달았습니다. 이후, 저는 어떠한 경우에든 교회에 헌신하며 목회의 협력자로 살아야겠다고 결심하였습니다. 이것이 바로 인생의 비극과 불행을 면하고 축복의 삶과 행복을 누리는 비결이었기 때문입니다.

제 주변의 모든 분들이 그리고 책을 대하는 분들마다 헌신적인 모습으로 사명을 감당하여 지상에서는 축복의 주인공, 천상에서는

　영광스러운 면류관의 주인공이 되기를 원하는 심정으로 네 번째 작품을 만들었습니다. 주변 사람들을 향한 저의 간절한 소망이 이뤄지기를 기도할 뿐입니다.
　땅에 거하는 동안에 하나님께서 정하신 법칙을 지킬 수만 있다면 행복을 누리는 축복의 인생이 될 것입니다. 또한 후일에 주님 앞에 서는 날 영광스러운 면류관의 주인공이 되리라 확신합니다. 그뿐만 아니라 시대가 바뀐 후에도 후손들로부터 존경과 찬사를 받는 아름다운 인생이 될 것입니다.

　부족한 종의 목회와 건강을 염려하시며 언제나 아버지의 심정으로 돌보셨던 염충섭 원로목사님께 감사를 드립니다. 늘 가까이에서 형님처럼 챙겨 주시며 사랑으로 보살펴 주신 황인술 목사님께 감사드립니다. 부족한 종에게 관심을 갖고 기도해 주시며 형님의 입장에서 권면과 함께 희망을 주신 노점수 장로님께도 거듭 감사를 드립니다. 모두들 평생토록 건강하시며 은혜롭고 경사스런 일들만 있기를 기도할 뿐입니다.
　끝으로 또 한 권의 작품을 만들어 내도록 동기부여를 해주신 나금주 권사님께 감사드립니다. 문학에 대한 소질과 대단한 실력을 갖고 계시면서도 보잘것없는 작품에 은혜를 받았다며 격려와 함께 집필에 대한 희망과 용기를 갖게 해주셨습니다. 참으로 감사할 따름입니다. 늘 건강한 모습으로 행복한 나날을 보내기를 기도할 뿐입니다.

교회 운영이 벅찰지라도 세 번째 책을 출판하는 일에 기쁨으로 협력해 주신 호남제일교회 재정위원장이신 김점덕 권사님을 비롯한 재정 위원들과 모든 교우들에게 심심한 감사를 드리며 가정과 자손, 사업장과 생업 위에 하나님의 은혜가 임하므로 축복의 주인공이 되시기를 축원합니다.

또 한 권의 책이 출판되는 일에 희생적으로 도와주신 쿰란출판사 이형규 장로님께 감사드립니다. 또한 작품이라고 볼 수도 없을 정도로 유치한 글을 은혜로운 작품이 되도록 심혈을 기울여 다듬어 주신 오완 편집부장님을 비롯하여 모든 직원들에게 감사를 드리며 때마다 일마다 하나님의 은혜가 넘치시기를 축원합니다.

세상에서 가장 부족하고 무가치한 인생에게 삶의 자취와 신앙생활의 흔적을 세상에 남길 수 있도록 은혜를 베푸신 나의 하나님께 감사와 영광을 올립니다. 감사합니다.

2018년 6월

이재영 목사

차례

감사의 글 / 2
입선 작품_ 해를 선으로 바꾸신 하나님 / 8

1부 / 불변의 법칙

01. 부전자전의 신앙 · 28
02. 교회를 지키시며 보존하시는 하나님 · 44
03. 심은 대로 거두는 법칙 · 65
04. 앞장선 지도자 한 사람이 중요하다 · 82

2부 / 축복의 법칙

05. 하늘 문이 열리는 법칙 · 104
06. 주님께 드린 것만이 가장 확실한 투자였다 · 129
07. 생각을 바꾸니 상황이 달라지다 · 144
08. 서원을 지킴으로 경험한 사연들 · 154

3부 / 행복의 법칙

09. 아름다운 결과를 낳은 양보와 포기 · 176
10. 용서는 상대가 아닌 나를 위한 일이다 · 198
11. 사명자의 생명을 보전하시는 하나님 · 231
12. 그래도 감사하며 산다오 · 247

나가면서 / 260

입선작품

해를 선으로 바꾸신 하나님

    목회 6년차가 되던 해였다. 하나님의 인도와 선배목사의 배려로 면소재지에서 5km 정도 떨어진 농촌 교회에 부임하였다. 50년의 역사를 지닌 교회로서 네 명의 장로와 주일학생들까지 모두 100여 명 가까이 되는 교세였다. 부임하자마자 교회 안팎에서 기도할 수밖에 없는 상황들이 벌어지고 있었다.
    주변에서 일어나는 어처구니없는 일들로 인하여 목회에 환멸을 느낄 정도로 고통스러웠다. 기도하지 않으면 감당할 수 없는 사건들이 매일같이 일어났다. 두 아들 역시 학생들에게 따돌림을 당하기도 하고 무시를 당하기가 일쑤였다. 교회 안에서 일어나는 상황으로 보아 기도하라는 하나님의 신호로 마음에 와닿았다.
    이러한 영적인 깨달음과 함께 금식하며 간구하였다. 오직 하나님만을 의지하는 심정으로 밤마다 십자가 밑에 나아가 무릎을 꿇었다. 문제해결은 하나님께서 사건에 개입해 주실 때만 가능했기에 몸이 고달프고 피곤할지라도 자정을 넘어 새벽시간이 될 때까지 하늘의 능력을 구하였다. 목사부부가 매일 성전에 머무르면서 철야기도를 한다는 소문이 나자 4명의 여자집사들이 밤 기도에 동참해 주었다.

부임한 지 한 달이 지나면서 밤마다 공식적인 기도회를 가졌고 자정부터는 기도특공대들과 함께 성전에 머물러 철야하였다. 낮에는 동네와 논밭으로 다니면서 전도하는 일에 힘을 썼다. 영혼구령을 위한 복음의 열정과 밤마다 하늘 보좌를 향한 부르짖음은 과연 헛되지 않았다. 그 결실로 말미암아 전도의 문이 열려 주일마다 새로운 신자들이 등록하였다. 매주일, 적게는 한 명에서 많게는 일곱 명까지 새 신자를 보내주셨다. 시간이 지나면서 믿는 무리가 날마다 더하는 가운데 교회 부흥을 이루어 주일이면 축제의 분위기에서 예배를 드렸다. 성전에는 성도들로 충만하였고 교회 주차장에는 외지에서 몰려드는 자가용들로 가득하였다.

교세가 늘어나다 보니 경제적인 형편도 좋아졌다. 장로님들을 비롯하여 교우들의 얼굴에는 웃음꽃이 만발하였다. 내가 이곳에 부임했을 때만 하더라도 주일학생들까지 합산하여 100여 명이 안 되는 교세였다. 그런데 부임한 지 6개월이 지나면서 주일예배 장년 집회수가 200명 정도였으니 교회가 부흥이 된 것만은 사실이었다. 주일마다 새 신자를 보내 주셨는데 그 지역에서 다른 교회에 출석을 하다가 시험이 들어 오랫동안 쉬고 있는 사람들까지도 보내주셨다.

매일 밤 기도회는 하나님의 은혜와 능력을 체험하는 시간이었다. 하나님의 능력을 믿고 집회에 참석한 자들은 신자든 불신자든 고질

병이나 난치병들을 치료받기도 하였다. 이후 은혜로운 교회로 소문이 나면서 부근에서 한 번쯤 오고 싶어 하는 교회가 되었다. 교회가 부흥이 되니 재정도 배로 늘어 농촌 교회로서 억대가 훨씬 웃도는 실력이 있는 교회로 자리를 굳혔다.

주일이면 시내에서 출석하는 교인들이 많아 4개 구역으로 나누어 편성하였는데, 거의 젊은이들이었고 사업가들이 많았다. 부임 당시만 하더라도 30-40대 집사들은 거의 없었다. 그런데 이제는 젊은 교인들이 상당수에 이르렀다. 하나님의 은혜에 감사할 뿐이었다.

소문이 나다보니 교회의 부흥과 변화에 대한 사연들이 〈농촌 교회도 부흥할 수 있다〉는 내용으로 국민일보와 교단신문을 통해서 전국 교회에 알려지기도 하였다. 이후 여러 목회자들이 다녀갔고 어떤 목사는 집사들을 대동하고 견학을 오기도 하였다. 방문객들 중에는 "면소재지도 아닌 농촌에 이런 교회가 있었느냐"며 놀람과 함께 칭찬을 아끼지 아니하였다.

누가 와서 보더라도 부임 후에 교회는 많은 변화가 있었다. 예배 분위기도 이전보다 한층 은혜로웠다. 교회 부흥의 물결과 함께 장로들의 얼굴에는 웃음꽃이 만발하였고 입가에는 감사가 넘쳤다. 어느 날부터인가 갑자기 헌신적인 일꾼들도 많아졌고 주일이면 몰려드는 20-30대의 자가용들로 인하여 300평의 주차장도 확보하였다. 더 큰 발전을 기대하면서 교회당 건물도 새롭게 단장하였다. 교육기관의 교육실과 화장실도 수세식으로 새롭게 건축하였다.

주일이면 축제 분위기 가운데서 은혜가 넘치는 예배를 드렸다. 교인들의 숫자도 많아지고 교회가 새로워졌으면 거기에 걸맞은 행정과 조직이 필요했다. 그래야 교회가 더 발전된 모습으로 이전보다 더 큰 일을 도모할 수 있다고 생각하였다. 이러한 의미에서 인사를 단행하였다. 효율적인 운영을 위해서 목사는 목회에만 전념하고 장로들이 교회를 운영하는 제도를 도입하였다. 수석장로를 우대차원에서 운영위원장으로 임명하였다. 그리고 재정위원장은 개척 멤버로서 변함없는 모습으로 최선을 다하는 젊은 장로에게 맡겼다. 이 일을 단행하기 위해서 많은 기도가 있었고 사전에 장로들과 여러 번의 회동을 거쳐 인사의 필요성을 피력도 하였다.

연말이 가까워질 무렵, 교회의 변화와 성장을 꿈꾸면서 인사를 단행하였다. 그러나 오랫동안 재정을 관리했던 수석장로에게는 큰 충격이었다. 개척 당시부터 맡아왔던 재정위원장 자리에서 물러나니 악감과 함께 섭섭한 감정이 복받쳐 왔던 것이다. 지금까지 자기 혼자서만 교회 재정을 맡아 살림을 해야 한다는 생각을 갖고 있었다. 이후 수석장로는 인사개편에 대하여 불만을 품고 기회가 되면 다시금 교회 재정권을 되찾으려는 생각을 하고 있었다. 그날부터 목사를 내치기 위한 궁리와 함께 모사가 시작된 것이었다.

이후, 수석장로는 목사를 내보내기 위한 작전을 세우고 은밀하게 일을 추진하였다. 한 사람의 목사에 대한 반감이 장로들에게까지 확산되니 목사를 내보내야 한다는 결론이 내려졌다. 그 무렵 정치적으로 유력한 선배목사가 수석장로들에게 손을 내밀었다. 그들이 함께 손을 잡고 목사를 내보내는 일을 추진하였다. 선배목사는 내가 사임하면 부임해 오려는 욕심으로 정치적인 배경을 이용하여 장로들에게 힘을 실어주었다. 내가 외부적으로 움직이지 못하도록 이미 손

발을 묶어 버렸다. 주변 목사들은 자신들과 상관없는 일인지라 동료 한 사람이 무참히 짓밟히며 사지로 내몰려도 모두 묵인만 하고 있었다. 장로들의 언어도단적인 모습이나 악랄하고도 매몰찬 행동은 두렵고도 가슴 아픈 일이 아닐 수 없었다.

70일 특별기도회가 거의 끝날 무렵, 기도회에 참석하지 않던 장로들이 모습을 보였다. 장로들의 표정이 평소 때와는 달라 보였다. 저들 모두 심란하면서도 험상궂은 표정들을 하고 있었다. 사람인지라 문득 마음에 살벌한 느낌과 함께 불길한 예감이 들었다. 기도회가 끝나자마자 수석장로가 만남을 요청하였다. 교인들이 모두 돌아간 후에 장로들과 얼굴을 마주하였다. 모두들 심각한 표정만 하고 있을 뿐 아무도 입을 열지 않고 있었다. 불길한 생각과 함께 교회에 심각한 문제가 생겼다는 느낌이 들었다.

잠시 동안 침묵이 흐른 후, 수석장로가 입을 열었다. 그 입에서 흘러나오는 첫 마디가 경악을 금치 못할 정도로 충격적인 내용이었다. 사전에 한 마디의 통보나 협상도 없이 사임을 요구해 왔다. 아무런 예고도 없이 어느 날 갑자기 사임이라니, 마치 마른하늘에 날벼락 치는 일과도 같았다. 세상 사람들도 이러한 비열한 행동은 하지 않는다. 직원들을 퇴직시킬 때에는 적어도 3개월간의 시간적인 여유를 주는 것이 통례이다. 그런데 장로들은 막무가내로 당장에 사임만을 고집하였다. 장로들의 요구야말로 어처구니없는 일로서 언어도단이었.

나는 아연실색한 표정으로 사임의 이유를 물었다. 장로들은 앞뒤가 맞지 않는 구차한 변명만 늘어놓았다. 장로들의 답변이야말로 가관이었다. '목사가 하루아침에 싫어졌으니 교회를 떠나달라'는 것이었다. 너무나 당황스러워 할 말을 잃어버렸다.

얼마간의 침묵이 흘렀다. 격동된 마음을 가라앉힌 후에 또 다시 사임의 이유를 물었다. 장로들은 유구무언의 모습으로 서로 얼굴만 마주하고 있다가 수석장로가 입을 열어 "아무런 이유가 없다"고 대답하였다. 그 대답은 양심적이었다. 내가 부임한 후 교세도, 집회 인원도, 재정도 모두 배로 부흥과 함께 성장했기에 장로들은 나에게 사임조건을 말할 수가 없었다. 그래도 그들에게 기본적인 양심은 있었던 것 같았다. 무례한 모습으로 막무가내 사임을 요구하는 장로들에게 나 역시도 강경한 자세로 언성을 높이며 장로들과 맞서 대응할 수밖에 없었다.

내가 살기 위해서는 어쩔 수 없는 노릇이었다. 목사도 사람인지라 코너에 몰리자 본능적으로 선배들이 사용했던 방법이 자동적으로 튀쳐나왔다.

"죽어서 송장으로나 나갈까, 이곳에서 한 발자국도 움직일 수 없습니다."

장로들 역시 자신들의 주장을 조금도 굽히지 않았다. 시종일관 저돌적이면서도 강경한 자세로 사임만을 요구하였다. 장로들은 하나가 되어 목사를 사임시키는 일에 한 치의 양보도 없이 나를 벼랑 끝으로 몰아세웠다. 사실, 그동안 장로들의 세력이 양분되어 안건을 처리하는 데 있어서 의견이 일치되지 않아 애로사항이 많았다. 자기들끼리 물고 뜯다보니 서로 방해 요소가 되기도 하고 걸림돌이 되었다. 그동안 서로가 상반된 주장으로 교회 발전을 저해하던 장로들이었다. 그런데 목사를 사임시키는 일에는 하나가 되었으니 헤롯과 빌라도와도 같았다. 저들은 평소에 원수같이 지낸 사이였다. 그런데 예수님을 십자가에 처형시키는 일에는 마음이 하나 된 것처럼 장로들도 그러하였다. 장로들은 결론적으로 충격적인 한 마디의 말을 내뱉고 자리에서 일어났다.

"만일 목사님이 사임치 않으면 교회는 쪼개질 것입니다. 목사님을 따르는 교인들은 본당에서 예배드리세요. 우리들은 교육관에서 예배드리는데 타 교단 목사님을 모실 겁니다."

저들의 주장 앞에 할 말을 잃어버렸다. 매몰차게 사임을 몰아붙이는 장로들의 모습에 몸이 부들부들 떨렸다. 장로들의 주장대로 일이 진행된다면 교회 책임자로서 하나님의 심판을 피할 수 없으리라는 생각이 들었다. 하나님의 심판이 무섭고 두려웠다. 저들의 말과 행동은 참으로 황당하고도 야비했다.

장로들은 위협적인 모습으로 교회를 떠나달라는 말을 남기고서 돌아가 버렸다. 이러한 일들은 세상에서도 보기 힘든 어처구니없는 행위였다. 장로들에게 당한 굴욕을 십자가에 달리신 주님을 생각하며 기도하는 마음으로 참아냈다. 장로들은 계속해서 하나같이 차가운 표정으로 자기들의 결심을 확고한 행동으로 보여주었다.

적막만이 흐르는 자정이 가까운 시간, 습관을 따라 성전에 들어가 십자가를 마주하고 앉았다. 기도가 나오지 않았다. 장로들의 얼굴만 아른거렸다. 얼마 전에 있었던 일들이 파노라마처럼 뇌리에 스쳐갔다. 마치 꿈을 꾸고 있는 것 같았다. 장로들의 얼굴이 스칠 때마다 부아가 치밀어 오르기도 하였다. 사람인지라 분통과 착잡함이 나를 더욱 애석하게 하였다. 교인들을 선동하여 목사추방운동에 앞장선 자가 다름 아닌 수석장로였다는 사실 앞에 경악을 금치 못하였다. 그는 얼마 전까지만 해도 목사를 자랑하며 심복처럼 헌신적으로 섬기던 자가 아니었던가.

더군다나 장로들 가정에는 형제든 자녀든 모두 목회자가 있었다. 그럼에도 목사를 내치는 일에 마음을 모아 규합된 행동을 보였다. 설령 목사가 잘못하고 허물이 있을지라도 덮고 변호해야 할 사람들이었다. 정말로 가슴 아픈 일이었다. 목사를 추방하는 일에 앞장선 장로들의 얼굴이 떠오를 때마다 심적 고통이 더해져만 갔다.

시간이 흐르면서 목사추방운동이 교인들에게 표면화되어 사임에 대한 소문이 삽시간에 퍼졌다. 교인들 중 알 만한 자들에게는 모두 알려졌다. 며칠이 지난 후에 젊은 남자 집사들과 장로들이 한자리에 모였다. 집사들은 거의 내가 부임한 이후에 등록한 집사들이었다. 목사를 갑작스럽게 사임시키는 일이 이해가 되지 않아 장로들과의 만남을 청하였던 것 같았다. 얼마간의 침묵이 흘렀다. 서로가 눈치만 보다가 지역의 지도자이며 사업가로서 신망이 높은 젊은 집사가 먼저 입을 열었다.

"엊그제까지만 하더라도 장로님들 입에서 우리 목사님 같은 분이 안 계시다며 저희들에게 입이 닳도록 칭찬하시면서 자랑하셨습니다. 그런데 왜? 갑자기 그것도 지금 당장 사임을 요구하셨는지 답변을 듣고 싶습니다."

젊은 집사의 당당한 모습에 장로들은 유구무언이었다. 얼마 전까지만 하더라도 목사를 칭송하며 자랑하던 증인들이 자신들이기에 양심상 입을 열지 못하였던 것이다. 또 다시 몇 분간의 침묵이 흘렀다. 장로들에게서 아무런 대답이 없자 젊은 집사는 다시금 입을 열었다. 이번에는 억양이 좀 올라간 흥분된 목소리로 따져 물었다.

"우리 목사님이 잘못한 것이 뭐가 있습니까? 엊그제까지만 하더라도 만나는 사람들마다 입이 닳도록 우리 목사님을 자랑하시던 장로님들이…. 목사님 사임 이유를 말씀해 주세요."

수석장로가 조심스럽게 입을 열어 젊은 집사의 질문에 대한 답변을 하였다.

"특별한 이유는 없습니다. 모두 우리 교회를 위해서입니다. 여러분도 우리들처럼 장로가 되면 우리의 심정을 이해할 것입니다."

이어서 젊은 장로가 조심스럽게 입을 열어 떨리는 목소리로 자기들의 입장을 밝혔다.

"우리가 어떻게 주의 종인 목사님을 잘못했다고 말하겠습니까? 만일 목사님이 안 나가시면 우리들은 교육관에서 별도로 예배를 드리는데, 다른 교단의 목사님을 모실 것입니다."

내가 부임한 후, 등록한 집사들 중에는 지역에서 인정받는 지도자도 있었고 재력이 튼튼한 사업가들이 많았다. 그들 대다수가 등록하는 날부터 변함없이 자신들이 맡은 일에 헌신적인 모습으로 최선을 다하는 사람들이었다. 장차 장로로 세울지라도 부족함이나 부끄러움이 없는 신실한 일꾼들이었다.

또한 십일조 교인으로서 교회 재정에도 크게 영향을 미치는 자들이었다. 교회에서 여행을 할 때에도 관광버스 대절요금을 혼자서 부담하는 사람도 있었다. 그들 중에는 정규 집회시간 외에도 수시로 찾아와 목사와의 교제의 시간을 갖기도 하고 그러다가 때가 되면 자연스럽게 식사를 하기도 하였다. 명절이 되면 장로들은 교회에서 인사하는 것으로 끝나지만 젊은 집사들은 양복과 양장을 선사하는 자들이었다. 그뿐만 아니라 그들은 매월 목양에 필요한 경비를 충족시켜 주는 자들이었다. 이는 경제력이나 생활수준부터 다르기 때문에 장로들과는 섬김의 방법과 수준이 달랐다. 이러한 추세라면 언젠가는 저들이 장로가 되는 날에 교회 주도권을 빼앗길 수도 있겠다는 생각이 목사추방운동의 발단이었다.

개척 이후 40여 년을 지켜온 자리인지라 재정권만큼은 쉬 포기할 수가 없었다. 그래서 그 자리를 다시금 되찾아보려는 마음이 목사추방운동을 꾸미게 된 동기였다. 더군다나 수석장로가 재정권을 잃고 보니 자신들이 염려하고 있는 일들이 언젠가는 일어날 것이라는 불길한 생각에 다른 장로들도 이번 사건에 동조한 것이었다. 그날 이후 젊은 집사들은 장로들의 부당성을 지적하면서 사임에 대한 요구를 철회할 것을 조심스럽게 건의하였다. 그러나 장로들은 대꾸도 하지 않았다. 참으로 안타까울 뿐이었다.

만물이 잠들고 적막만이 흐르는 고요한 시간, 상황과 사태를 하나님께 아뢰었다. 순간 나를 옹호하며 힘을 실어 주는 사람들이 생각났다. 아무런 힘도 없이 벼랑 끝으로 내몰리는 상황에 지지하는 세력이 있다고 생각하니 힘이 솟구치기도 하였다. 천군만마를 얻은 기분이었다. 더군다나 나를 옹호하는 세력들이 지역에서 인정받는 유력한 지도자들과 재력이 튼튼한 사업가들이라는 사실 앞에 장로들과 맞서 싸워야겠는 생각이 들기도 하였다. 나도 사람인지라 장로들의 도전에 정면으로 맞서 대응을 해야겠다는 마음이 꿈틀거리기도 하였다.

며칠이 지난 후, 장로들과 젊은 집사들은 두 번째 회동을 가졌다. 젊은 집사들은 순수한 마음으로 목사의 사임을 고려해 달라며 간곡하게 부탁하였다. 그러나 장로들은 요지부동의 모습으로 일언지하에 거절하였다. 교회가 나눠지더라도 자신들의 뜻을 관철시키려는 장로들의 주장 앞에 젊은 집사들은 실망과 함께 경악스러운 모습을 보이기도 하였다. 너무나 완고한 장로들의 주장 앞에 젊은 집사들은 할 말을 잃어버렸다.

침묵 속에 시간만 흐를 뿐 어떠한 합의점이나 해결의 기미가 보이지 않았다. 장로라는 기득권을 앞세워 자신들의 욕망만을 채우려는 모습에 부아가 치밀기도 하였다. 장로들은 황당하고도 어불성설 같은 주장만을 내세우면서 목사의 사임만을 고집하였다. 상대할 가치조차 없다는 생각이 들어 대화를 중단시켰다. 또한 순수한 신앙으로 선한 일을 해보겠다는 젊은 집사들에게 상처와 실망을 주어서는 안 된다는 생각에 '사임을 고려하겠다'는 나의 뜻을 전하였다. 장로들은 나에게 빠른 시일 내에 결정해 줄 것을 요구하면서 자리에서 떠나갔다.

극한 상황, 암담한 처지, 답답한 마음, 혼자서 해결할 수 없는 고민거리, 기도할 수밖에 없는 상황이었다. 자정이 가까워지는 고요한 시간, 산헤립 앞에서의 히스기야의 심정으로 성전에 올라가 십자가 밑에 꿇어 엎드렸다. 혼자서 감당할 수 없는 당면 문제를 하나님께 아뢰었다. 장로들의 험상궂은 얼굴들만 아른거릴 뿐 기도가 되지 않았다. 장로들의 주장은 나를 깊은 고민에 빠뜨려 마음을 심히도 착잡하게 만들었다. 장로들의 주장처럼 한 울타리 안에서 갈라져 예배를 드린다면 비난거리와 지탄거리가 될 것은 자명한 사실이었다.

교회 분열은 주님을 고통스럽게 하는 일이었다. 또한 하나님을 서글프게 하는 일로서 후일에 심판을 면치 못하리라는 생각이 들었다. 우수사려가 마음을 휘어 감으니 심히도 괴롭고 답답하였다. 이런저런 생각에 잠이 오지도 않을 뿐더러 잠을 잘 수가 없었다.

사람인지라 순간순간 인간적인 욕심이 발동되었다. 하나님 앞에 두려운 마음은 잠시뿐이었다. 이곳을 떠나지 말고 장로들과 끝까지 싸워야 하리라는 생각이 마음 한구석에서 일고 있었다. 나를 지지하는 젊은 집사들이 있다는 생각에 자신감도 꿈틀거렸다. 한 울타리 안에서 나뉘어 예배를 드리더라도 이 자리를 사수해야 한다는 고집이 마음을 사로잡았다. 내 자세는 어느새 이곳을 절대로 떠나지 않으리라는 마음으로 굳혀지고 있었다. 지지자들과 더불어 장로들에게 맞서 싸워야겠다는 마음이 시간이 흐를수록 점점 부풀어 오르고 있었다.

자정이 훨씬 넘은 시간, 하나님의 말씀을 묵상하면서 정신을 가다듬었다. 요사이 교회 안에서 벌어진 사태를 사실 그대로 하나님께 아뢰었다. 또다시 장로들의 위협적인 모습들이 순간순간 눈에 아른거렸다. 기도는 여전히 나오지 않았다. 극히 인간적인 기도 외에는 생각이 나지 않았다. 십자가의 고난을 앞에 두고 겟세마네 동산에서 기도하시던 주님의 모습이 영상처럼 떠올랐다. 처음에는 고난의 잔을 피하려는 기도를 하셨지만 결국에는 하나님의 뜻에 순종하여 십자가의 고난을 선택하셨다. 그 결과 사망과 사탄의 권세를 이기시고 부활의 아침을 맞이하셨다.

성령님은 고민과 갈등 속에서 몸부림치고 있는 내 마음을 어루만지셨다. 이어서 '예수님의 삶을 본받아 살리라'는 다짐도 기억하게 하셨다. 이후, 잠시 동안이라도 굳게 다져진 욕심과 인간적인 생각들이 서서히 붕괴되어 가기 시작하였다. 자신도 모르는 사이에 교회를 사랑하는 순수한 마음이 회복되어 가고 있었다. 이는 주님께서 개입하고 계심이 분명하였다. 한 울타리 안에서 두 군데로 나뉘어 예배드리는 일은 주님을 고통스럽게 하는 일이었다. 그리고 성도들의 마음을 괴롭게 하는 일이었다. 그러기에 성령님은 나를 떠나지 아니하시고 사랑의 손길로 마음을 어루만지시며 계속해서 감동하셨다.

"주님을 사랑한다면 주님의 몸인 교회에서 싸우지 말라."
당장 갈 곳도 정해지지 않은 상태에서의 사임은 목회를 그만두는 것과도 같았다. 장로들은 교환 목회도 허락지 않고 막무가내 사임만을 요구해 왔다. 그러기에 개척이 아니면 목회를 접는 길밖에 다른 방도가 없었다. 그래도 성령님께서는 '주님처럼 살기를 원한다면 양보와 희생의 모습으로 조용히 떠나야 된다'는 마음을 갖게 하셨다. 그리스도의 몸인 교회 안에서 소란을 피운다든지 싸우면 하나님께서 싫어하신다는 것을 거듭 깨닫게 하셨다. 이제는 결심이 확고해졌다. 내 마음은 이렇게 굳어지고 있었다.
"한 울타리 안에서 나뉘어 예배드릴 수는 없다. 이것은 주님을 고통스럽게 하는 일이다. 설령 갈 곳이 없어 길거리에 움막을 칠지라도 싸우지 않고 내가 사임하리라. 그래야 하나님 앞에 서는 날 떳떳하고도 아름다운 보고를 할 수 있지 않겠는가?"

장차 고난과 아픔이 따를지라도 예수님을 따라 십자가를 져야 하리라는 마음으로 결단을 내렸다. 장로들이 무섭거나 그 배후를 조종하는 선배목사가 두려워서 사임하는 것이 아니었다. 후일 하나님의 심판이 무섭고 두려웠기 때문이었다. 성도들이 분열되어 한 울타리 안에서 서로 싸우며 나뉘어 예배를 드리는 것은 절대로 안 되는 일이었다. 그것은 예수님을 다시금 십자가에 못 박는 일이기 때문이었다. 내가 사임하는 길만이 교회의 소란을 막는 최선의 방법이기에 개척의 길을 선택하였다.

우선 가족끼리라도 예배를 드린다는 각오로 시내 변두리에 위치한 십여 평쯤 되는 상가를 임시로 빌렸다. 1년 이상 비어 있는 곳이기에 보증금 없이 월 10만 원 사글세로 사용할 수 있었다. 교회로 돌아와 장로들에게 개척에 대한 결심을 통보하였다. 안도의 한숨을 내쉰 후, 수석장로는 퇴직금은 물론 이사비용조차도 주지 못한다는 자기들의 결정을 전하였다. 인간인지라 언어도단적인 장로들의 행동에 오열과 함께 부아가 치밀어 올랐다.

그날 밤, 자정이 가까운 시간인데도 잠이 오지 않았다. 개척을 한다는 현실 앞에 암담하기만 할 뿐이었다. 시간이 흐를수록 마음의 심난함과 착잡함은 더해만 갔다. 순간순간 뇌리에 스치는 장로들의 어처구니없는 결정과 무례한 행동들은 우리 부부를 더욱 애처롭게 하였다. 오갈 곳 없는 자를 매몰차게 내쫓는 장로들의 몰인정한 모습들이 생각날 때면 분통과 함께 오열을 토하기도 하였다. 곤혹스러운 상황 가운데서도 참아낼 수 있었던 것은 어떠한 상황에서도 사랑의 손길로 어루만져 주시는 성령님의 위로가 있었기 때문이었다.

당시 상황이 어쩔 수 없는 일이었지만 가족들끼리 개척을 한다고 생각하니 서글픔과 우수사려가 마음을 번뇌케 하였다. 당시 연령적으로 개척할 나이가 아니었다. 또한 시대적으로도 개척이 안 되는 시기였다. 그렇지만 오갈 데가 없는 처지인지라 하나님과의 개척에 대한 약속을 지킨다는 명분으로 결단하였다. 그날부터 농촌 교회에 부임해 온 것을 후회하면서 이사 준비를 하였다. 하지만 성령께서 하나님의 평강으로 마음을 주장하시니 내일에 대한 염려가 모두 사라져갔다.

　농촌 교회를 떠나는 날 아침, 성전에 들어가 십자가를 바라보며 부흥과 함께 많은 일을 감당케 하신 하나님께 감사드렸다. 또한 지금의 형편과 함께 다음 목회지에서도 도와주실 것도 아뢰었다. 살림살이는 고향집으로 보냈고 책장과 책은 집사의 빈 창고에 보관을 시켰다. 참으로 가슴 아픈 일이었다. 간단한 살림만 챙겨들고서 시내로 나왔다. 하루아침에 환경이 바뀌었다. 많은 목사들이 부러워하며 찬사를 아끼지 않았던 교회에서 떠나왔다.

　이제는 내일 일을 예측할 수 없는 개척교회를 시작하였다. 그럼에도 마음은 여유로웠고 평안하였다. 하나님의 말씀이 마음을 지배하고 성령님이 심령을 사로잡으시니 억울한 일을 당하고 환경이 열악했을지라도 심령 깊은 곳에서 감사가 흘러나왔다.

　개척 첫 주일에 놀라운 일이 벌어졌다. 두 분의 권사를 위시하여 10여 가정에서 고등부 학생 4명을 포함한 28명의 성도들이 예배에 참여하였다. 감개무량한 순간이었다. 그날, 기쁨과 감격 속에서 개척 첫 예배를 드렸다. 장소가 너무 비좁아 복도에까지 서서 예배를 드릴 정도로 많은 성도를 보내어주셨다. 저들은 목사가 당하는 억울함을 보고서 개척을 돕기로 결심하고 찾아온 교인들이었다. 그 중에는 장로들의 부당성에 항의하면서 울분을 터뜨린 집사들이 태반이었다.

장로들이 빈손으로 내보냈을지라도 다투거나 원망하지 않았다. 도리어 감사하였다. 그랬더니 천금을 주고도 얻을 수 없는 보배로운 일꾼들을 붙여주셨다. 선배목사와 장로들은 나를 멀리 떠나 보내려고 별의별 수단을 다 동원하여 개척을 방해하였다. 그러나 개척에 동참한 집사들이 나의 무죄함을 증명하면서 보호자가 되어 옹호해 주었다.

개척한 지 한 달이 될 무렵이었다. 시내에서 목회하는 같은 교단의 젊은 목사가 만남을 요청하였다. 개척 10년 된 교회로서 교인들은 10여 명 정도였고 예배당은 임대이지만 300평의 대지에 50평의 조립식 건물이 있었고 2층 주택도 있었다. 교회 운영이 힘들고 어려웠던지 젊은 목사는 내게 교회를 인수하라며 제의해왔다. 집사들과 의논하여 그 교회와 합병하였다. 교인들의 헌신도 있었지만 필요한 자금은 은행에서 대출하였다.

후일에 교회에서 땅을 인수하는 조건으로 예배당을 단장하고 식당, 목양실, 친교실, 교육실까지 허가를 내어 증축하였다. 개척교회로서 과분할 정도의 좋은 교회를 허락해 주셨다. 이는 장로들이 사임을 요구했을 때 '거리에 움막을 칠지라도' 다투지 않고 조용히 물러섰기 때문이 아니었을까? 당한 일이 너무 억울하고 개척의 길이 고생스러울지라도 성령님의 감동에 순종했더니 좋은 일꾼들을 붙여주셨고 필요한 자금과 시설까지도 예비하시어 개척의 길을 형통케 하셨다.

교회가 합병된 이후에 모든 성도들이 혼연일체가 되어 헌신하니 교회는 날로 새로워지면서 성장세를 보였다. 장로들의 방해와 배후 세력들의 훼방 가운데서도 교회는 든든히 세워져 갔다. 마치 환난과 핍박 가운데서도 날마다 믿는 무리가 더했던 초대교회처럼…. 장로들과 선배목사는 나를 매장시킬 목적으로 계속해서 험담과 악평으로 중상모략을 일삼았다. 어떤 유언비어가 들려올지라도 오직 말씀을 재갈삼아 침묵하며 모든 일들을 하나님께 맡기었다. 그랬더니 하나님께서 집사들을 도구삼아 저들의 입을 함구시키고 문제들을 해결해 주셨다.

그해 성탄절이 가까울 무렵, 성령님의 감동에 따라 나를 사지로 내몰았던 장로들을 용서하였다. 선대하는 마음으로 식사공궤와 함께 선물까지 안겨주었다. 또한 정치적인 힘을 이용하여 장로들의 배경이 되어 주었던 선배목사에게도 내가 먼저 다가가서 손을 내밀었다. 매우 힘들고 어려운 일이었지만 성령께서 감동하시고 힘을 주셨기에 가능한 일이었다.

교회 부지와 건물을 매입할 때에 발생된 부채는 남아 있지만 하나님의 은혜로 잘 감당하고 있다. 개척 이후, 전도의 열매들이 맺혔으나 해가 거듭하는 동안에 많은 교우들이 타 지역으로 이사를 갔다. 그리고 연로한 교우들은 천국에 가셨다. 지금은 주일예배 30-40여 명 정도 모인다. 부흥은 더디지만 개척이 안 되는 시대에 그래도 교회가 운영되니 감사할 따름이다. 개척에 동참했던 교우들이 변함없는 모습으로 헌신하고 있어 더더욱 감사할 뿐이다. 하나님은 저들의 수고를 잊지 아니하시고 아름다운 축복의 사건들로 보상해 주셨다.

하나님은 교회를 위한 헌신과 수고와 주의 종을 향한 섬김까지도 모두 기억하시는 분이었다. 또한 인생들을 불꽃 같은 눈으로 지켜보고 계시는 분이었다. 교회를 위해 헌신했던 성도들 모두 일생을 마치고 하나님 앞에 서는 날, 칭찬과 함께 상급을 받는 영광스런 면류관의 주인공이 되리라. 또한 세상 끝날까지 후손들의 입에 아름답게 오르내리며 존경과 찬사를 받으리라. 아멘.

부족하고 미련하기가 그지없을 뿐 아니라 더럽고 추한 냄새 나는 죄인을 목회자로 부르시고 부임하여 가는 곳마다 요긴한 도구로 사용해주신 하나님께 감사로 영광을 드린다. 뿐만 아니라 이번에도 개척할 수 있는 기회를 주시고 예수 그리스도의 좋은 일꾼을 붙여 주사 개척을 통해서 하나님과의 약속을 이행하도록 여건을 만들어주신 하나님께 두 손을 들어 감사드린다.

또한 교회 개척이 힘들고 어려운 시대일지라도 초기부터 교회의 형태를 갖추게 하실 뿐 아니라 교회로서의 사명을 감당할 수 있도록 필요한 일꾼들을 붙여주신 하나님의 은혜에 감사드리며 **해(害)를 선으로 바꾸신 하나님**께 감사와 찬양으로 영광을 올린다.

1부

불변의 법칙

01 부전자전의 신앙
02 교회를 지키시며 보존하시는 하나님
03 심은 대로 거두는 법칙
04 앞장선 지도자 한 사람이 중요하다

01

부전자전의 신앙

가정을 이룬 후에 하나님께서 두 아들을 선물로 주셨다. 성품이나 모습은 큰아이가 많이 닮았으나 믿음만큼은 둘째 아이가 나를 많이 닮은 편이었다. 둘째 아이의 신앙을 볼 때마다 지난날의 나의 모습이 비쳐지곤 하였다.

세 번째 교회에서 있었던 이야기

어느 날 갑자기 드럼을 치던 청년이 취업문제로 교회를 떠났다. 그러자 당시 고등학생이었던 둘째 아이가 그 자리를 대신하게 되었다. 처음에는 서투르고 미숙하였지만 시간이 지나면서 실력이 조금씩 나아져 갔다. 토요일이면 드럼을 가까이 하는 시간이 많았다. 드럼을 제대로 배워 보겠다는 마음으로 방학을 이용하여 음악학원을 다니기도 하였다.

둘째 아이는 고등학교를 졸업하면서 선물을 현금으로 챙겨 부족한 악기들을 더 구비하기도 하였다. 앞으로 드럼을 전담하려는 생각으로 혼자서 상당한 금액을 투자하였다. 둘째 아이는 "이제 완벽하게 구색을 갖추었다"며 자랑과 함께 자부심을 갖는 모습을 보이기도 하였다.

그러던 어느 날 갑자기 장로들이 사임을 요구해 왔다. 교회를 개척할 수밖에 없는 상황이었다. 교회를 사임한다는 사실 앞에 둘째 아들은 더 속상해하며 아쉬워했다. 드럼에 많은 것을 투자했기 때문이었다. 이제는 드럼을 칠 수 없다고 생각하니 아들을 볼 때마다 안쓰럽기 그지없었다. 부모로서 마음이 심히 아팠다. 그리고 둘째 아들에게는 미안하기도 하였다.

아들이 보여준 긍정적인 믿음의 모습

교회를 개척하여 몇 개월이 지난 어느 날 우연찮게 둘째아들의 방을 둘러보았다. 자동차 타이어가 눈에 띄었다. 다음날 학교에서 돌아오는 아들의 손에 서너 개의 드럼채가 들려 있었다. 나는 아들에게 "웬 드럼채냐?"라며 물었다. 아들은 "드럼 연습하려고요"라는 대답과 함께 방으로 들어갔다. 얼마 후에 아들 방에서 찬송소리와 함께 이상한 소리가 들려왔다. 열려진 문 사이로 아들의 모습을 들여다보았다. 악보를 보면서 드럼채로 타이어를 두드리며 찬송을 부르고 있었다.

순간 지난 일들이 생각났다. 부족한 악기를 갖추어 놓느라고 학생의 신분으로서 거금을 투자했던 아들을 생각하니 마음이 짠하였다. 장로들의 불신앙적인 행동들로 인하여 어린 마음에 상처가 되었을 것인데도 불평은커녕 내색 하나 하지 않았다. 개인 용돈으로 악기를 구입해 놓고 떠나왔음에도 불평 한마디 없는 아들의 믿음이 참으로 대단하였다. 드럼 대신 타이어를 두드리며 찬송하는 아들의 모습을 보는 순간 나도 모르게 기도가 나왔다.

"하나님, 아들이 칠 수 있는 드럼을 주옵소서."

주일 오후 시간이었다. 아들이 손에 드럼채를 들고서 빙그레 웃으며 기도 부탁을 해왔다.

"아빠! 드럼채는 준비가 되었으니까 이젠 드럼 좀 주시라고 기도해 주세요. 드럼을 치고 싶어요."

순간, 전임지에서 악기 구입에 아낌없이 투자했던 일들이 단막극처럼 스치었다. 나는 아들의 믿음을 칭찬하면서 격려의 말로 용기를 갖게 하였다. 아들은 한마디의 말을 남기고 밖으로 향하였다.

"아빠, 학교 동아리에서 드럼을 맡았어요. 드럼을 사시려면 빠를수록 좋아요."

교회 재정 형편으로는 생각도 할 수 없는 일인지라 그날부터 기도할 수밖에 없었다. 강단에 엎드릴 때면 드럼채를 보이며 기도를 부탁하는 아들의 모습이 생각났다. 드럼에 대한 아들의 집념은 나로 하여금 기도하게 만들었다.

아비를 닮은 아들의 신앙-부전자전의 신앙

아주 오래 전의 일이다. 결혼을 해서도 할머니와 부모님을 모시고 한 집에서 함께 살았다. 결혼을 한 지 1년이 지나면서 아들이 태어났다. 하나님께서 주신 선물로 인하여 4대가 모여 사는 가정이 되었다. 이제는 넓은 평수의 집이 있어야 한다는 생각이 들었다. 그날부터 나는 하나님께 주택에 대하여 기도를 시작하였다.

기도하는 가운데 좋은 착안이 떠올랐다. 즉시 광고사로 달려가 문패를 만들었다. 그날부터 "이 문패를 붙일 집을 주세요" 하고 기도한 일이 있었다. 아들이 드럼채를 준비해 놓고서 드럼을 달라고 한 것은 내가 대문에 붙일 문패를 만들어 놓고서 집을 달라고 한 것과도 같은 행동이었다. 지난날의 일들이 생각나면서 자신도 모르는 사이에 이런 기도가 흘러나왔다.

"하나님, 아들이 제 신앙을 닮은 것 같습니다. 부전자전의 신앙입니다. 지난날 제 신앙을 보시고 좋은 집을 주셨던 것처럼 아들에게도 좋은 드럼을 주옵소서."

아들의 기도 부탁을 받은 이후부터 드럼을 위한 기도가 교회적인 기도의 제목이 되었다. 예배 시간이나 기도회를 할 때에도 성도들의 입에서 드럼에 대한 기도가 나오기도 하였다.

기도의 응답으로 아들의 소원이 이루어지다

그러던 어느 날, 개척을 했다는 소문을 듣고 셋째 처남이 찾아왔다. 언제 이야기를 했는지 아들은 틈을 타서 처남에게 드럼에 관한 이야기를 한 것 같았다. 하나님께서는 처남의 마음을 감동시키셔서 드럼을 마련할 수 있도록 은혜를 베푸셨다. 다음날 처남으로부터 송금했다는 연락을 받았다. 확인해 보니 아들이 원하는 드럼뿐 아니라 다른 악기까지도 구입할 수 있는 상당히 큰 금액이었다.

아들의 기도가 응답되어 그 소원이 이루어졌다. 드럼채를 사들고서 드럼을 달라고 기도하는 아들의 믿음이 하나님을 감동시켰고 하늘 보좌를 움직인 것이다. 하나님은 정말로 살아계신 분이다. 믿는 자들의 기도가 헛되지 않도록 응답해 주셨을 뿐 아니라 그 신실하심이 헛되지 않음을 증명해 주셨다.

그날 이후 아들은 신바람 나는 모습으로 드럼을 두드렸다. 예배 시간마다 드럼을 치면서 찬양을 하니 예배가 더욱 뜨겁고 한층 은혜로웠다. 드럼을 치는 아들의 모습을 볼 때마다 지난날 나의 모습들이 떠올랐다.

중단되었던 이야기를 계속하려 한다. 명패를 들고 큰 집을 달라며 기도한 결과는 어떻게 되었을까? 하나님께서는 근방에서 제일 좋은 집을 주셨다. 당시 최신형 현대식 2층 주택에 살도록 은혜를 베풀어 주셨다. 1979년도 당시, 수세식 화장실에 뜨거운 물이 나오는 목욕탕, 주방, 싱크대, 대리석으로 마감된 외벽, 시골에서는 보기 드문 주택이었다. 하나님께서는 대문에 붙일 명패를 들고서 큰 집을 달라며 간구하는 기도를 외면치 않으셨다. 젊은 시절에 나의 믿음의 모습을 닮은 아들을 보면서 다시 한 번 감사드렸다.

믿음의 기도는 소원을 이루는 디딤돌

그 아들이 군 복무를 마치고 제대를 하였다. 남은 2년간은 돈을 벌면서 학교를 다니겠다며 야간 학부로 등록을 하였다. 낮에는 시청 보조사무원으로 아르바이트를 하면서 야간으로 학교를 다녔다. 1년간은 친구의 승용차를 이용하여 학교를 다녔는데 4학년이 되면서 함께 다니던 친구가 휴학을 하는 바람에 스쿨버스를 이용해야만 했다. 그러자 등하교 길이 불편할 수밖에 없었다. 때로는 수업시간이 맞지 않아 곤란을 겪기도 하였다. 아들은 매일처럼 차가 있어야 학교를 다닐 수 있다는 말을 하였다.

그러던 어느 날 아들은 드럼을 사던 때와 같은 방법으로 이번에는 내비게이션을 내게 보였다. 그러면서 기도 부탁을 하였다.

"아빠, 직장생활 하면서 학교를 다니려면 승용차가 필요해요. 내비게이션은 준비되었으니 이제 차만 있으면 돼요."

아들의 말은 "내비게이션은 내가 샀으니 승용차는 아빠가 해 주세요"라는 소리와도 같았다. 드럼을 통하여 기도의 효력을 체험했던 아들은 이번에도 똑같은 방법으로 승용차를 기대하며 조석으로 우리 부부의 마음의 문을 두드렸다. 아들은 내비게이션을 때로는 보이기도 하고 눈에 잘 띄는 곳에 놓기도 하였다. 내비게이션을 볼 때마다 우리 부부의 마음은 조금씩 움직였고 결국에는 '중고 자동차라도 사 줘야겠다'라는 마음을 갖게 되었다.

결과적으로 아들에게 승용차가 생겼다. 끈질기고도 고집스런 행동이 결국에는 마음의 소원을 이루게 하였다. 아들의 믿음과 기도는 헛되지 않았다. 자신의 꿈과 소망을 이루는 축복의 사건을 경험하게 하는 디딤돌의 역할을 하였다.

사업 초창기에 주택을 구입한 사연

아들의 이야기를 하려다 보니 지난날에 사업을 경영하면서 있었던 또 하나의 유사한 사건이 뇌리에 스쳤다. 하나님의 은혜와 축복으로 창업 3년차가 되면서 사업은 점차로 기반이 잡혀져 갔다. 또한 대외적으로 지역 유지들과 중소기업 사장들과 어울려 식사도 하고 교제를 나누기도 하였다.

그들과 만나면 대화 가운데 살고 있는 집 이야기들이 자연스럽게 오가기 마련이었다. 당시 만났던 그들은 거의 사업적으로나 경제적으로 기반이 잡힌 사람들이었다. 그러다보니 평수가 큰 최고급 아파트나 좋은 주택에서 살고 있었다. 그들이 자랑삼아 집 이야기를 할 때면 소형 아파트에 살고 있던 나로서는 자격지심과 함께 기가 꺾일 수밖에 없었다. 그 자리를 떠나고 싶을 정도로 불편하기가 그지없었다.

그날 이후에 마음에 한 가지 소망과 목표가 생겼다. 경제적으로 무리를 해서라도 좋은 주택을 구입해야겠다는 마음이 불타올랐다. 소망을 가슴에 품으면 이룰 수 있는 길이 열린다는 말을 실감할 정도로 꿈을 이룰 기회가 생겼다. 전주역 부근 개발지역을 지나가다가 2층 주택이 눈에 띄었다. 거의 같은 평수에 비슷한 모델로 지어진 건물이었다. 대문에는 매매광고와 함께 연락처가 적혀 있었다. 구경이라도 한 번 하고 싶은 마음이 생겨 연락을 했더니 부동산 중개인이 곧장 달려왔다. 그리고 얼마 후에는 건축업자도 모습을 보였다. 내부구조와 매매금액을 확인한 후에 집으로 돌아왔다.

집은 마음에 드는데 아직은 구입할 수 없다는 생각이 마음을 압도해 왔다. 아직 경제적인 능력이 되지 않는다는 생각이 주택을 구입하는 일에 제동을 걸었다. 1988년에 억대의 돈을 챙겨내기가 벅찬 때였기 때문이었다. 그날 밤 잠자리에 들기 전 두 손을 모아 하나님께 소원을 아뢰었다.

"하나님의 능력이면 가능하오니 그 집을 제게 주옵소서."

불가능한 일을 가능케 하신 하나님의 능력

주택 구입에 대한 소원은 간절했지만 액수가 너무 커서 아직은 불가능한 일이기에 기도만 하고 있을 뿐이었다. 그러던 어느 주일날, 예배를 마치고 아내와 함께 그 집을 다시 구경하러 갔다. 불가능한 일이라고 생각하면서도 아직 포기가 되지 않았다. 그 집에 대한 미련을 버리지 못한 채 또다시 구경을 하러 갔다. 앞집보다 뒷집이 외관상으로도 세련되고 아름다울 뿐 아니라 구조상으로도 쓸모 있게 잘 되어 있었다.

나는 아내와 함께 집에 들어가 거실에서 손을 모았다. 하나님의 뜻이라면 우리의 거처로 주시리라는 기도를 드리고 돌아왔다. 당시로부터 10년 전의 일이 생각나서 같은 방법으로 대문에 붙일 명패를 준비하였다. 아내와 함께 세 번째 그 집에 들어가서 똑같은 내용의 기도를 드렸다. "명패를 실제적으로 대문에 붙일 수 있도록 은혜를 베풀어 주세요" 하는 소원도 올렸다.

부동산에 들러서 건물을 살 것 같은 여운을 남기고 집으로 돌아왔다. 그날부터 매일처럼 나는 "명패를 붙일 수 있도록 그 집을 주세요"라고 하며 간절히 기도하였다. 그리고 순간순간마다 "그 집에서 살 수 있도록 은혜를 베풀어 주세요" 하고 기도를 드리곤 하였다. 가정예배를 드릴 때나 잠자리에 들기 전에도 명패를 손에 들고서 동일한 방법으로 날마다 기도하였다.

하늘 보좌를 향한 기도는 과연 헛되지 않았다

하나님께서 그 집을 주기로 작정하시니 일들이 수월하게 되어져 갔다. 하나님께서 사업을 형통케 하심으로 그 집을 살 수 있는 길이 생겼다. 당시 억대에 이르는 돈이 어디서 모아졌는지 은행 부채나 사채 하나 없이 그 집을 살 수 있게 되었다. 건축업자를 비롯하여 주변 사람들의 마음을 감동하시니 주택을 매입하는 일들이 순조롭고 형통하게 이루어졌다. 하나님께서는 문패를 들고서 집을 달라며 기도하는 우리 부부를 외면치 않으시고 은혜를 베푸셨다.

하나님은 기도하는 자들에게 은혜를 베푸시는 좋으신 분이었다. 하나님께서 만일 은혜를 베풀지 않으셨다면 도청소재지인 도시에서 2층 주택을 구입하는 일은 언감생심이었을 것이다. 그때 하나님의 은혜가 얼마나 소중한지를 깨달았다. 또한 믿는 자들이 세상을 살아가는 동안에는 하나님의 은혜가 절대적으로 필요하다는 사실도 피부로 느꼈다.

하나님께서 지금까지 간구한 모든 것들을 허락하셨다. 나의 필요한 모든 것들을 모자람 없이 공급하시고 차질 없이 채워주시는 전능하신 분이었다. 이처럼 좋으신 하나님을 아들이 체험하는 모습을 보면서 나 자신도 모르게 흐뭇해하며 하나님께 감사를 드렸다. 나와 똑같은 아들의 믿음을 보면서 부전자전의 신앙이라는 생각이 들었다.

교회에 수도공사를 할 수밖에 없었던 이야기

지금 시무하고 있는 교회에 부임하고 보니 지하수를 사용하고 있었다. 부임하는 목사들마다 지금까지 지하수를 사용한 것이다. 출입하는 도로만을 제외하고는 교회 사면이 전답으로 둘러싸여 있어 농사철이면 지하수에서 농약 냄새가 나기도 하였다. 더군다나 지하수 전문 업자가 깊게 판 것도 아니고 집사들이 판 우물인지라 심적으로 개운치 않았다. 산간지역이어서 지하수를 이용하여 농사를 짓기 때문에 농사철이면 물이 딸리기가 일쑤였다. 농사철에는 급수 사정이 좋지 않아 물을 마음껏 사용하지 못할 때가 많았다.

교회 수도공사 대금을 전액 부담한 아들 부부

그러던 어느 날 시청으로부터 상수도를 신청하라는 통보가 왔다. 수돗물을 먹을 수 있는 절호의 기회였다. 하나님께서 교회를 위해서 만들어 주신 기회로 여겨졌다. 여러 가지 형편상 교인들의 힘으로는 상수도 설치가 불가능한 일이었다. 그러할지라도 교인들에게 알려야 하겠기에 주일 예배시간에 광고를 하였다. 교인들은 형편에 따라 참여하는데 아들 부부는 관망만 하고 있었다. 이유를 물었더니 하나님께 아직 응답을 받지 못했다는 것이었다.

그다음 주일 예배시간에 아들 부부의 이름이 적힌 헌금봉투가 올라왔다. 회계 집사로부터 아들 부부가 수도공사비 전액을 헌금했다는 보고를 들었다. 교회의 사정과 교인들의 형편을 잘 알기에 아빠의 목회를 돕는 차원에서 공사비 전액을 담당한 것 같았다. 참으로 대단한 믿음으로 축복을 이룰 만한 결단이었다. 교회 형편과 성도의 실정을 감안하여 혼자서 짐을 지려는 믿음의 결단이야말로 하나님께서 기뻐하실 만한 일로서 후일 축복의 사건을 체험할 수 있는 첩경이기도 하였다.

하나님을 향한 아들의 이러한 헌신적인 모습을 보는 순간 지난날 나의 모습이 파노라마처럼 스쳤다. 안수집사로 신앙생활을 할 때의 일이었다. 교인들의 형편을 생각하여 힘들고 어려운 일들을 혼자서 감당하곤 하였다. 교회 일을 모두가 협력하여야 하는데도 상황에 따라서는 혼자 감당해야 할 때가 있었다. 안수집사로서 짐을 지려는 순수한 믿음이 크고 작은 일들을 혼자서 감당케 하였다. 헌신의 기회가 주어질 때마다 외면치 않고 그 일을 기쁨으로 감당하였다. 이러한 헌신이 축복의 디딤돌이 되어 사업을 통하여 독점의 은혜를 누리기도 하였다.

　교회의 형편을 생각하여 혼자서 일을 감당하려는 아들의 모습을 보는 순간 지난날의 일들이 뇌리에 스쳤다. 자신도 모르게 감사와 함께 아들을 위한 기도가 나왔다.

　"그 옛날 호황을 통해서 누렸던 성공과 부요함을 아들도 똑같이 누리도록 은혜를 베푸소서."

　아들 부부의 헌신으로 다른 부분의 공사까지도 할 수 있었다. 아들의 마음을 감동하신 하나님의 은혜에 감사할 따름이었다. 아들이 사업적인 소질도 아비인 나를 닮았지만 상황에 따라서 수고의 짐을 혼자 감당하려는 헌신의 믿음까지도 아비를 닮았음에 감사드렸다.

독점의 축복을 누리게 된 아들의 사업

　그 후로부터 몇 달이 지난 어느 날 아들로부터 희소식이 들렸다. 정읍시청에 전동 자전거를 납품하는데 아들이 입찰을 통해서 납품하게 되었다는 것이다. 지역에서 경륜이 많은 여러 명의 동종업자를 물리치고 납품하게 된 것은 참으로 감격스런 일이 아닐 수 없었다. 사업을 시작한 지 햇수로 3년째인 신규 사업가인 아들이 시청에 납품을 하게 되었다는 것은 경사스러운 일로서 크게 기뻐할 일이었다. 더욱이 나이도 어릴 뿐더러 사업에 대한 경험이 별로 없었던 아들이 공개입찰을 통해서 물품을 납품한다는 것은 기적 같은 일이었다. 이는 하나님께서 개입하신 일로서 순전히 하나님의 은혜였다.

　사업을 통하여 축복의 사건을 경험하는 아들의 모습을 보는 순간, 지난날 사업가로서 승승장구했던 나의 모습을 보는 것 같았다. 사업의 형통과 축복의 사건은 하나님의 보상으로 하나님을 위한 헌신의 대가였다. 교회의 재정 상태와 성도들의 형편을 알고서 수도공사를 혼자 단독으로 부담하려고 했던 헌신적인 믿음이 축복의 결과를 낳게 하였다.

아들의 관공서 납품사건으로 교회를 위한 헌신은 헛되지 않고 반드시 보상이 따른다는 사실을 깨닫게 하셨다. 그뿐만 아니라 자녀들 앞에서 신앙의 아름다운 모습을 보여야 한다는 것도 깨달았다. 왜 부모들이 자녀들에게 아름다운 믿음의 모습을 보여야 할까? 부모의 신앙을 자식들이 그대로 본받기 때문이다.

부모의 신앙은 아들에게 곧바로 영향을 끼친다

인간은 누구나 부모의 성격이나 모습을 닮게 되어 있다. 부모의 신앙은 자녀들에게까지도 영향을 미친다. 전반적인 흐름은 아니지만 믿음이 좋은 부모 밑에서 믿음이 좋은 자녀가 생긴다는 것을 나 역시도 아들을 보면서 재삼 깨달았다.

자녀들이 부모의 성품은 물론 신앙까지도 닮아가는 것은 피할 수 없는 현실이다. 주일이면 관광지로, 골프장으로, 계모임으로 분주하여 예배를 등한시하는 부모에게서 자녀들이 과연 무엇을 보고 배우겠는가?

자신은 세속주의와 인본주의 신앙으로 육신적인 쾌락만을 추구하면서 내 자녀만큼은 그 누구 앞에서도 부끄러움이 없는 아름다운 믿음의 삶을 살기 원한다. 나는 죄악된 길에서 타락한 모습으로 살면서 내 자녀만큼은 선하게 살기를 바란다. 이런 마음은 부모라면 다 가지고 있는 인지상정으로 자녀들을 향한 희망사항일 뿐이다. 자녀들은 부모들의 신앙생활까지도 보고 배우며 닮아가기 때문이다.

자녀는 부모들의 신앙생활을 비쳐주고 있는 거울과도 같다. 모두 그렇지는 않지만 대부분 자녀들의 신앙생활을 보면 그 부모들이 어떠한 모습으로 신앙생활을 하고 있는지도 알 수 있다. 주변의 많은 사람들을 통해서 볼 때에 대부분은 '부전자전 신앙'이라는 말이 나올 정도로 자식은 부모의 신앙을 꼭 닮게 되어 있다.

부모와 꼭 닮은 집사 이야기

오래전에 시무했던 교회에서 목사들의 모임이 있어 방문을 한 적이 있었다. 그 교회에 젊은 집사님이 다가와서 인사를 하는데 깜짝 놀랐다. 모습이나 옷차림까지도 하나에서 열까지 천국에 가신 그 아버지 집사님의 모습을 보는 듯하였다. 아들 집사님을 아버지 집사님으로 착각할 정도로 눈에 보이는 모습이 너무도 흡사하였다. 젊은 집사님은 부모로부터 신앙의 모습을 그대로 물려받은 것이었다.

당시 집사님은 다른 사람의 눈을 조금도 의식하지 않았다. 나만 편하면 된다는 생각이었다. 그래서였는지 옷차림을 자기가 편한 대로 자유롭게 하고 다니셨다. 그러다 보니 여름철에는 간단한 반바지 차림에 슬리퍼를 신고 교회에 오실 때도 있었다. 논밭에서 일을 하시다가도 예배시간이 되면 작업복 차림에 교회에 오실 때도 많았다. 평신도들이나 학생들에게 본이 되지 않아 당시에 그 교회에 시무하시던 목사님도 고민할 때가 많았다. 그런데 그 아들 집사도 그 모양 그 모습이었다.

집사님의 아들을 만날 때가 여름철이었는데 반바지에 슬리퍼를 신고 있었다. 천국에 가신 집사님과 똑같은 모습이었다. 순간, '부전자전'(父傳子傳)이라는 생각이 들었다. 집사님은 일상생활을 통하여 자녀들에게 잘못된 신앙관을 보여주었고 아들은 아버지로부터 보고 배운 것을 행동에 옮겼던 것이다. 아버지의 잘못된 신앙생활이 아들에게까지 이어진 것을 보면서 부모들의 신앙생활이 참으로 중요하다는 것을 재삼 깨달았다. 자녀들이 부모의 행동이나 신앙생활을 보면서 무의식중에 배우고 있기 때문에 보배로운 믿음을 갖고 본이 되는 아름다운 삶을 살아야 한다는 것을 잊지 말아야 한다.

믿는 자들에게 전하고 싶은 메시지가 있다. 글을 마감하려는 순간 나의 마음에 와 닿는 깨달음이 있었다. 바로 이어 영적인 교훈이 뇌리에 스쳤다. 믿는 자들이 반드시 알아야 하며 너무나도 중요한 교훈이기에 외면할 수 없었다. 축복의 가정, 아름다운 가문을 이루기 위해서는 유대인들이 토라를 중요하게 여기는 것처럼 성경에서 말하는 영적인 교훈을 중요시 여겨야 한다는 사실이 깨달아졌다. 그래서 그 내용을 전하려고 한다.

성도들은 예수님을 닮아야 한다

자녀들이 부모의 성격이나 삶을 닮는 것처럼 믿는 자들은 예수님의 성품과 그 삶을 닮아야 한다는 것이다. 김 씨의 아들은 김 씨의 성품을 닮고, 이 씨의 아들은 이 씨의 성격을 닮은 것처럼 믿는 자들 역시 부전자전의 법칙에 따라 예수님의 성품과 그 삶을 닮아야 한다. 예수님의 "나는 마음이 온유하고 겸손하니 나의 멍에를 메고 내게 배우라"(마 11:29)는 말씀 역시도 예수님을 닮으라는 의미이다.

베드로 사도는 닮는다는 말을 '신의 성품에 참여하는 것'이라고 표현하였다(벧후 1:4). 오랫동안 함께 지내다 보면 부자지간뿐만 아니라 부부도 닮게 된다. 사제지간도 닮고 성도는 목사를 닮게 되어 있다. 아랫사람들이 윗사람들의 말과 행동을 본받게 되어 있다. 누군가를 존경하며 앙망한다든지 추앙하며 바라보면서 가까이 할 때에 그 대상을 본받게 되어 있다. 그러다 보면 그 성격이나 행동이나 말투까지도 닮아가게 된다는 것이다. 이는 누구나가 경험할 수 있는 분명한 사실이다.

안수집사로 헌신할 때의 일이었다. 전남 광주가 고향이신 목사님을 모시고 신앙생활을 한 적이 있었다. 3년이 지난 후, 내 모습 속에서 놀랄 만한 사실을 발견하게 되었다. 말투가 나도 모르게 목사님을 닮아 가고 있었다. 당시 나의 모습을 보면서 가까이 하면 닮아간다는 것을 재삼 깨닫게 되었다. 교인들이 늘 가까이하는 목사를 닮아가는 것은 부인할 수 없는 사실이다. 하나님을 향한 신앙관은 물론이려니와 성품이나 어투까지도 닮아간다는 것을 직접 체험하였다.

하나님의 자녀들처럼 사는 방법

성도들은 하나님께로 난 자들로서 그의 자녀들이다. 비록 육신의 옷을 입고 살지만 신분만큼은 하나님의 자녀들이다. 그러기에 하나님의 성품이나 예수님의 마음과 삶을 닮아가는 것은 당연한 일이다. 삶의 현장에서 주변 사람들에게 생활과 모습을 통하여 하나님의 자녀임을 확실하게 보여줄 수 있어야 한다.

그러면 무엇을 닮아야 할까? 성자 하나님이신 예수님의 겸손과 온유, 사랑과 용서, 순종과 희생, 포기와 비움, 기도의 삶이나 전도의 삶까지도 닮아야 한다는 것이 성경의 가르침이다. 그 누구 앞에서도 예수님을 닮아 작은 예수로서의 삶을 살 때만이 주변에서 칭송을 받는 아름다운 성도가 되리라 확신한다.

성도들은 하늘에 계신 아버지의 성품과 그리스도의 마음과 생애를 본받아 부전자전의 삶을 살아야 한다. 그래야 하늘에 계신 아버지께서 기뻐하시며 영광을 받으신다. 그리고 주변 사람들로부터는 '예수 닮은 성자' 또는 '작은 예수'라 일컬음을 받게 될 것이다. 제자들을 비롯한 믿는 자들이 안디옥에서 그리스도인이라 일컬음을 받게 된 것처럼….

> 내가 그리스도를 본받는 자 된 것같이 너희는 나를 본받는 자가 되라 (고전 11:1).

02

교회를 지키시며 보존하시는 하나님

　세상에서 가장 귀한 것이 있다면 무엇일까? 자신이 처한 환경이나 생각하는 바에 따라서 다르지만 나는 교회가 가장 귀한 것이라고 말하고 싶다. 그 이유가 있다면, 교회는 하나님께서 세상의 그 무엇보다도 가장 아끼고 사랑하는 곳이기 때문이다. 교회는 하나님과 그의 백성들이 만나는 곳으로서 은혜의 보좌가 있는 곳이다. 교회는 하나님이 계시는 거룩한 성전이며 피로 값을 주고 사신 예수 그리스도의 몸이다. 그러기에 지구상의 그 어떠한 교회도 세상 끝날까지 보존되기를 원하시며 교회로서의 사명을 감당하길 원하신다.
　교회는 그리스도의 몸이기에 하나님께서는 교회가 그 누구에게도 해함이나 상함을 받는 것을 원치 않으신다. 또한 교회의 질서를 무너뜨리는 자나 교회에서 소란을 피우는 자들에게 반드시 보응하셨다. 그뿐만 아니라 교회를 핍박하며 목회를 방해하는 자들 역시도 용납지 않으셨다. 그들의 행사와 신변을 통하여 교회야말로 그 누구도 침범할 수 없는 성역임을 입증시켜 주셨다. 이는 만군의 여호와 하나님께서 좌정하여 계시는 곳이기 때문이다.

하나님은 사랑의 하나님이시다. 하나님은 죄인을 사랑하시되 더럽고 추한 죄까지도 용서하신다. 죄인들의 구원을 위해서는 독생자까지도 아낌없이 내어 주기까지 사랑하시는 분이었다. 그러나 자신의 성역을 침해하는 자들이나 교회를 해하려는 목적으로 도전하는 자들에 대해서는 용납하지 않으셨다. 또한 교회가 위태로울 때에는 하나님께서 친히 개입하셔서 자신의 특유의 방법으로 보호해 주셨다. 이는 세상 끝날까지 교회를 보존시키기 위한 하나님의 방법이었다.

고향 교회 목사님의 요구를 기쁨으로 승낙하다

평신도 시절에 교회 옆 땅을 소유하고 있었다. 당시의 마음은 교회에서 필요하다면 언제라도 사용 승낙을 한다는 생각을 갖고 있었다. 교회에서 땅을 사용한다면 안수집사이기에 당연히 승낙을 해야 한다고 생각했었다. 하나님을 향한 헌신의 마음을 가질 수 있었던 것은 모든 것이 하나님의 것이라는 청지기 정신이 있었기 때문이었다. 이는 하나님이 기뻐하시는 믿음으로서 축복의 사건들을 이룰 수 있는 조건들이었다.

그 후 아이들의 교육을 핑계 삼아 도시로 이사하였다. 그러다 보니 교회도 자연적으로 가까운 곳으로 옮겨졌다. 몇 년 후에는 직장을 그만두고 사업을 시작하였다. 초창기인지라 한창 밤낮을 가리지 않고 활동할 때였다. 당시 권사이셨던 어머니로부터 예배당 증축과 사택을 건축한다는 소식이 들려왔다. 며칠이 지난 후에 목사님으로부터 전화가 걸려왔다. 교회 건축에 대한 설명과 함께 토지 사용 승낙을 요구하셨다. 순간 교회 일에 당연히 협력하며 도와야 한다는 생각을 하였다. 나는 목사님의 제의를 기쁨으로 받아들였다. 그리고 즉시 토지 사용을 승낙하였다.

근 보름 정도가 지난 후였다. 근방에 가는 길에 고향교회에 들렀다. 이미 공사를 착공하였는데 거리 제한도 없이 경계선에 바짝 붙어 기초공사를 하였다. 화장실은 아예 내 소유지에 건축을 하였다. 또한 교회를 진입할 때에도 일부는 내 땅을 사용해야만 가능했었다. 목사님은 내 소유지를 마치 교회 땅인 것처럼 땅을 넓게 잡아넣어 임시 울타리를 하셨다. 누가 보더라도 일반적인 상식으로서는 납득할 수 없는 일이었다.

그러나 내 마음은 그렇지 않았다. 하나님께서 주신 것이기에 교회에서 사용하는 것을 당연한 일로 여겼다. 이는 모든 것이 하나님의 것이라는 청지기 사상이 내 중심에 자리 잡고 있었기에 가능한 일이었다. 성령님께서 생각을 주장하시니 땅에 대한 욕심이나 아까운 마음보다도 도리어 감사의 마음이 생기기도 하였다.

토지 사용 승낙 후에 축복으로 보상하신 하나님

이후 하나님의 은혜로 사업은 업계와 지역에서 인정받는 가운데 나날이 일취월장하였다. 주변 사람들에게는 성공자로 일컬음을 받았고 동종 업자들에게는 두려움의 대상이 되기도 하였다. 교계에서는 유망한 일꾼으로 인정받을 뿐만 아니라 칭송의 대상이 되었다. 사실 나에게는 사업을 발전시킬 만한 능력이나 사회적인 여건과 재능이 전혀 없었다. 사업의 성공을 통하여 축복의 주인공으로 칭송을 받을 수 있었던 것은 순전히 하나님의 은혜였다.

어느 날 하루 일과를 마치고 사업장에 은혜를 베푸신 하나님께 감사를 드렸다. 입가에서 나도 모르게 찬양이 흘러나왔다. 그야말로 환희가 넘치는 행복한 순간이었다. 그 순간 마음에 깨달아지는 영적인 교훈이 있었다. '이처럼 사업의 형통과 발전을 통하여 축복의 기업을 이룰 수 있었던 것은 교회에서 땅을 필요로 했을 때에 기쁨으로 쾌히 승낙했기 때문이 아니었을까?'라는 생각이 들었다.

교회에서 필요로 할 때 시간이든 물질이든 부동산이든 망설이지 않고 기쁨으로 드리니 하나님도 내게 필요한 것들을 적절한 시기에 공급해 주셨다. 내가 최선의 모습으로 하나님을 만족시켜 드렸을 때에 하나님께서도 나에게 도움을 주시되 최상의 만족을 누릴 수 있도록 최고의 축복으로 보상해 주셨다. 이는 하나님의 약속이기에 극히 성경적이라 할 수 있다. 그러기에 교회에서 나의 것을 필요로 할 때 기쁨과 감사함으로 드릴 수 있어야 한다. 그래야 하나님으로부터 우리에게 필요한 것들을 공급받을 수 있기 때문이다.

사업이 번창하니 마음이 바뀌고 믿음은 변질되다

사세가 날로 확장되는 가운데 호남 중소도시에 영업소를 개설하니 주문량이 더 쇄도하였다. 이제는 조립식 자재를 생산해야겠다는 생각이 들었다. 그래서 공장을 건립할 목적으로 고향 집에서 4킬로미터 정도 떨어진 변두리에 4천 평의 부지를 매입하였다. 6킬로미터 정도 되는 곳에는 어린 묘, 육묘장 자재 하치장이 있었고 고향 집 바로 앞에는 시공기술자들의 숙소도 있었다. 그러다 보니 고향 집에 거의 매일같이 가다시피 하였다.

어느 날부터인가 고향에 사업상 사무실이 필요하다는 생각이 들었다. 또한 교회에서 사용하고 있는 땅을 볼 때마다 마음에 욕심이 생겼다. 그 땅의 위치가 좋았기 때문이었다. 큰 도로 변에다가 지역에서 잘 알려진 고등학교 정문 앞이어서 위치로도 괜찮은 곳으로 사무실 자리로는 안성맞춤이었다. 그 땅에 건물을 지으면 사업적으로 편리하고 유용하게 사용할 수 있겠다는 생각이 들었다.

시간이 흐르면서 땅에 사무실을 지어야겠다는 마음이 굳혀져 갔다. 처음에 가졌던 믿음이 변질되어 가고 있었다. 교회에서 필요하면 얼마든지 사용케 한다는 마음이 퇴색되어 가고 있었다. 날로 번성해지는 사업 앞에 더 확장하려는 욕망이 매일처럼 내 마음을 흔들고 있었다. 육신적인 욕심이 싹이 트면서부터 야심으로 가득 찬 세상적인 사업가로 전락해 가고 있었다.

교회에서 사용하는 땅에 건축하려는 구상을 하다

당시 소유하고 있는 땅에 교회 화장실이 일부 지어져 있었고 교회마당 출입구까지도 걸려 있었다. 교회에서 사용하는 땅은 그대로 사용케 하더라도 나머지 땅에 사무실을 지어야겠다는 마음은 변함이 없었다. 내 계획대로 일들이 진행되어 간다면 당장에도 교회에 피해를 줄 뿐 아니라 후일에도 교회 발전에 걸림돌이 될 수도 있는 문제였다.

날마다 확장해 가는 사업, 늘어가는 고객들과 주문량, 하나둘 더해가는 영업소와 직원들, 쌓여가는 재산, 이로 인하여 더 크게 확장하고 싶은 사업적인 욕망, 더 갖고 싶은 욕심, 정치적으로 출세하고 싶은 야망 등 이러한 것들이 마음에 잉태되고 육신적인 기질이 발동되니 처음에 가졌던 마음은 흔적도 없이 사라져 버렸다. 인간적인 욕망 앞에 마음이 변질되어 교회에서 사용하고 있는 땅을 되찾아 거기에다 건물을 세우고 싶었다.

교회를 향한 도전적인 이러한 모습은 세상의 사업가들에게나 어울리는 짓이었다. 믿음의 사람들이 해서는 안 될 일이었다. 하나님께서 주신 복으로 경제의 부를 누리고 있는 자라면 땅을 되찾으려는 욕심을 버렸어야 했다. 하나님의 은혜로 행사가 형통하여 사업이 번창했다면 교회에서 사용하고 있는 땅에 건물을 세우려는 일은 생각조차도 해서는 안 될 일이었다. 더군다나 어머니 권사님을 비롯하여 가족들이 머물러 신앙생활을 하는 곳이기에 꿈에서라도 교회 옆에 건물을 지으면 안 되는 일이었다.

사탄의 덫에 걸려든 나의 인생

사업의 번성과 함께 내 자신도 모르는 사이에 오직 성공과 출세만을 추구하는 세상적인 사업가로 전락해 버렸다. 그리고 내 스스로의 행동들을 통제할 수 없었다. 사탄이 쳐 놓은 탐욕의 덫에 걸려들고 만 것이다. 내 자신이 보더라도 순수한 믿음과 청지기의 마음이 변질되어 버렸다. 참으로 가슴 아픈 일이었다. 마음에 도사리고 있던 탐심의 위력은 대단하였다. 하나님의 말씀까지도 외면하게 만들었다. 마음속에 세상적인 욕망이 가득하다 보니 성령의 역사도 아무런 의미가 없었다. 구약의 사울 왕처럼 하나님의 말씀을 외면한 채로 내 배만 채우기에 급급하였다.

믿음이 변질되니 교회 옆 땅에 건물을 세워야겠다는 결론을 내리고 말았다. 이러한 나의 처사는 인간적인 면으로는 정당한 일이었다. 세상 법적으로도 하자가 없는 일이었다. 또한 사업가의 입장에서 보았을 때는 당연한 일이라고 할 수 있는 일이었다. 내 땅에 내 건물을 세우겠다는데 누가 무어라고 할 사람이 어디 있겠는가? 건물을 세울 여건과 능력이 있음에도 그 일을 하지 못한다면 주변 사람들로부터 무능한 사람, 바보라는 말을 들을 수도 있는 일이었다. 그러나 하나님 입장에서 보았을 때에는 그렇게 해서는 안 되는 일이었다.

하나님은 그 땅이 계속 교회터전으로 사용되기를 원하셨던 것이다. 그 땅의 소유가 내 것이라고 할지라도 거기에 건물을 세우는 일은 원치 아니하셨다. 교회 측에 사용을 승낙하는 순간 그 땅은 이미 하나님의 것이나 다름이 없었다. 나의 건축계획은 교회 주인이신 하나님께 대한 정면적인 도전과도 같았다. 참으로 미련하고도 어리석은 일이었다. 하나님의 은혜를 저버리는 배은망덕한 짓으로 괘씸죄에 해당되는 행위였다.

교회의 주인은 역시 하나님이셨다

결과적으로, 하나님께서는 교회를 지키시려는 방편으로 징계의 채찍을 내리셨다. 나에게 경제력이 있고 사업체가 그대로 존속된다면 언젠가는 건축할 가능성이 있기에 하나님께서는 교회를 보호하시는 차원에서 그 땅을 회수해 가셨다. 회사는 결국 하나님의 강제집행을 통하여 부도사건으로 말미암아 도산되었고 그 땅도 결국에는 교회의 소유가 되고 말았다.

이 사건을 통해서 내가 경험한 하나님은 분명히 살아계신 분으로서 교회를 지키시며 보호하시는 분이었다. 교회를 향하여 도전하는 자들이나 해를 가하는 자들에게는 반드시 심판을 통하여 하나님께서 교회의 주인이시라는 사실을 깨닫게 해 주시는 분이었다.

하나님은 어느 시대에나 그리스도의 피로 사신 교회를 눈동자같이 지키시며 보호하셨다. 교회가 위기에 처했을 때나 사명을 감당하는 일에 장애물이나 방해요소가 있을 때에도 외면치 않으셨다. 하나님께서는 교회와 친히 함께 하실 뿐만 아니라 울타리가 되어 주심으로 교회를 안보해 주셨다. 하나님은 교회를 보존케 하시려는 차원에서 교회를 핍박하는 자들이나 목회의 방해자들까지도 용납하지 않으시고 처리하시는 공의로운 분이셨다.

교회를 지키시기 위한 하나님의 작전

네 번째 교회에서 있었던 일었다. 20대 부인이 등록을 했는데 남편이 술을 먹으면 이따금 교회에 와서 난동을 부린다는 것이었다. 거기에다가 교인들이 보는 앞에서 목사를 구타한다는 것이다. 그것도 자주…. 그래서 그 교회를 다니지 못하고 옮겨왔다면서 개인적인 사정을 밝혔다. 부인으로부터 그 말을 전해 듣는 순간 우리 교회에도 찾아올 수 있겠다는 생각에 사람인지라 걱정이 되기도 하고 두려움이 생기기도 하였다. 모든 일을 하나님께 맡기고 기도할 뿐이었다.

그해, 성탄절 전야제 때 일이었다. 어떤 젊은이가 술 취한 모습으로 교회에 나타났다. 그 부인의 남편이었다. 아직 행사 시작 전인지라 목양실에서 남자 집사들과 차를 마시며 대화를 나누고 있었다. 누군가가 노크도 없이 문을 확 열어젖혔다. 그리고 신발을 신은 채로 들어섰다. 그의 거칠고도 난폭한 행동은 보는 이로 하여금 경악스럽게 하였다. 젊은이는 난동과 함께 누군가를 구타할 목적으로

가죽장갑까지 끼고 폼을 잡고 서 있었다. 금시 달려들 것만 같은 모습으로 "목사가 누구냐?"고 물었다. 그때 마침 남자 집사들이 함께 있었는데 거기에는 현역 건달인 집사 남편도 함께 있었다. 부인과 아들의 강청에 의하여 아들의 재롱잔치를 보러온 것이었다.

집사 남편이 젊은이를 보자마자 "너 여기에 어쩐 일이냐?"라며 먼저 물었다. 젊은이는 당황한 나머지 말도 제대로 하지 못하고 어물어물, 우물쭈물하는 모습을 보였다. 이전처럼 교회에 난동을 부리려고 왔다가 진짜 건달을 만난 것이었다. 젊은이는 자신이 예측하지 못했던 상상밖의 일인지라 안절부절못하는 모습만 계속 보이고 있었다. 집사 남편은 매서운 눈초리로 젊은이를 계속해서 쏘아보고 있었다. 이는 강한 자가 약한 자에게 가하는 무언의 압력이었다. 집사 남편 앞에 젊은이는 금세 기가 꺾였고 어깨가 처지는 모습이었다.

성탄 행사를 망치려는 마귀의 작전이 무산되다

사탄은 악랄하기가 그지없는 악한 존재이다. 하나님을 향하여는 정면으로 대적할 수 없기에 그리스도의 몸인 교회를 끊임없이 공격한다. 사탄은 사람들을 도구 삼아 교회를 무너뜨릴 목적으로 하나님의 일들을 훼방해 왔었다. 사탄은 이번에도 젊은이를 도구 삼아 성스러운 교회를 어지럽히고 성탄 행사를 망치려고 하였다. 그렇지만 전지하신 하나님은 집사의 남편을 통해서 그 일을 무산시키셨다. 그날 밤 하나님의 보호하심이 없었다면 젊은이로 인하여 교회는 아수라장이 되고 성탄 행사를 망치고 성직자로서 목사의 권위도 추락하고 말았을 것이다.

이 사건을 통해서 하나님은 교회를 지키시며 주의 종들과 성도들을 보호하시는 분임을 다시 한 번 확인시켜 주셨다. 하나님은 교회를 지키고 보호하시려는 차원에서 주먹 세계에 있는 자들까지도 도구로 사용하시는 분이었다.

교회에 도전하는 일은 패망의 지름길

우리가 늘 기억해야 할 것이 있다. 교회를 향한 도전이나 목회를 훼방하는 일이나 성도들을 괴롭히는 일은 하나님께서 절대 용납지 아니하신다는 것이다. 반드시 상응하는 대가를 치르게 하신다는 것을 직접 체험도 했지만 목격하기도 하였다.

그 일이 있은 후로부터 근 1년 정도가 되었을 때 20대 부인이 말도 없이 아이들과 함께 사라져 버렸다. 구역 성도들을 통하여 수소문을 해보았지만 찾을 길이 없었다. 얼마쯤 지나서야 그 가정에 대한 비보를 듣게 되었다. 사탄의 앞잡이가 되어 교회에서 난동을 부리는 일을 두려워하지 않았던 젊은이는 사업의 패망과 함께 그 인생이 불행하게 되고 말았다. 결국에는 빈털터리가 되어 유리방황하는 비극적인 인생이 되었고 가정도 파탄이 나 버렸다. 그 부인은 남편과 헤어진 후 아이들을 친정에 맡기고 먼 지역으로 떠나 버렸다. 이 사건을 통해서 교회에서 난동을 부리고 목회를 방해하며 성도들을 괴롭히는 일이 얼마나 크고 무서운 일인지를 깨우쳐 주셨다.

교회와 주의 종인 목사들을 향한 도전이나 성도들을 괴롭히고 핍박하는 일들은 모두 하나님을 향한 도전으로서 심판을 면치 못한다는 것을 기억해야 한다. 세상에서의 교회나 그 구성원들인 성도들이나 주의 종들인 목사들은 에덴동산의 선악과와도 같다. 함부로 건드리면 아담과 하와처럼 불행한 자가 될 수도 있다는 것을 염두에

두어야 한다. 선악과를 먹은 후에 기쁨이 넘치는 아름다운 에덴동산에서 추방을 당한 것처럼 말이다.

성경에서 주는 교훈들

하나님 입장에서 보면 성도들이나 목사들도 교회와 같다고 해도 과언이 아니다. 교회인 '에클레시아'(ἐκκλησία)라는 의미가 그렇지 않은가? 그러기 때문에 목사들이나 성도를 건드리는 것은 교회를 핍박하는 행위와도 같다. 더 심하게 원칙적으로 표현을 한다면 예수 그리스도를 핍박하는 것이다. 교회에 대한 도전은 하나님을 공격하는 행위에 해당되는 일로서 심판을 자초하는 일이다. 이 사실을 성경에 기록된 사건들이 뒷받침해 주고 있다.

초대교회 당시에 사울이라는 청년이 있었다. 대제사장으로부터 권세를 부여받아 믿는 자들을 체포하려고 다메섹으로 향하였다. 거의 목적지에 이르렀을 때에 하늘로부터 홀연히 빛이 비치는데 얼마나 강한지 사울이 땅에 엎드러졌다. 그때에 하늘에서 예수님의 음성이 들렸다.

"사울아, 사울아, 네가 어찌하여 나를 핍박하느냐?"

그 와중에도 사울이 "누구십니까?"라고 물었다. 그러자 예수님께서 또다시 사울에게 말씀하셨다.

"나는 네가 핍박하는 예수다."

당시 사울은 예수님의 얼굴을 본 적도 없었고 만난 적도 없었다. 예수님을 핍박한 사실은 너너욱 없었다. 그런데 예수님께서는 사울에게 "네가 나를 핍박하였다"라고 하셨다. 이는 믿는 성도들이나 교회를 핍박하는 것이 바로 예수님을 향한 핍박이라는 것을 성경이 보여주고 있다(행 9:1-5).

장로들을 향한 공격도 교회에 대한 도전

나에게는 심히도 부끄러운 과거가 많지만 목사가 되어서도 하나님의 교회를 향하여 도전했던 일이 있었다. 평신도 때도 교회에 도전적인 일을 벌이다가 회사가 도산되는 비극적인 일을 경험했었다. 그런데 목회를 하면서도 또다시 교회에 도전적인 행위를 벌였으니 참으로 미련하고도 부끄럽기가 그지없는 짓이었다.

세 번째 교회에서 장로들과 그 배후세력에게 당한 일이 너무나도 억울하였다. 합법적인 절차에 따라 은혜로운 방법으로 얼마든지 일을 처리할 수 있었음에도 장로들은 막무가내로 내게 사임을 요구해 왔다. 당시 정치적으로 막강한 힘을 가진 선배가 그 일에 개입하여 사임에 압력을 가해 왔다. 이 일은 당시 대학생이었던 아들들에게까지도 씻을 수 없는 상처를 남겼다.

그동안 교회 청년이 사용하는 원룸에서 함께 지내고 있던 둘째아들이 어느 날 갑자기 짐 보따리를 싸들고 왔다. 알고 보니 장로들과 선배목사가 배후에서 꾸민 짓이었다. 순간적으로 비통함과 분통이 솟구쳤다. 오열과 함께 미움과 복수심이 불타올랐다. 저들에게 당한 일이 교회 개척을 위한 하나님의 뜻으로 여기고 이해하며 용서했던 것을 번복하였다.

이제는 기회가 되면 복수를 해야겠다는 마음을 갖고 살았다. 그동안 마음의 감정을 다스리고 있던 "형제의 잘못을 용서하라, 원수를 사랑하라"는 주님의 말씀을 잠시 유보하고 복수의 칼을 갈기 시작하였다. 나도 어쩔 수 없는 사탄의 속성을 지닌 존재임이 드러나는 순간이었다. 하나님 앞에는 죄송스러운 일이지만 저들에게 당한 만큼 되돌려주어야 한다는 마음으로 살았다.

장로들과 배후세력이 교회 개척을 방해하려는 목적으로 중상모략을 일삼는다는 말이 들려왔다. 순간 마음 한 구석에서 이제는 맞서 싸워야겠다는 마음이 불타오르고 있었다. 저들의 위선적인 모습을 생각할 때마다 속에서 분노가 부글부글 끓어오르기도 하였다. 나의 하루하루의 삶은 믿음과 말씀에서 떠난 분노와 복수심으로 가득한 삶이었다.

장로들에게 당한 일을 복수 차원에서 만방에 공개하다

그 무렵, 하나님의 은혜로 크리스천 신문사에 응모했던 작품이 입선되었다. 또한 신문에 글을 연재할 수 있는 기회가 주어졌다. 장로들의 비신앙적이며 위선적인 신앙을 세상에 공개해야겠다는 마음으로 매주 글을 연재하였다. 무엇보다도 배후에서 장로들을 꼬드기어 충동질과 함께 조종했던 베일에 숨겨진 선배목사를 세상에 공개해야겠다는 마음으로 신문에 글을 실었다.

장로들의 실명까지도 거론을 하면서 연재하였다. 그 이유는 장로들이 나를 명예훼손으로 고발해 주기를 바랐기 때문이었다. 이 일로 말미암아 법정에까지 가기를 소망하면서 글을 실었다. 설령 실형을 살더라도 장로들의 만행을 세상에 알리며 그 배후 세력인 선배목사를 교인들과 교계에 공개하고 싶었다. 명예훼손으로 고발을 당할 것을 소망하면서 장로들의 이름을 서론하면서 글을 연재하였다. 글의 내용을 읽어본 목사님들로부터 전화가 빗발쳤다.

"목사님, 이것은 명예훼손입니다. 장로들이 고소하면…"

이러한 내용으로 전화를 해주신 분들은 나를 아끼고 사랑하는 선배들이나 또래 목사들이었다. 나는 그분들에게 이렇게 대답을 해 주었다.

"일부러 고소하라고 제가 장로들에게 시비를 거는 겁니다. 법정까지 가면 장로들을 조종하여 일을 꾸민 그 배후세력인 선배목사도 드러나겠지요. 그러면 많은 사람들이 깜짝 놀라겠지요."

당시 나의 솔직한 심정은 애매히 당한 것이 너무나 억울하고 분하여 그 내용과 사실을 세상에 공개하였다. 내 안에서 훨훨 타오르는 불길처럼 복수심이 불타오르니 내 감정을 조절할 수가 없었다. 이렇게 해서 나는 또다시 하나님께 도전하는 어리석고도 미련한 인생이 되고 말았다.

그러던 어느 날이었다. 말씀을 묵상하고 있는 내 마음에 "원수 갚는 것을 내게 맡기라"는 감동을 주셨다. 장로들의 비신앙적인 행동들이 드러난다든지 위선적인 신앙들이 공개되면 교회에 나쁜 영향을 미치기 때문에 결국에는 하나님께 향한 도전임을 깨닫게 하셨다. 신문사에 보낼 글들을 정리하고 있는 내 마음에 '빈대를 잡으려다 초가삼간 태우겠다'라는 생각이 들었다. 이어서 장로들을 잡으려다가 교회를 잡겠다는 생각과 함께 장로들의 만행을 온 천하에 공개하는 일이 결국에는 하나님께 향한 도전이라는 것을 재삼 깨닫게 되었다.

하나님은 장로들과 그 배후세력에 대한 원한에 사무쳐 복수만을 향하여 질주하던 내 발걸음을 붙드셨다. 이어서 장로들을 무너뜨리는 일은 교회가 흔들리는 일로서 하나님께 향한 도전이라는 깨달음을 주셨다. 그뿐만 아니라 하나님은 교회 주인으로서 교회를 지키시는 분이라는 사실도 깨닫게 하셨다.

하나님께서 교회를 지키시는 것은 당연한 일

내가 경험한 하나님은 어떠한 경우에도 교회를 보호해 주시는 분이라는 사실이다. 하나님께서 무엇 때문에 교회를 이처럼 소중히 여기시며 눈동자같이 지켜오셨을까? 교회는 아들 예수 그리스도의 피로 사신 하나님의 것이자 그리스도의 몸이기 때문이다. 그러기에 교회가 그 누군가의 도전으로 위협을 받을 때는 하나님께서 친히 개입하셔서 지켜주셨다.

시대마다 교회를 핍박하는 자들이 있었고 목회를 훼방하는 자들도 있었다. 교회를 아주 말살시키려는 자들도 있었다. 요즘 시대에는 하나님의 교회를 자기 소유로 만들려는 자들도 간혹 보게 된다. 악인들이 교회를 훼방할 목적으로 지혜를 모으고 실력을 총동원할지라도 하나님의 교회만큼은 절대로 무너뜨릴 수가 없었다. 이는 하나님께서 교회를 오른손으로 지키시기 때문이다.

하나님께서는 교회가 이 땅에서 영원토록 보존되도록 때로는 능력으로 친히 개입도 하셨지만 상황에 따라서는 사람을 도구삼아 교회를 지켜주셨다. 하나님께서 이처럼 교회를 눈동자처럼 지키시는 것은 교회의 주인으로서 당연한 일이었다. 교회 보존을 위한 하나님의 관심은 세상 끝날까지 계속될 것이다.

교회가 보존되기를 원하시는 하나님

지금 시무하고 있는 교회에서 있었던 이야기이다. 당시 교세도 약한 상태였고 열악한 환경에다 집사들까지 문제가 많아 자원자가 없는 교회였다. 교역자 이동문제 때문에 그 일을 수습하기 위해서 집사들과 회동을 가진 일이 있었다. 그때 수석집사가 교회 입장과 자신의 의사를 솔직하게 밝혔다. 경제적인 문제로 인하여 목사를 모실 수가 없다는 것이었다. 이제는 목회자를 모시지 않고 주일에만 은퇴하신 원로목사님을 초청하여 예배드리고 그 외에는 자기들끼리 예배를 드리겠다는 것이었다. 수습위원들의 강경한 자세와 결단으로 인하여 수석집사의 계획이 무산되고 말았다. 그리고 내가 그 교회에 부임을 하였다.

부임해서 보니 교회 마당에는 수석집사의 소유인 사슴막사가 있었고 식당에는 대형 냉장고가 있었다. 사슴으로 인하여 교회는 늘 지저분하고 악취가 진동하였다. 사슴 울음소리는 예배를 드리는 데 방해요소가 되기도 하였다. 그럼에도 누구 한 사람 말을 하는 자가 없었다. 수석집사는 교회를 마치 자기 것처럼 생각하고 사슴을 계속 키우고 있었다.

우리 부부는 하나님께 빠른 시일 내에 사슴막사를 철거해 주시라며 기도드릴 뿐이었다. 계속하여 수석집사의 태도를 지켜보며 의중을 살펴보았다. 양심의 가책은 고사하고 수석집사의 속셈이 드러나기 시작하였다.

부임한 지 15일 정도가 지났을 때였다. 집사들이 수석집사의 집에 모였으니 오라는 전갈이었다. 교회 땅을 차지하는 일이 얼마나 다급했는지 신발도 벗기 전에 내게 달려와 집사들이 총회에 가야겠다는 것이다. 이유를 물었더니 "교회 땅을 유지재단에서 빼려고요"라고 대답하였다. 기가 막히고 기절초풍할 일이었다. 이어서 수석집사가 자신의 본심을 밝히는데 정말 가관이었다.

"교회에 제 사슴막사가 있으니 교회 땅은 그만큼 사주고 지금 교회 땅은 제 앞으로 하려고요."

교회에서 사슴을 계속 키우겠다는 것은 하나님의 성전인 교회 터를 자신의 소유로 만들겠다는 것이었다. 전망과 위치가 좋은 교회 땅은 자신이 차지하고 출입할 길도 없는 변두리 땅을 총회에 넣어주겠다는 것이었다. 그 말을 듣는 순간 피가 거꾸로 솟는 듯하였다. 담임목사를 청빙치 않고 주일에만 은퇴하신 목사님을 모시려는 이유가 바로 여기에 있었다. 정말 경천동지(驚天動地)할 노릇이었다.

교회를 지키시려는 방편으로 나를 지명하신 하나님

만일 나이가 어리고 힘이 없는 교역자가 부임했더라면 또다시 집사들에 의하여 쫓겨났을 것이다. 그렇지 않으면 먹을 것이 없어 결국에는 이곳을 떠나고 말았을 것이다. 이런 일들이 반복되다 보면 교회가 어떻게 되었겠는가? 나중에는 자원하는 교역자가 없어 교회는 결국 십자가의 불이 꺼지고 문을 닫아야 하는 비극적인 일이 생기고 말 것이다. 그러면 수석집사 계획대로 교회에서 사슴을 계속하여 키우게 되었을 것이다. 그러다 보면 결국 교회 터는 수석집사의 소유가 되어 짐승을 사육하는 농장이 되고 말았을 것이다.

수석집사의 계획대로 교회 터가 농장이 되었다면 어떻게 되었을까? 하나님은 서글퍼하시고 예수님은 우셨겠지만 사탄은 마치 경사라도 난 듯이 춤을 추며 좋아했을 것이다. 그리스도의 피로 세우신 교회를 무너뜨렸으니 사탄이 환호성을 지르며 기뻐했을 것은 분명한 사실이다. 그러나 하나님은 그 전능하심과 전지하심으로 사탄의 계획과 작전을 미리 아셨다. 그리고 교회를 지키시려는 차원에서 나를 지명하시고 5년간이나 준비케 하셨다. 밤마다 연중무휴로 기도 케 하시며 영적으로 무장시키신 후에 때가 이르니 이곳으로 보내신 것이 아니었을까? 교회를 지키시기 위하여….

이곳으로 보내신 이유를 깨닫다

그날 밤 성전에 들어가 십자가를 마주하고 앉았다. 낮에 수석집사의 집에서 있었던 일들이 뇌리에 스쳤다. 앉자마자 잡다한 생각에 사로잡히다 보니 기도가 잘 되지 않았다. 수석집사의 잘못된 신앙관이 생각날 때마다 마음 한 구석에서 부아와 함께 분통이 치밀어 올랐다. 시간이 지날수록 하나님이 나를 이곳에 보내신 이유를 깨달았다. 이는 그리스도의 피로 값 주고 사신 하나님의 교회가 유명무실한 교회로 전락되는 것을 막기 위해서였다.

사탄은 간교한 술책으로 수석집사를 이용하여 교회를 사유화하려고 하였다. 그뿐만 아니라 사탄은 교회를 폐쇄시킬 목적으로 수석집사를 충동질하여 문제를 계속해서 일으키게 하였다. 그러나 하나님의 권능 앞에서는 사탄도 무력한 존재일 수밖에 없었다. 하나님이 개입하시니 결국에는 사탄의 계획이 무산되고 말았다.

하나님은 교회를 지키시기 위한 하나님의 방편으로 나를 지명하셨고 5년간 기도로 무장케 하신 후에 때가 이르니 이곳으로 보내셨다. 하나님은 이곳에서의 승리를 위해서 사탄의 계략에 대처할 수 있도록 지혜와 말씀과 성령의 능력을 무기로 주셨다.

교회가 당면한 문제를 아뢰는 마음에 성령님은 계속해서 지역 주민들의 영혼을 구원할 그리스도의 몸인 교회를 지켜내기 위한 하나님의 뜻에 의하여 이곳으로 보내셨다는 것을 깨우쳐 주셨다. 이곳에서의 영적 승리와 사명 감당을 위하여 각양 은사와 목회에 필요한 능력까지도 주셨다.

교회를 삼키려던 마귀의 작전이 무산되다

하나님이 주신 지혜와 능력으로 저들의 악한 일들을 저지시킬 수 있었다. 이로써 교회 땅을 차지하기 위한 수석집사의 악한 계획이 무산되고 말았다. 지역에 영혼구령을 위해 세워진 교회를 없애기 위한 사탄의 작전이 수포로 돌아가고 말았다. 이제는 목사가 부임함으로 교회로서의 예배의 사명과 전도의 사명을 감당하고 있다. 이 사건을 통하여 하나님께서 교회를 얼마나 아끼시고 사랑하시는지를 체험하였다. 그리고 예수 그리스도의 피 값으로 세워진 교회이기에 사탄의 공격으로부터 보호하시고 지키신다는 사실도 거듭 깨달았다.

교회를 지키시며 보전하시는 하나님

하나님은 도시의 대형교회도 지켜주시지만 농촌의 작은 교회일지라도 지켜주신다. 또한 모든 시설을 완벽하게 갖춘 아름다운 교회나 웅장한 교회도 지켜주시지만 초라한 개척교회까지도 지켜주신다. 이는 교회가 하나님의 임재를 상징하는 곳이기도 하지만 그리스도의 몸이기 때문이다. 교회를 악한 불의의 세력들로부터 지켜주시는 또 하나의 이유가 있다면 교회는 하나님의 백성들이 모여 예배하는 거룩한 공동체이기 때문이다.

수석집사의 계획은 무산되었지만 앞으로 교회에서 어떠한 문제가 터질지 알 수 없는 일이었다. 앞으로 목회를 어떻게 해야 할 것인가를 생각하며 당면 문제를 하나님께 아뢰었다. 지난날 이곳에서 견디지 못하고 떠나갔던 전임자들이 전해준 말들이 생각났다. 그럴 때마다 사람인지라 두렵고 앞날이 염려스러웠다. 모든 것을 하나님께 의지하며 믿음으로 맡기는 길밖에 없었다.

교회의 평안을 위하여 밤마다 십자가 밑에 나아가 밤을 지새우기도 하였다. 때로는 금식도 하며 몸부림치며 강청도 하였다. 수석집사의 믿음에서 떠난 인간적인 수법과 배후에서 조종하는 사탄의 속성이 뇌리에 스칠 때면 기도는 더욱 간절해질 수밖에 없었다.

하늘 보좌를 향한 기도는 헛되지 않았다. 하나님은 이곳의 교회를 마귀의 공격으로부터도 지켜주셨고 악인들과 목회를 훼방하는 무리들로부터도 보호해 주셨다.

체험을 통해 얻게 된 영적인 교훈

지금까지의 신앙생활이나 목회를 통해서 얻어진 영적인 교훈들이 몇 가지 있다. 앞서 밝힌 대로 교회는 하나님께서 좌정해 계시는 성전이자 피로 값 주고 사신 그리스도의 몸이기에 신성하면서도 위엄이 있는 곳이다. 그러기에 목사, 장로일지라도 교회에 도전하는 자들은 절대로 용납하지 않으셨다. 교회에서 소요를 일으킨다든지 도전하는 자들은 하나님이 엄히 다스리셨다.

그러기에 하나님의 교회에 해를 입힌다든지 자신의 힘을 작용하여 교회를 흔드는 자들의 결국은 불행과 비극으로 인생의 종지부를 찍고 말았다. 한마디로 교회에 도전하는 일은 하나님께 도전하는 일로서 파멸을 자초하는 일임을 보여주셨다. 그 대상이 신실한 목사일지라도, 충성스런 장로일지라도 그 누구든 예외 없이 교회 도전에 대한 책임을 물으셨다.

지금까지의 체험을 통하여 얻어진 또 하나의 영적인 교훈이 있다. 하나님께서 교회를 치기 위하여 세우신 주의 종인 목사나 시무하는 장로에 대한 도전 역시, 하나님을 향한 도전이라는 것을 깨달았다. 주님을 대신하여 파송한 주의 종을 건드리는 것이나 교회 사건으로 장로들을 흔드는 일은 교회를 향한 도전으로 결국 하나님을 향한 도전이었다는 이것이 바로 성령님이 깨우쳐주신 또 하나의 영적인 교훈이었다.

교회는 주의 택한 백성들이 구원받는 곳이다. 예배를 통하여 하나님을 만나는 곳이다. 그러기에 하나님은 그 어떠한 경우에도 교회가 세상 끝 날까지 보존되기를 원하신다. 세상의 그 어떠한 교회든지 지역과 여건을 초월하여 모든 교회들이 마찬가지이다. 시골 산골짜기의 다 쓰러져가는 교회일지라도 보존되기를 원하신다. 그뿐만 아니라 소중히 여기시며 사탄이나 악한 자들로부터 지켜주신다. 교회는 하나님의 보좌가 있는 곳이며 아들 예수 그리스도의 피로 값 주고 사신 곳으로 그리스도의 몸이기 때문이다.

03
심은 대로 거두는 법칙

인생을 살다 보면 누구나 공통적으로 느끼는 것들이 있다. 그것이 바로 '인과응보'(因果應報)이다. '자기가 심은 것들을 그대로 거둔다'는 말이다. 선을 심으면 아름다운 결과를 보게 되고 악을 심으면 추한 결과를 보게 되는 것은 당연한 일이다. 우리나라의 속담 가운데 "콩 심은 데 콩 나고 팥 심은 데 팥 난다"는 말이 있는데 이는 "심은 대로 거둔다"는 의미이다.

지난날의 삶을 돌아보니 하나님이 정하신 인과응보의 법칙에 의하여 심은 것들을 거두며 살아온 흔적들이 엿보였다. 그 자취들을 보면 은혜가 되는 일도 있었고 교훈이 될 만한 것들도 있었다. 지난날의 일들을 뒤돌아보면서 하나님이 정하신 인과응보의 법칙이 얼마나 철저한 것인가를 생각하는 시간을 갖고자 한다.

은혜를 베푼 본사 사장님의 가슴에 비수를 꽂다

두 명의 직원을 데리고 철골조립식 사업을 시작하여 4, 5년 만에 7곳의 영업소를 개설하였고, 50인 사업장으로 발전하였다. 짧은 기간 동안에 사업을 정상 궤도에 올릴 수 있었던 것은 먼저는 하나님의 은혜였다. 다음은 모든 직원들이 밤낮을 가리지 않고 열정적인 모습으로 뛰었기 때문이다. 그리고 본사의 지원이 있었기 때문이었다. 영업을 잘하여 많은 물량을 주문받았을지라도 본사에서 제품을 공급해 주지 않았다면 영업이 아무 필요가 없었을 것이다.

내가 지방에서 많은 일을 감당함으로 동종업자들 가운데 선두주자가 될 수 있었던 것은 본사 사장님의 특별한 배려가 있었기 때문이었다. 본사에서 아무 조건 없이 물량을 공급해 주었기에 가능한 일이었다. 나 역시도 본사 사장님의 은혜에 감사하는 마음으로 물품대금 결재에 최선을 다하였다. 이심전심이라 할까? 이러한 나의 마음이 본사 사장님의 마음을 감동시켰던지 제품을 신청하면 무제한으로 공급해 주었다.

창업 그 이듬해부터 해가 거듭할수록 사업은 더욱 발전하면서 주문량이 쇄도하여 갔다. 이로 인하여 본사 공장이 내가 주문한 제품생산으로 인하여 바쁘다는 소리가 들릴 정도로 많은 일을 하였다. 무명의 영세업자가 어느 날 갑자기 50인의 중소기업을 이루고, 가는 곳마다 인정받고 찬사를 받다 보니 어깨가 으쓱해지고 목이 뻣뻣해지기 시작하였다. 직원들이나 영업소장들 그리고 하청업자들 앞에서 군림하다 보니 사람들을 대하는 마음과 자세도 달라져 가고 있었다.

그러던 어느 날이었다. 거래를 하다 보니 제품공급에 차질이 생겨 본사와 불미스러운 일이 발생한 적이 있었다. 이전 같았으면 사장님의 요구와 지시대로 따랐을 것인데 거기에 대하여 이유를 달면서 내 주장을 내세웠다. 그러다 보니 불쾌한 말들이 오가고 감정이 악화되어 언성까지 높아져 갔다.

얼마 전까지만 하더라도 본사 사장님의 말이라면 무조건 수용했었다. 내게 손해가 되고 자존심이 상하는 일이 있을지라도 모두 참아내고 견디어냈다. 이는 약자가 강자 앞에서 취해야 하는 자세였다. 그동안 본사 사장님 앞에서의 나의 모습이 그랬었다. 그런데 어느 날 갑자기 나도 모르게 변해버린 것이다. 그렇게 되어버린 원인이 무엇이었을까? 무엇이 나를 변하게 만들었을까? 생각해보니 나를 우쭐하게 만들고 교만하게 만든 요인들이 몇 가지 있었다. 쌓여지는 재산, 발전하는 사업, 날마다 늘어나는 주문량, 확보된 5천여 평의 공장부지, 자리잡혀가는 사업….

이러한 인간적인 조건들로 인하여 교만해졌던 나는 결국 본사 사장님에게 도전장을 내밀고 말았다. 사장님 앞에서 행한 일은 교만에서 비롯된 행동으로서 배은망덕한 일이었다. 그동안 은혜를 입은 것을 생각한다면 사람으로서는 해서는 안 될 일이었다. 이는 은혜를 저버리는 일로서 은혜를 원수로 갚는 일과도 같았다. 구멍가게 사업에서 50인 중소기업으로 발전 성장할 수 있었던 원인을 생각한다면 본사 사장님에게 겸손한 모습으로 끝까지 아름다운 관계를 맺었어야 했다.

침묵 속에 시간이 지나면서 얼마 동안 이성을 잃었던 마음이 진정되었다. 화친을 하고 내려오기는 했지만 그 후에 본사와의 관계가 전과 같지만은 않았다.

은혜를 베푼 직원에게 치욕적인 일을 당하다

그 일이 있은 후 몇 년이 지났다. 부도 사건으로 회사가 도산되는 가운데서도 케미컬을 취급하는 대리점과 사무실만큼은 그대로 남아 있었다. 막냇동생이 혼자서 이 일을 맡아 운영하기에는 벅찬 일이었다. 그래서 마침 귀농한 젊은 교인이 있어 동생 사무실에 직원으로 취직을 시켜 주었다. 이유는 알 수 없었으나 몇 달을 다니다가 그만두어야 하는 상황이 되었다. 그리고 내가 개입을 해야 할 수밖에 없는 상황이었다.

그 집사와 마지막으로 대화를 하는데 아연실색할 정도로 저돌적인 행동을 보였다. 매몰차게 몰아붙이는 그의 모습은 황당하기 그지없었다. 상대하기가 어려울 정도로 난폭하였고 막무가내로 자신의 주장만을 내세우며 정면으로 도전하는 그의 행동은 나를 더욱 곤혹스럽게 하였다. 참으로 애석한 일이었다. 성직자라는 신분이었기에 참을 수밖에 없었다.

그날 밤이었다. 낮에 사무실에서 있었던 일이 떠올랐다. 실업자를 몇 달 동안이라도 출근을 하도록 배려해주고 거기에다 목돈까지 융통해 주었다. 그렇지만 그가 나를 대하는 행동은 그렇지 아니하였다. 환멸을 느끼게 하였다. 황당하기 그지없는 그의 행동은 인간이라면 해서는 안 될 배은망덕한 처사였다. 그때였다. 어렴풋이 오래전에 본사 사장님에게 대들었던 모습이 떠올랐다. 사업적으로 기반이 잡히도록 경제적으로 도움을 주며 은혜를 베풀어 주셨던 사장님에게 도전했던 일들이 뇌리에 스쳤다. 순간 누군가가 옆에서 속삭이는 것 같았다.

"인과응보의 법칙에 따라서 네가 심은 것을 거둔 것이니 너무 애달프게 생각하지 말거라."

이 같은 메시지는 마음속 깊은 곳에서 들려오는 양심의 소리였다. 이어서 하나님의 말씀이 떠올랐다.

> 스스로 속이지 말라 하나님은 업신여김을 받지 아니하시나니 사람이 무엇으로 심든지 그대로 거두리라(갈 6:7).
>
> 내가 보건대 악을 밭 갈고 독을 뿌리는 자는 그대로 거두나니(욥 4:8).
>
> 불의를 행하는 자는 불의의 보응을 받으리니 주는 사람을 외모로 취하심이 없느니라(골 3:25).

나는 하나님이 정하신 법칙에 따라서 심은 것을 거둔 것이다. 심고 뿌린 것을 그대로 거두는 것은 밭에 뿌리는 식물에만 적용되는 것이 아니다. 인간들에게도 적용되는 법칙이다. 인간들은 누구나 자기가 뿌린 것들을 거두게 되어 있음을 직접 목격한 사건이 있어 타산지석(他山之石)이 되기를 바라면서 사건을 소개하려 한다.

배신은 더 큰 배신을 몰고 오는 법

나로 인하여 사업을 시작한 친구가 있었다. 수년간 지사를 경영하는 동안 조립식 건축 자재를 공급해 주었다. 내가 목회에 들어서면서 동생이 사장 자리에 앉자 그는 배신을 하였다. 동생을 사장으로 인정할 수 없다면서 들고 일어나더니 회사의 약점을 들추며 야비한 방법으로 물품대금을 갚지 않고 관계를 끊어 버렸다. 당시 아파트 한 채 값에 해당하는 금액인지라 회사에 타격이 심하였다. 별의별 소리가 다 들려왔지만 모든 것을 물려주고 목회자가 된 이상 맞서 싸울 수도 없는 노릇이었다. 나중에 알게 되었지만 회사가 부도가 나고 도산되는 데 그 친구가 일조했다는 것을 알게 되었다. 정말로 배은망덕하고도 괘씸한 일이었다. 친구의 행위가 악랄하고도 무서웠다.

결국 회사는 부도와 함께 도산이 되었고 그 바람에 친구가 거의 공사들을 맡게 되었다. 나쁘게 표현을 하자면 지능적인 방법으로 눈 뻔히 뜨고 영업권을 모두 빼앗겨버렸다. 그 친구는 모든 고객과 거래처를 송두리째 가로채 가버렸다. 그러던 어느 날 그 친구의 소식이 들려왔다. 나날이 발전하여 빌딩도 짓고 횟집도 경영한다는 것이었다. 참으로 억울하고도 가슴 아픈 일이었다.

그 후로부터 2년 정도가 지났을까? 그 친구에 대한 비보가 들려왔다. 사기단에 걸려 45억의 거금을 부도낸 후에 어린 자식들을 모두 내팽개치고 부인과 단둘이 중국으로 도주했다는 소식이었다. 참으로 비극적인 일이 아닐 수 없었다. 배신과 함께 야비한 수법으로 내게 타격을 주었던 친구는 사기꾼들에게 더 악랄하게 당하였으니 바람으로 심고 광풍을 거둔 셈이 되었다. 그 친구의 소식을 듣는 순간 인과응보에 대한 교훈의 말씀이 뇌리에 스쳤다.

인과응보에 관한 성경의 교훈들

> 그들이 바람을 심고 광풍을 거둘 것이라(호 8:7상).
>
> 스스로 속이지 말라 하나님은 업신여김을 받지 아니하시나니 사람이 무엇으로 심든지 그대로 거두리라(갈 6:7).
>
> 내가 보건대 악을 밭 갈고 독을 뿌리는 자는 그대로 거두나니(욥 4:8).
>
> 악인에게는 화가 있으리니 이는 그의 손으로 행한 대로 그가 보응을 받을 것임이니라(사 3:11).

하나님의 말씀인 성경을 보면 인과응보에 대한 교훈도 있지만 또한 심은 것들을 그대로 거두게 되는 사례들도 소개되어 있다.

야곱을 통한 교훈

야곱의 경우를 보면 그 장자권에 욕심이 생겼다. 그래서 아버지 이삭을 속이고 장자의 축복을 받는 일에 성공하게 된다. 그 후 야곱은 삼촌 라반에게 속임을 당한다. 라반은 야곱에게 어여쁜 라헬을 주기로 약속하고서 못생긴 언니 레아를 신부로 보낸 것이다. 어디 그뿐인가? 라반은 야곱의 품값을 열 번이나 변역을 하였다. 변역이라는 말은 약속을 어긴 것으로 품값을 주지 않았다. 야곱은 이삭을 한 번 속였는데, 삼촌 라반에게는 열한 번이나 속은 셈이다. 이에 해당되는 하나님의 말씀을 다시 한 번 기억해 본다. .

> 그들이 바람을 심고 광풍을 거둘 것이라(호 8:7상).

야곱은 아버지를 한 번 속였는데, 삼촌 라반에게 열한 번을 당했으니 바람을 심고서 광풍을 거둔 꼴이 되고 말았다. 야곱에 대한 인과응보는 이것으로 끝나지 않는다. 노년에 이르러 아들들로부터 또 속는 사건이 소개된다. 아들들이 합세하여 요셉을 애굽 상인들에게 노예로 팔아버렸다. 그리고 집에 와서는 짐승에게 물려 죽었다면서 아버지 야곱을 속였다. 아들들이 요셉의 피 묻은 옷까지 보이면서 속인 것이다. 아버지 이삭을 속인 대가로 젊어서는 삼촌에게 속고 노년에 이르러서는 아들들에게 속았다.

인과응보의 법칙에 따라 심은 대로 거두되 되로 뿌리고 말로 거두는 꼴이 되고 말았다. 성경에 이름같이 바람으로 심고 광풍으로 거둔 것이다. 성경은 어느 시대에나 심은 대로 거두는 법칙을 전하면서 인생사에 아름답고 좋은 것들을 심을 것을 교훈해 주고 있지 않는가?

다윗을 통한 교훈

심은 대로 거두는 법칙은 다윗의 일생을 통해서도 찾아볼 수 있다. 사람에게는 누구나 성현군자라도 약점이 있고 실수가 있기 마련이다. 다윗에게도 마찬가지로 평생 씻을 수 없는 과오가 있었다. 다윗은 순간적으로 발동하는 음욕을 참지 못하고 밧세바 여인을 범하고 말았다. 그리고 자신의 범죄를 은폐하기 위하여 그의 남편 우리아를 전쟁터에서 간접 살해를 하였다. 다윗은 침상에서 눈물의 회개로 죄는 용서를 받았지만 자신이 심은 것에 대해서는 거두었음을 성경은 증명하고 있다.

당시 백성들의 마음을 도둑질한 아들 압살롬이 반란을 일으켰다. 전세가 불리했던 다윗은 맨발로 울면서 도망하였다. 반란에 성공한 압살롬은 궁에 남겨진 부친인 다윗의 후궁을 범하였다. 이는 인과응보의 법칙에 따라서 다윗이 우리아의 아내 밧세바 여인을 범한 대가가 아니었을까? 이로써 심은 대로 거두게 하시는 하나님을 보여준다.

또한 나라에 전쟁이 쉬지 않고 일어났는데 이것 역시도 다윗이 전쟁터에서 우리아를 간접 살인을 했기 때문이 아니었을까?

우리의 남은 인생을 평강과 기쁨이 넘치는 행복하게 살기 위해서 아름다운 모습으로 좋은 일을 행하는 지혜로운 자들이 되기를 소망한다.

사도 바울을 통한 교훈

사도 바울은 원래 복음의 훼방자로서 교회를 박해하는 자였다. 믿는 자들을 잡아 공회에 넘겨주는 자로서 스데반을 죽이는 데 앞장서기도 하였다. 그가 예수님을 만난 후에 변화되어 전도자의 삶을 살게 되었는데 많은 고난이 따랐다. 그가 가는 곳마다 핍박과 환난이 기다렸고 위험이 따르기도 하였다. 그뿐만 아니라 옥에 갇히기도 하고 여러 번 죽음의 고비를 넘기기도 하였다. 세상적인 모든 것들을 포기하고 회심하여 복음의 사도가 되었으면 이를 가상히 여겨 그가 가는 길을 순탄케 해주셨어야 하는데 오히려 고난이 그림자처럼 늘 따랐다. 왜 그랬을까?

사도 바울이 목회 사역을 감당하면서 많은 핍박을 받기도 하고 고난을 당하게 된 것은 물론 다른 이유도 있었겠지만 하나님께서 정하신 인과응보의 법칙에 따라서 본다면 사도 바울 자신이 심은 것을 거두게 된 것이 아니었을까 하는 생각이 든다.

바람으로 심고 광풍으로 거둔 사례

두 번째 농촌 교회에서 갑작스럽게 사임을 한 일이 있었다. 당시 나를 사임시키는 일에 정치적으로 막강한 힘을 지닌 선배목사가 배후에서 조종하였다. 내가 사임하면 자기가 부임하려는 욕심에 정치적인 배경과 자신의 힘을 총동원하여 나에게 압력을 가하였다. 당시 정치적으로 무력했던 나는 그곳에서 사임하고 가족들끼리 개척을 할 수밖에 없었다.

그 후 나를 따르던 교인들의 난동과 저지로 선배목사가 교회에 부임하는 일이 수포로 돌아가 버렸다. 선배목사를 담임목사로 청빙하려는 목적으로 장로들과 몇몇 집사들이 주축이 되어 일을 추진하였다. 모든 과정을 마친 후에 마지막 절차로 선배목사가 수요예배에 설교를 하기로 되어 있었다. 그 설교만 끝나면 바로 이사하려는 계획까지도 세웠다. 그런데 선배목사는 수요예배 시간에 교인들에게 수모를 당한 후 설교도 못하고 예배 중에 도망치듯이 나오고 말았다. 그 후에도 다른 곳으로 이동해 보려고 했지만 거의 결정단계에 있어서 누군가의 방해로 일들이 수포로 돌아가고 말았다.

이러한 소식이 들릴 때마다 하나님은 심은 대로 거두게 하시는 분임을 재삼 깨달았다. 당시 장로들을 조종하여 나를 내치는 일만 하지 않았더라도 원하는 좋은 교회로 부임해 갈 수 있었을 텐데…. 그 정치적인 힘을 이용하여 어려움에 처한 후배목사를 억울하게 사임시키지 않았더라면 자신도 억울한 일을 당하지 않을 것인데…. 후배

목사가 어려움을 당했을 때 오히려 보호해 주었더라면 자신이 원하는 좋은 교회에 부임하는 일이 형통했을 것인데….

생각해 보니 선배목사는 자신이 뿌린 것을 거둔 셈이 되었다. 나에게 고통을 끼친 일로 인하여 여러 번의 쓰라린 고통을 당했으니 성경의 교훈대로 바람으로 심고 광풍으로 거둔 것이 아닌가? 이러한 일들을 통하여 신불신간에 인과응보의 법칙이 철저하다는 것을 다시 한 번 깨달았다. 순간 하나님께서 우리에게 주신 말씀이 또다시 뇌리에 스쳤다.

> 내가 보건대 악을 밭 갈고 독을 뿌리는 자는 그대로 거두나니(욥 4:8).

성경에 나타난 사례

이어서 여기에 해당되는 사람들이 연이어 생각났다. 그 중에서 아합 왕과 이세벨을 소개하고자 한다. 그 부부는 왕궁 앞에 있는 나봇의 포도원을 자신의 소유로 만들기 위해서 비인간적인 방법으로 지주를 살해하였다. 나봇의 죽음이야말로 억울한 죽음이었다 이세벨은 합법적인 절차에 따라 나봇을 죽이고 그의 포도원을 취했다. 누가 보아도 문제가 없는 방법이었지만 하나님께서 보실 때에는 부당한 방법이었다.

아합은 나봇의 포도원을 탐냈고 이세벨은 그것을 빼앗아 자신들의 소유로 만들려고 나봇을 죽였던 것이다. 이세벨 부부는 악을 밭 갈고 독을 뿌리는 꼴이 되고 말았다. 이러한 악행을 서슴지 않고 단행했던 그 결과가 어떠했는가?

하나님이 정하신 법칙에 따라서 뿌린 것을 거두게 하시니 이세벨 부부의 최후가 참으로 비참하였다. 엘리야의 예언대로 이세벨의 피는 개들이 핥았고 그 시체는 개들의 먹이가 되고 말았다. 서슴지 않고 악을 행하였던 이세벨 부부는 인과응보의 법칙에 따라 처참한 모습으로 종말을 맞는 비극적인 인생이 되고 말았다.

심으면 거둘 때가 온다

지구촌에 살고 있는 모든 사람들은 빈부귀천, 신분의 지위고하를 무론하고 심은 대로 거두는 인과응보의 법칙을 떠나서 살 수 없다. 사람들은 누구나가 하나님께서 말씀하신 대로 무엇으로 심든지 그대로 거두게 되어 있다. 심고 거두는 법칙을 주변 사람들을 통해서 보기도 했지만 내 삶을 통해서 직접 체험하기도 하였다.

지금 내가 시무하고 있는 교회는 농촌지역인 데다가 자원자가 없을 정도로 문제가 많은 교회였다. 그러다 보니 교세도 약하고 환경도 열악하였다. 그러니 재정 상태는 말할 나위도 없이 어려울 수밖에 없었다. 앞장서서 헌신하던 집사들과 시내에서 출석하던 교인들이 떠나가니 교회의 재정난이 더 심각하였다. 자체적으로는 공과금이나 경상비를 해결할 수 없을 정도였다.

재정 문제를 인간의 힘으로 감당할 수 없는 일이기에 오직 하나님만을 의지하며 기도로 맡길 수밖에 없었다. 시간이 지나면서 교회 운영에 차질이 없도록 하나님께서 필요한 부분들을 공급해 주셨다. 그리고 모자람이 없도록 채워주셨는데 교회나 선교단체나 믿음의 사람들을 통해서 필요한 것들을 조달해 주셨다. 지내놓고 보니 하나님께서는 꼭 내가 다른 사람들을 도와준 방법으로 도움을 받게 하셨다.

사실 이곳에 오기 전까지 줄곧 선교하는 일이나 어려운 교회와 목회자를 돕는 일을 감당했었다. 신혼 초부터 시작하여 평신도 시절에나 목회를 하면서도 선교하는 일에 최선을 다하였다. 그런데 이곳에 와서는 교세가 약하고 재정상태가 열악하다 보니 선교는 그림의 떡에 불과했다. 내 처지가 어렵다 보니 도리어 외부로부터 도움을 받아야 하는 상황이 되고 말았다. 교회의 어려운 형편이 밖으로 소문날 수밖에 없었다. 그러던 어느 날 후배로부터 전화가 걸려왔는데 내용이 이러하였다.

"그간 목사님께 도움만 받았으니 이제는 제가 돕겠습니다. 누가 돕는다면 사양치 마세요. 그것도 농촌 교회를 운영하는 방법일 수 있으니까요."

두 번째 책이 발간된 후에 책을 읽고 은혜를 받은 사람들 가운데서 헌금을 보내오는 경우들이 종종 있었다. 또한 교회의 어려운 형편을 알고 정기적으로 꾸준히 돕는 손길들도 있었다. 때로는 생각지도 않은 사람들에게서 돕겠다며 연락이 오기도 하였다. 선교단체의 소개로 도시 교회의 후원을 받기도 하였다. 청년시절에 신앙생활을 함께 하던 자매가 있는데 12월이 되면 으레 성탄절에 쓰라며 상당한 액수의 헌금을 보내오기도 하였다.

당시 교인들의 헌금으로서는 교회를 운영할 수 없었기 때문에 외부로부터 보내오는 헌금은 가뭄의 단비와도 같았다. 교인들의 헌금으로써는 교회 운영이 어림도 없지만 그래도 교회를 운영해 나갈 수 있음은 외부의 도움 덕분이었다.

이때를 위하여 심게 하신 것이 아닌지?

그러던 어느 날이었다. 하루의 일과를 마친 후, 목회에 차질이 없도록 필요한 모든 것들을 채워주신 하나님께 감사를 드렸다. 그 순간 마음에서 깨달아지는 교훈이 있었다. 그것은 바로 심은 대로 거두는 법칙이었다. 나는 지금 내가 그동안 뿌린 것들을 거두고 있다는 것을 피부로 느낄 정도로 주변으로부터 크고 작은 도움을 받게 되었다.

목회여정에서 내가 다시 한 번 체험한 하나님은 심은 것을 거두게 하시는 하나님이었다. 하나님은 참으로 자상하신 분으로서 나의 가는 길뿐 아니라 미래의 일까지도 모두 다 알고 계신 분이었다. 후일에 경제적으로 어려운 농촌 교회에서 사역할 것을 미리 아셨던 것이다. 그러기에 이때를 위하여 일찍부터 선교와 나눔의 삶을 살도록 하신 것이 아니었을까? 어찌되었든 농촌목회를 통하여 그동안 심은 것들을 거두면서 살고 있다는 것을 주변 사람들에게 보여준 셈이 되었다.

왜 좋은 일들을 하면서 살아야 할까?

좋은 일을 하면서 선하게 살아야 할 이유가 있다면 내가 심었던 것들을 그대로 거두기 때문이다. 부모에게 효도를 심은 자는 자녀로부터 효도를 거두게 되어 있다. 친구나 다른 사람들에게 고통과 상처를 준 사람들은 누군가로부터 똑같은 방법으로 고통을 당하고 상처를 받도록 되어 있다.

그러나 친구들에게 기쁨을 준 자들은 누군가로부터 기쁨을 얻게 된다. 또한 이웃들에게 유익을 끼친 사람들은 인과응보의 법칙에 따라 필요할 때에 누군가로부터 도움을 받게 되어 있다. 그러기에 기회가 주어지거든 선을 행하고 덕을 베풀면서 좋은 일을 해야 한다. 이는 심은 대로 거두기 때문이다. 인과응보는 하나님께서 정하신 철칙으로서 피할 수 없다는 것을 기억해야 한다.

지금까지 인생을 살면서 내가 경험한 하나님은 냉철하신 분으로서 판단도 정확하시고 계산도 철저하신 분이었다. 잘한 것은 행복과 좋은 것들로 보상하시고 잘못한 것은 불행과 고통으로 보응하신다.

왜 인생을 살면서 선을 행하며 좋은 일들을 해야 할까? 하나님께서 정하신 심은 대로 거두는 인과응보의 법칙이 버젓이 살아 있기 때문이다. 이 법칙에 따라 선을 심어 기쁨 가운데 행복하게 사는 자들도 많지만 악을 뿌림으로 고통과 괴로움 가운데서 불행하게 사는 자들도 얼마나 많은가? 우리 주변에는 허다한 증인들이 있다. 나도 그중의 한 사람이라고 할 수 있지 않을까?

우리 모두는 내 삶에 대한 증인이다. 그러면 나는 어떠한 증인이 되어야겠는가? 스스로 내 자신의 행위를 점검하여 우리의 남은 인생길은 선을 행함으로 당대뿐 아니라 후대에 이르기까지 칭송받는 아름다운 인생들이 되기를….

비유를 통해서 주신 교훈

예수님의 비유 중에 '씨 뿌리는 비유'가 있다. 좋은 씨앗을 심으면 좋은 열매를 거두게 되고, 엉겅퀴를 심으면 엉겅퀴를 거둔다는 교훈이다. 이 비유는 우리들의 사회생활과 가정생활에도 적용되는 말씀이지만 신앙생활에는 반드시 적용이 되어야 할 교훈이다.

예수님의 비유 가운데 교회의 모든 직분자들에게는 더더욱 적용되어야 할 말씀이 있다. 이는 '달란트의 비유'인데 다섯 달란트와 두 달란트 받았던 종은 열심히 장사하여 배로 거두었고 한 달란트 받았던 종은 거둔 것이 없었다. 거두고 거두지 못한 것이 무슨 차이일까? 다섯 달란트 받은 종은 심었고 한 달란트 받았던 종은 심지 않았기 때문이다. 예수님의 달란트 비유 역시 심어야 거둘 수 있다는 교훈이었다.

우리의 남은 인생을 어떻게 살아야 할 것인가?

사도 바울을 통해서 주신 말씀을 기억하면서 살아야 한다. 그래야 인생길에서 아름답고 좋은 것들을 거둠으로 행복한 삶을 살 수 있는 것이다.

> 스스로 속이지 말라 하나님은 업신여김을 받지 아니 하시나니 사람이 무엇으로 심든지 그대로 거두리라(갈 6:7).

사도 바울의 이와 같은 가르침은 자신의 실제적인 경험에서 나온 고백이기도 하다. 그가 스데반 집사를 죽이는 일에 앞장섰기에 바울에게도 죽이려 하는 자들이 많았다. 또한 성도들을 괴롭히며 핍박하는 일을 열심히 하였기에 사도로서의 사역을 감당하는 동안 많은 핍박을 당하지 않았던가? 바울의 사역을 통해서 하나님은 뿌린 대로 거두게 하시는 분임을 증명해 주셨다.

나 같은 경우도 마찬가지였다. 교회가 힘들고 어려울 때 누군가로부터 도움을 받았을 때마다 '그동안 심었던 것들을 거두고 있다는 것'을 깨달았다. 그럴 때마다 아내와 함께 이 같은 다짐을 하기도 하였다.

"하나님께 심은 것들은 공짜가 없으니 열심히 심읍시다."

농부들이 파종할 때에 좋은 씨앗을 심어야 좋은 열매를 맺을 수 있다. 또한 많이 심어야 많이 거둘 수 있듯이 우리 인생들도 뿌린 대로 거두고 심은 만큼 거두게 되어 있다. 이것이 바로 하나님이 정하신 인과응보의 법칙이라고 할 수 있다.

　인생을 사는 동안에 하나님이 정하신 인과응보의 법칙을 기억하면서 살아야 한다. 그래야만이 선을 심고 아름다운 것들을 뿌리며 좋은 일을 행할 수 있다. 아무리 힘이 들지라도, 억울할지라도, 내게 엄청난 손해가 따를지라도 선행을 실천할 수 있어야 한다. 그러할 때 인과응보의 법칙에 따라서 행복하고 경사스런 축복의 사건들만 경험할 수 있도록 하늘에 계신 하나님께서 반드시 심은 대로 거두게 하시리라 확신한다.

04

앞장선 지도자 한 사람이 중요하다

사람들이 모이는 곳에는 어디나 공동체가 형성되어 있다. 또한 공동체 안에는 조직을 이끄는 지도자들이 있다. 나라에는 왕이나 대통령, 가정에는 어른이나 가장, 기업체에는 사장이나 간부들, 학교에는 교사들을 지도자라 말할 수 있다. 교회도 사람들이 모이는 곳이므로 앞장서서 회중들을 지도하며 이끄는 자들이 있는데 그들이 바로 목사와 장로들이다. 장로가 없는 교회는 수석집사나 앞장서 일하는 집사들이 지도자라 할 수 있다. 교회에서 지도자의 위치에 있는 자들이 성도들에게 미치는 영향력은 참으로 대단하다는 것을 부인할 수 없다.

안수집사 시절에 체험했던 일

평신도 시절이나 목회생활을 통하여 지도자 한 사람의 역할이 얼마나 중요한지를 깨달았다. 어떠한 조직체든지 앞장서 있는 지도자 한 사람의 역할은 그 공동체의 흥망성쇠를 좌우하리만큼 참으로 중요하다는 것을 체험하며 살아왔다.

30대 초반에 100여 명 모이는 장로교회에서 안수집사를 거쳐 피택장로로 헌신하고 있을 때였다. 당시 또래 집사들도 여럿이 있었고 나이가 많은 남자집사들도 있었다. 그렇지만 교인들은 어린 나를 교회의 지도자로 인정해 주었다. 그래서 일찍 안수집사가 되었고 이후 모든 교인들이 존경하는 마음과 순종의 모습으로 대해 주었다. 나이가 적고 비록 어릴지라도 목사님은 항상 나를 교회의 지도자로 예우하면서 매사를 의논하신 후에 일들을 추진하셨다.

안수집사가 되고 장로로 피택된 이후에는 생각이 달라질 뿐 아니라 눈에 보이게 자세도 달라져 있었다. 교회 살림에 대한 책임의식을 갖게 되었고 목회의 협력자로서 최선을 다해야 된다는 마음의 자세로 사역을 감당하였다. 안수집사와 장로라는 직분이 나를 교회 안에서 지도자로 만들어 갔다. 하나님께서는 나를 교회의 지도자로 세우시기 위하여 때로는 연단과 훈련을 통해 믿음을 강하게 하셨고 지혜도 주셨다. 그리고 교회와 목회를 위한 유용한 지도자로 세우시기 위하여 말씀과 성령으로 다듬어 가셨다. 그뿐만 아니라 감당할 능력까지 주셨다.

성전은 건축이 되어 헌당예배를 드렸으나 목사관이 아직 마련되지 못하여 목사님 가족들이 교회 지하실에 방을 꾸며 거처하고 계셨다. 여러 가지로 불편하고 고생스러우셨지만 목사님은 아무런 내색도 하지 않으셨다. 성전 건축으로 인한 기쁨과 날마다 교회가 부흥되는 즐거움으로 만족해하시면서 목회에 임하셨다.

해가 바뀌었고 봄이 된 어느 날이었다. 가정 예배를 드리는 시간에 좋은 집을 주신 하나님께 감사드렸다. 그 순간이었다. 지하실에서 고생하시는 목사님의 모습이 머리에 떠오르는 순간에 양심의 가책이 되었다.

"너는 이렇게 좋은 집에 살면서 주의 종 목사님을 지하실 방에 거하시게 하다니 그러고도 네가 안수집사냐? 장로가 될 자격이 있는 자냐?"

이는 성령님이 주신 마음이었다. 목사관 건축에 대해서 기도하지 않을 수 없었다. 때로는 대중기도를 할 때에도 자신도 모르게 목사관에 대한 기도가 나오기도 하였다. 기도하면 할수록 목사관을 건축해야 된다는 생각이 마음을 사로잡았다. 성령님은 순간순간 목사관을 건축하는 일에 앞장설 뿐만 아니라 피택장로로서 성도들에게 본을 보일 것을 감동하셨다. 결국 성령님의 감동에 순종하여 목사님에게 목사관 건축에 관한 상의를 드렸다. 그 후에 건축업자로부터 견적을 받았다. 그리고 건축하는 일이 형통하도록 조석으로 기도하였다.

앞장선 안수집사가 희생하니 일이 형통케 되다

정기 제직회 시간이었다. 성령님의 감동을 외면해서는 안 된다는 생각이 내 마음을 사로잡았다. 재정 보고를 비롯하여 기관 보고가 있은 후, 목사님께 회의를 내가 진행할 수 있도록 건의를 드렸다. 나는 집사들에게 목사관 건축에 관한 필요성과 필요한 경비도 알려주었다. 이어서 건축비 3분의 1에 해당하는 금액을 혼자서 담당하겠다는 뜻을 밝혔다.

목사님을 비롯한 회의에 참여한 대부분의 집사들이 놀란 표정을 지었다. 마음에 감동된 자들이 하나둘 손을 들어 자기들의 형편에 맞춰 건축에 동참하였다. 참으로 은혜롭고도 아름다운 광경이었다. 옆에서 지켜보시던 목사님의 표정은 감격과 함께 흐뭇해하시는 모습이었다. 목사관을 건축하는 일에 기쁨으로 자원하여 동참하는 집사들의 모습을 보는 내 마음 역시 기쁘기 그지없었다.

그날, 하루의 일과를 마감하면서 두 손을 모았다. 회의시간에 있었던 일들이 뇌리에 스쳤다. 경제적으로 힘들고 어려운 형편 가운데서도 기쁨으로 참여해 주었다. 그 집사들의 모습에 나도 모르게 눈시울이 뜨거워졌다. 참으로 흐뭇하였다. 이어서 감사가 절로 터져 나왔다. 그날 밤 앞장선 지도자 한 사람의 결단이 얼마나 중요한지를 생각하면서 잠자리에 들었다.

지도자 한 사람이 끼치는 영향

이 일을 통해 앞장서서 일하는 지도자 한 사람의 영향력이 얼마나 중요한지를 깨닫게 되었다. 만일 앞장서서 일을 감당하는 안수집사가 꽁무니를 빼면서 나 몰라라 했다면 어떻게 되었을까? 아마 다른 집사들도 목사관 건축에 참여하지 않았을 뿐 아니라 아름다운 사례도 남기지 못했을 것이다. 앞장선 지도자 한 사람의 결단이야말로 집사들을 감동시키는 데 디딤돌의 역할을 해주었다. 이로 인하여 모든 집사들이 목사관을 건축하는 일에 기쁨으로 동참하였다.

이후에도 안수집사로서의 자발적인 헌신은 목사님으로 하여금 마음껏 사역을 감당케 하는 일에 큰 힘이 되었다. 이후 교회는 지역에서 좋은 교회로 소문이 나면서 부흥과 성장의 역사를 이루었다.

어디 그뿐인가? 목사님의 목회도 형통하였고 앞장서서 헌신했던 나에게도 복을 주시어 아름다운 결과를 보게 하셨다.

지역과 교단을 초월하여 성장한 교회를 보면 부흥을 이룰 수밖에 없는 조건들을 갖춘 교회들이었다. 그 조건이 어떠한 것일까? 교회 부흥의 요건 중에서 담임목사님의 지도력이나 은사, 설교와 능력이 가장 큰 비중을 차지하는 것은 기정 사실이다. 이외에도 교회를 성장케 하는 요인들도 많지만 앞장서 헌신하는 평신도 지도자들의 영향력도 빼놓을 수 없다.

앞장선 지도자 한 사람의 영향력은 어느 정도일까? 지도자 한 사람으로 인해서 많은 교인들이 움직이기 때문에 교회 안에서 앞장선 지도자의 힘은 아주 막강하고도 대단하다는 것을 잊어서는 안 된다.

잘못된 지도자로 인한 불상사

지금 시무하고 있는 교회에 부임해서 보니 피부로 느낄 정도로 한 사람의 힘과 영향력이 교회를 좌우하고 있었다. 청년시절에 신앙생활을 했던 고향 교회를 방불케 할 정도로 주동자 한 사람에 의해서 모든 일들이 결정되는 교회였다. 앞장서서 교인들을 지도하는 한 사람이 하나님께서 기뻐하시는 아름다운 좋은 믿음을 지녔더라면 얼마나 좋았겠는가?

불행하게도 교인들을 선동하여 하나님께서 슬퍼하시는 일만 벌이다 보니 오늘날에 있어서 교회는 영적으로는 폐허가 되었고 현실적으로는 존폐의 위기에 처하여 심각한 교회로 전락하고 말았다. 이 엄청난 책임을 누가 져야 할 것인가? 모든 일들을 밝히 아시는 하나님께서 반드시 판단하실 뿐 아니라 책임을 물으실 것이다.

앞장선 수석집사 한 사람의 판단과 생각으로 인하여 부임해 오는 목사들마다 고통을 당하다가 결국에는 눈물로 교회를 떠나가야만 했다. 그 한 사람의 잘못된 신앙관이 자신의 가족들은 물론이려니와 추종하는 다른 교인들까지도 신앙적으로 방황케 하였다. 목사도 사람인지라 허물도 있고 잘못을 저지를 수도 있고 실수를 할 수도 있다. 목사들의 이러한 과실은 어느 누구에게나 있는 것으로서 그냥 넘길 수도 있는 일들이다.

그런데 이곳 수석집사는 그리하지 않았다. 그 일을 빌미삼아 목사추방운동을 벌여 결국에는 울며 떠나도록 만들었다. 그렇지 않고 목사가 강경한 자세로 버티면 수석집사가 먼저 친족들을 이끌고 다른 교회로 옮겨가는 작전으로 목회에 치명타를 안겨주기도 하였다. 그러면 2차로 그를 추종하는 세력들이 행동을 취하는데 경제력이 없는 고령의 교인들만 남기고 교회를 떠나버리는 것이었다. 고령의 교인들로는 교회 운영이 되지 않기 때문에 결국에는 목사가 사임을 할 수밖에 없는 노릇이었다.

목사가 떠나면 교인들이 다시 들어와서 이전처럼 여전한 모습으로 신앙생활을 하는 자들이었다. 이러한 믿음으로 신앙생활을 하다 보니 한 교회에서 오래 정착하지 못하고 이리저리 옮겨 다닐 수밖에 없었다. 저들은 자신들의 잘못된 신앙으로 말미암아 주변 사람들에게 비난과 냉대를 받는 신세가 되고 말았다.

연령적으로나 신앙생활의 경륜으로 보아 진작 장로, 권사로 헌신해야 할 자들이 존귀한 일꾼들로 쓰임받기는커녕 가는 곳마다 외면과 괄시를 받고 있으니 이보다 더 큰 비극적인 일이 또 어디에 있겠는가? 더군다나 동네 주민들에게까지도 인정받지 못하고 무시를 당하고 있으니 참으로 가슴 아픈 일이 아닐 수 없는 일이다.

    수석집사 한 사람의 잘못된 신앙이 교회에 미치는 영향은 대단하였다. 영적으로 피폐해졌고 약화되어 소망 없는 교회로 전락해 버렸으니 하나님 앞에서의 그 책임을 면치 못하리라 생각한다. 교회 지도자들은 하나님 앞에서의 책임이 크다는 사실을 기억해야 한다. 앞장선 자들은 후일을 위하여 하나님을 두려워하는 마음으로 올바른 판단과 후회 없는 선택을 해야 하리라고 본다.

참으로 안타깝고 가슴 아픈 일

    앞장선 수석집사 한 사람의 잘못된 신앙관과 악한 행실은 참으로 잔인스럽고도 무서웠다. 부임해 온 목사들마다 수석집사와 그를 추종하는 일행들에게 때로는 괴롭힘을 당하기도 하고 모욕적인 일을 당하기가 일쑤였다. 수석집사 한 사람의 비인간적이며 불신앙적인 행실로 인하여 결국에는 목사들이 애통해하며 눈물바람으로 교회를 떠나기도 하였는데 오래 전 이곳에서 시무했던 친구 목사는 수석집사의 잘못된 행실로 인하여 병을 얻어 예배를 인도하다가 강단에서 여러 차례 쓰러지는 고통을 겪기도 하였다. 한 달 간격으로 119 구급차로 병원에 실려간다는 말을 들었을 때 애석하기도 하고 심히 안타깝기도 하였다.

수석집사의 작전이 수포로 돌아가다

    나 역시도 예외는 아니었다. 교회에 부임한 지 3개월이 지나자 수석집사의 못된 행실이 꿈틀거리기 시작하였다. 아무것도 아닌 것을 갖고서 목사에 대하여 문제를 삼으며 교인들을 선동하기 시작하였다. 수석집사와 대화 중에 목사들을 우습게 알고 모욕적인 말을 하기에 한마디 내던진 말이 화근이 되었다. 수석집사는 그날 밤에 집사들에게 목사가 말대답을 했다며 목사를 갈아야 한다고 선동하였다.

내가 수석집사에게 내던진 말은 공격적인 말도 아니었고 모욕적인 말은 더더욱 아니었다. 자기의 잘못은 생각하지도 않고 목사만 걸고넘어졌다. 수석집사는 말대꾸를 빌미삼아 교인들에게 "목사를 내보내야 한다"며 목사추방운동을 벌이고 있었다. 수석집사의 비인간적이며 몰지각한 행실로 수모와 고통을 당한 목사님들이 생각날 때마다 분통이 터질 듯하였다.

하나님의 강압적인 역사하심으로 결국에는 수석집사의 작전이 수포로 돌아가고 말았지만 잠시 동안이라도 우리 부부가 애통한 것만은 사실이었다. 만일 하나님께서 전격적으로 개입하지 않으셨더라면 나도 전임자들처럼 비참한 모습으로 이곳을 떠나야 하는 신세가 되고 말았을 것이다. 수석집사의 처사에 대하여 생각하면 생각할수록 개탄스럽기도 하고 분통이 터지기도 하였다. 사건의 전모를 밝히 아시는 하나님께 모든 것을 맡기고 참을 수밖에 없는 일이었다.

수석집사 한 사람의 위력은 대단했다

그는 자기를 따르는 집사들까지도 교회를 다른 곳으로 옮기게 하여 교회를 약화시켜 버렸다. 교회를 향하신 하나님의 뜻은 전도의 열매를 맺음으로 부흥이 되는 것이었다. 그런데 이곳 교회는 수석집사의 잘못된 행실로 인하여 주민들에게는 빈축과 비난의 대상이 되었고 교회적으로는 전도의 문을 막아버렸다. 사탄이 보았을 때에 얼마나 기쁘고 통쾌한 일이겠는가? 수석집사는 결국에 사탄이 좋아

하는 일을 꾀하고 말았으니 얼마나 불행하고 애석한 일인가? 그리고 하나님이 교회를 보셨을 때 그 마음이 얼마나 서글프셨을까? 또한 수석집사의 못된 행실에 얼마나 마음 아파하시며 수석집사로 세우신 것을 후회하셨을까? 순간적으로 예수님이 가룟 유다를 향하여 하신 말씀이 뇌리에 스쳤다.

> …그 사람에게는 화가 있으리로다 그 사람은 차라리 나지 아니하였더라면 제게 좋을 뻔하였느니라(마 26:24).

예수님이 수석집사의 못된 행실을 보실 때 어떤 마음이셨을까? 가룟 유다에게 하셨던 말씀을 하지 않으셨을까 하는 생각이 들기도 하였다. 수석집사를 생각할 때마다 애석하기가 그지없었다.

교회의 평안을 지켜낸 수석장로의 지혜로운 결단

세 번째 교회에서 있었던 사건이다. 당시 담임목사가 교회를 떠날 수밖에 없는 상황에 처하게 되었다. 장로들을 비롯한 권사들과 많은 집사들이 목사에게 비난과 지탄의 돌을 던지며 교회를 떠나야 한다고 아우성쳤다. 담임목사의 불미스런 사건이 이미 지역 주민들은 물론 인접한 도시에까지 알려졌다. 지역 청년회에서는 성직자의 자격을 운운하면서 궐기를 한다는 소문도 돌고 있었다. 장로들의 대다수가 교회를 위해서는 목사를 사임시켜야 한다고 주장하였다. 목사가 더 이상 시부할 수 없는 상황이었다.

이때 수석장로는 교인들을 설득시키며 자신의 뜻을 밝혔다. "주의 종들을 해임시키는 권한은 하나님께 있으니 목사님이 1년 안에 스스로 떠나도록 하자"며 제의하였다. 수석장로는 자신이 모든 것을 책임지고 수습하겠다면서 목사를 살려 보내야 한다고 주장하였다. 모든 교인들은 수석장로의 결정에 따랐고 수석장로는 약속대로 담임목사에 대한 문제를 잠재웠다.

수석장로는 지역에서도 신임을 받을 뿐 아니라 젊은이들에게까지 존경을 받았던 터인지라 문제를 수습하는 데 별 어려움이 없었다. 수석장로 한 사람의 결단으로 인하여 담임목사는 아무 탈 없이 목회를 하다가 다른 곳으로 자연스럽게 이동하여 갔다. 교회 안에서 앞장선 수석장로의 지혜로운 선택이 교회도 평안케 했으며 담임목사까지도 살린 셈이 되었다. 수석장로 한 사람의 지혜로운 믿음의 행동이야말로 그 모든 일에 아름다운 결과를 낳게 하였다.

수석장로의 믿음이 변질되어 가다

3년이 지난 후, 내가 그곳 교회에 부임하였다. 하나님의 은혜와 성령의 폭발적인 역사로 농촌이지만 도시 교회를 방불케 할 정도로 교회 부흥을 이루었다. 젊은 믿음의 일꾼들이 모여드니 재정이나 예배 분위기, 교회의 환경까지도 많은 변화가 있었다. 인근 지역에서뿐만 아니라 도시에서 사업과 농장을 경영하는 젊은 집사들이 주일이면 승용차로 예배에 참석하였다. 교회는 자연적으로 소문이 나게 되었고 그러다 보니 〈국민일보〉에 '농촌의 부흥되는 교회'로 소개되기도 하였다. 이렇게 되기까지는 성령님의 강력한 지지하심도 있었지만 수석장로의 적극적인 헌신과 협력이 디딤돌 역할을 해주었기에 가능한 일이었다.

그동안 앞장서서 헌신적인 모습으로 목회에 협력하던 수석장로가 어느 날부터인가 마음이 변하더니 믿음까지도 변질되어 버렸다. 이제는 수석장로에게서 반대 현상이 일어났다. 어느 날 갑자기 정치적으로 막강한 힘을 가진 선배목사와 손을 잡고 목사추방운동을 벌이기 시작하였다. 수석장로 한 사람의 영향은 역시 대단하였다. 결국은 장로들도 모두 따르게 되었고 나에게 사임을 요구해 왔다. 나는 "주님의 몸인 성전에서 싸우지 말라"는 성령님의 감동에 순종하여 교회를 개척하였다.

안타깝고도 서글픈 일들

이후 그 교회에 수석장로가 부당한 방법으로 다른 목사를 부임시키려고 하였다. 그러나 젊은 집사들이 의의 봉기를 들고 저지하고 나섰다. 집사들로 인하여 수석장로의 계획은 완전히 무산되고 말았다. 그러나 교회 안에서 의견충돌과 마찰이 그칠 줄을 모르고 계속되었다. 그러다 보니 교회는 편한 날이 거의 없었다. 자기의 계획을 관철시키려는 수석장로와 이를 저지하려는 집사들로 인하여 늘 시끄러웠다.

내가 사임하고 나온 후에 교인들 가운데서는 아픈 사람, 다친 사람, 사고 난 사람들이 생기기 시작하였다. 내가 시무할 때에 기도와 주님의 은혜로 고침을 받은 자들이 많았다. 내가 사임하고 나오면서부터 기도가 중단되어 버렸다. 그뿐만 아니라 은혜가 차단되니 병이 더욱 악화되기도 하고 하나님의 은혜로 치료받은 자들이 재발되어 결국에는 고통스러워하다가 사망에 이르고 말았다. 이는 교회의 지도자들이 하나님의 은혜를 저버리고 말씀에 어긋난 삶을 살았기 때문이었다. 참으로 안타깝고도 서글픈 일이 아닐 수 없었다.

악한 계획을 버리지 못하는 수석장로

이러한 상황 가운데서 실력과 능력을 겸비한 젊은 목사가 새로 부임하였다. 알고 보니 소란스런 분위기를 잠재우기 위한 작전이자 하나의 과정이었다. 수석장로 마음에는 선배목사를 반드시 부임시킨다는 원칙이 세워져 있었다. 수석장로는 선배목사를 부임케 하려는 작전을 또다시 전개하였다. 이제는 작전을 바꾸어 직접 사임을 요구하지 않고 목사로 하여금 자진 사퇴케 하려는 방법으로 목사를 괴롭히기 시작하였다. 수석장로는 예배시간에 공격적인 발언으로 젊은 목사를 곤혹스럽게도 하였다. 때로는 가족들 앞에서 매몰찬 행동과 치욕적인 언사로 담임목사에게 망신을 주기도 하였다. 힘이 없는 목사 가족들은 눈물로 고통의 세월을 보내야만 하였다.

그뿐만 아니라 선배목사는 수석장로를 배경삼아 직접적으로 교회의 일을 간섭하기도 하였다. 수석장로 한 사람의 잘못된 판단과 행동은 교회 분위기를 늘 어수선하게 만들었다. 젊은 목사는 괴로움이나 치욕적인 일들을 그대로 참아낼 수밖에 없었다. 수석장로의 계획적인 도전에 젊은 목사는 애절한 모습으로 하늘 보좌를 향해 기도만 할 뿐이었다. 하나님께서는 젊은 목사의 부르짖음을 외면치 않으시고 사건에 친히 개입하셨다.

교회를 위해서 내리신 하나님의 결단

교회를 지키며 성도들을 사랑하시는 하나님께서 징계의 채찍을 내리시니 수석장로가 뇌졸중으로 쓰러지고 말았다. 참으로 불행하고도 안타까운 일이었다. 수석장로는 시간이 지나면서 건강이 어느 정도 회복이 되었다. 그런데 수석장로는 정신을 차리지 못하고 목사를 또다시 괴롭혔다. 목적은 오직 하나, 젊은 목사로 하여금 자진하여 사퇴케 하고 선배목사를 부임시키는 일이었다.

예배에 참석하는 교인들은 은혜는커녕 수석장로의 잘못된 신앙과 비인간적이며 몰지각한 행동으로 상처만 안고 돌아가는 날이 일쑤였다. 수석장로의 권위 앞에 그 누구 하나 도전하지 못하였고 그 위세를 꺾을 수가 없었다. 믿음의 사람들은 교회와 목사의 평안을 위해서 기도할 뿐이었다.

하나님은 이 일을 더 이상 방치하지 않으셨다. 이제는 수석장로가 교회에서 더 이상 만행을 부리지 못하도록 사건에 개입하셨는데 수석장로는 그 이후에 말을 못하는 벙어리가 되고 말았다. 하나님의 결단이나 행하시는 일은 아무도 막아낼 길이 없다. 수석장로의 결말을 보면서 안타까운 생각이 들었다. 하나님은 그렇게 당신의 살아계심을 입증시켜 주셨다.

수석장로를 통해 얻은 교훈

수석장로는 장로로서 교회에 헌신하며 세우신 목사를 도와서 교회를 부흥시키는 일에 협력을 해야 했다. 또한 교회나 목사가 어려움을 당할 때 수석장로로서 지혜롭고도 공의로운 판단으로 교회 평안을 도모해야만 했다. 그러기 위해서는 사리사욕을 버리고 개인적인 생각을 떨쳐버려야 했다. 수석장로의 잘못된 판단과 비인간적인 처사는 목사님과 가족들에게 고통을 안겨주었고 성도들에게도 깊은 상처를 남겼다. 그리고 자신은 말을 못하는 비극적인 존재가 되고 말았다.

어느 교회든 앞장선 집사 한 사람이 교회에 미치는 영향은 참으로 대단하다는 것을 목격하며 살아왔다. 평신도 때에 같은 교회에서 함께 신앙생활을 했던 보배로운 믿음의 사람을 소개하고자 한다.

헌신의 기회를 잃지 않은 수석집사

안수집사 시절에 몸담아 신앙생활을 했던 교회에서 있었던 일이다. 40년 전, 대도시에서 젊은 목사를 중심으로 몇몇 집사들과 함께 뜻을 모아 개척된 교회가 있었다. 2, 3년의 세월이 지나면서 하나님의 은혜로 2층 상가 건물인 예배처소가 비좁을 정도로 많은 성도들이 모여들었다. 저절로 넓은 예배공간을 위한 기도가 나올 수밖에 없을 정도로 주일이면 복잡했다. 교회가 부흥되어 교인들이 많이 모인다는 것은 행복한 일로서 기쁘기 그지없는 일이었다. 당시 목사나 수석집사는 고민과 함께 넓은 장소로 이전하는 것이 유일한 기도제목이었다.

그때 마침 같은 지역에 교회당으로 사용하기에 알맞은 건물을 매매한다는 소식이 들렸다. 목사는 회의를 소집하여 집사들의 의견을 모았다. 수석집사가 집사들을 둘러보니 모두가 셋방에서 살고 있는 형편이 어려운 자들이었다. 집을 가진 자는 자기 혼자뿐이었다. 순간 수석집사의 마음에 책임의식이 들면서 교회당을 매입하기 위해서는 자신이 희생해야 하리라는 생각이 들었고 결심을 하였다.

수석집사가 부인에게 교회 건물 매입에 대한 자신의 뜻을 전하자 기쁨으로 동의하였다. 자신들은 사글세방으로 옮기고 살고 있던 집을 처분하여 고스란히 하나님께 드렸다. 당시 올망졸망한 어린 자녀들이 있음에도 수석집사 부부는 자신의 집을 하나님께 드리는 일에 과감한 결단을 내렸다. 참으로 아름답고도 보배로운 믿음으로, 아무나 쉽게 할 수 없는 결단이었다. 수석집사의 헌신은 헛되지 않았고 교회당 건물을 마련하는 데 중차대한 역할을 감당하였다.

수석집사의 헌신이 가져온 결과들

그 후 교회는 날로 부흥되어 지금은 지역에서 큰 교회를 이루어 주민들이 한 번쯤 가보고 싶은 교회가 되었다. 이후에 교회 부흥과 함께 더 큰 교회당을 건축하였고 3천여 명의 교세로 성장하였다. 당시 수석집사 한 사람의 헌신적인 결단은 교회를 우뚝 세우는 데 디딤돌 역할을 해주었다. 하나님께서 수석집사에게 상상을 초월한 방법으로 보상해 주심으로 그는 노년에 부요한 삶을 사는 축복의 주인공이 되었다.

하나님은 당시 수석집사의 결말을 통하여 교회를 위한 헌신이 헛되지 않음을 보여주셨다. 앞장서 있는 수석장로든 수석집사든 한 사람의 결단이 참으로 중요하다는 사실을 교훈적으로 보여준 사례였다.

성경에서 보여주는 또 하나의 사건

앞장선 지도자들의 생각과 결단이 얼마나 중요한 영향을 미치는지를 보여주는 사건들을 소개하려 한다. 가나안을 정복하기 전, 그 땅을 탐지하기 위해 지파별로 한 명씩 선발하였는데 모두 두령들이었다. 두령들은 백성들을 대표하고 이끄는 우두머리들로서 지파의 지도자들이었다. 40일간을 탐지하고 돌아온 열두 명의 두령들 가운데 삼무아 두령을 위시한 열 명은 가나안 땅을 악평하며 그 땅에 들어갈 수 없다고 백성들을 선동하였다. 삼무아의 말에 백성들은 이제라도 애굽으로 돌아가 다시 종살이를 하는 것이 낫겠다며 밤을 새워 통곡하였다. 결과적으로 백성들을 선동했던 삼무아를 비롯한 열 명은 광야에서 비참한 모습으로 생명을 잃게 되었다. 결국에는 비극적인 존재들이 되고 말았다.

그러나 오직 신실한 믿음과 긍정적인 모습으로 모세를 따랐던 갈렙과 여호수아만이 가나안에 입성하게 되었다. 여호수아와 갈렙은 가나안을 젖과 꿀이 흐르는 아름답고 좋은 땅이라고 소개하였다. 그뿐만 아니라 백성들로 하여금 가나안 땅에 대하여 희망을 갖게 하였다. 또한 하나님이 함께하시니 축복의 땅인 가나안을 능히 취할 수 있다며 백성들의 마음속에 꿈과 함께 용기도 심어 주었다.

지도자들이라면 갈렙과 여호수아처럼 그래야 한다. 어떠한 사건을 평가했을 때에 먼저 좋은 면을 바라보아야 한다. 그리고 아름다운 면을 발견할 수 있어야 한다. 이러한 지도자만이 자기를 따르는 공동체 일원들에게 꿈과 희망을 갖게 할 뿐만 아니라 축복의 땅으로 인도할 수 있다는 것을 성경이 증명하고 있지 않은가?

오늘날의 교회 지도자들이여! 갈렙과 여호수아와 같은 지도자가 되어서 자신은 물론이려니와 교인들까지도 축복의 땅에 이르도록 이끌어주어야 되지 않겠는가?

지도자 한 사람의 자세가 참으로 중요하다

사람들이 모이는 곳에는 좋은 사람도 있고 나쁜 사람도 있기 마련이다. 믿음 안에도 말씀 중심으로 사는 좋은 지도자가 있는가 하면 인본주의적이며 세속적인 신앙을 가진 잘못된 지도자들도 있다. 전자를 가리켜 하나님께서 기뻐하시는 신앙의 모습이라면 후자는 사탄이 환영하는 신앙의 모습이라 할 수 있다.

　교회 지도자들이 어떤 신앙의 모습을 가졌느냐에 따라서 교회의 흥망성쇠가 달려 있다고 할 수 있다. 내가 지금 몸담아 시무하고 있는 교회가 바로 잘못된 신앙을 가진 지도자 한 사람으로 말미암아 전도의 문이 막혀버렸고 교회로서의 사명을 상실케 한 결과를 가져오고 말았다. 지도자 한 사람의 개인적인 생각이 교회의 부흥을 방해하는 걸림돌이 되고 말았다. 이는 교회적으로도 엄청난 손해이지만 개인적으로도 비극적인 일로서 반드시 책임이 따르게 되어 있다. 그러기에 그 어디서든지 지도자나 책임자의 위치가 참으로 중요하다는 것은 모두가 다 아는 주지의 사실이다.

　지금 시무하고 있는 교회에서 눈물로 떠나간 교역자들을 생각하면 할수록 가슴 아픈 일이다. 앞장서서 사역을 감당하는 지도자 한 사람이 말씀에 바로서서 올바른 신앙관으로 목회에 협력했더라면 오늘날 교회가 이 모양 이 꼴이 되었겠는가? 어쩌다 수석집사들의 불신앙적인 모습과 잘못된 행실이 생각날 때면 성경에서 불행하게 된 지도자들의 최후의 모습이 뇌리에 스치기도 하였다.

사울 왕을 통하여 주시는 교훈

　이스라엘의 역사를 통해서 보면 백성의 지도자였던 왕들의 결단이 참으로 중요하였다. 왕이 하나님 앞에 믿음으로 순종하며 살았을 때에 그 나라가 평안한 가운데 흥왕했었다. 그러나 왕이 교만하여 하나님의 말씀을 서역하며 불신앙의 길을 걸었을 때에 결과가 어떠했는가?

　당시 사울 왕은 거역으로 인하여 하나님께로부터 버림받는 비극적인 존재가 되었다. 그 가족들 역시, 한날한시에 생명을 잃고 말았다. 어디 그뿐인가? 백성들은 고통과 수난의 과정을 거쳐야 했으니 얼마나 참담하고도 서글픈 일인가? 나라의 지도자이자 가정의 지도자였던 사울 한 사람의 변질된 믿음이 자신은 물론이려니와 나라는 패망에 직면하게 되었고 자녀들까지도 불행하게 만들었다. 이처럼 지도자 한 사람의 잘못된 결단은 한 가정을 몰락시켰고 한 나라를 망국으로 몰고 가는 엄청난 사건을 만들어내기도 하였다.

조만식 장로를 통하여 얻는 교훈

교회가 은혜롭게 성장해 가려면 성령의 역사나 목회자의 비전이나 지도력이 필수적이다. 또한 앞장서서 사역을 감당하는 자들의 믿음의 행실이나 지도자들의 결단도 참으로 중요하다는 것은 주지의 사실이다. 이 사실을 조만식 장로가 입증해 주고 있지 않은가?

그는 민족의 지도자며 교회의 지도자로서 존경을 받는 인물이었다. 그가 오산중학교 교장으로 근무할 때 기철이라는 학생이 있었는데 그 학생이 목사가 되어 자기 교회로 부임하여 왔다. 교회에서 얼마든지 주인 노릇 하면서 목사에게는 장로 행세를 하며 위세를 부릴 수 있는 위치였다. 그런데 반대로 제자였던 목사님에게 겸손의 모습으로 절대 복종하였다. 조만식 장로님은 제자였던 주기철 목사님을 하나님의 사자로 인정하였다. 교회 주인이 아닌 종의 자세로 자신을 굴복시켜 목사님의 위상을 높여드렸다.

그럴 때 목사님은 소신껏 목양의 사역을 감당하게 되었고 교회는 부흥이 되어 전국 교회에 지대한 영향을 미치었다. 어디 그뿐인가? 자신도 교회 안팎에서 존경과 인정을 받는 은혜를 누리는 축복의 주인공이 되었다. 조만식 장로님을 통하여 앞장서 있는 지도자 한 사람의 역할이 얼마나 중대한 영향을 미치게 되는가를 깨우쳐 주셨다. 그렇다! 교인들 여러 명의 생각보다도 앞장서서 이끄는 지도자 한 사람의 생각이 훨씬 더 중요하다는 사실을 우리들의 현실이 증명하고 있지 않은가?

아름다운 흔적과 좋은 자취를 남기는 지도자상

앞장선 교회 지도자들이여! 하나님 앞에 서는 날이 하루하루 가까워오고 있음을 기억하자! 그래서 하나님 앞에 서는 날, 우리 모두 칭찬과 면류관의 주인공이 되도록 말씀에 바로 서서 올바른 신앙관으로 목회의 협력자가 되어야 하지 않겠는가? 교회 안에서 직분이 귀하면 귀할수록, 경륜이 깊으면 깊을수록, 은사와 능력이 많으면 많을수록 더욱더 겸손한 모습으로 살아야 한다. 그래서 목회의 협력자가 되어 아름다운 결과를 보아야 되지 않겠는가?

언젠가는 우리의 일생이 끝나고 천국에 이르게 되는 날이 있는데 그때에 하나님으로부터 충성된 종이라 칭찬을 듣는 면류관의 주인공이 되어야 하지 않겠는가? 어디 그뿐이겠는가? 우리가 세상을 떠난 후에 자손들의 입가에서 우리의 이름이 아름답게 평가를 받으며 훌륭한 지도자로 존경과 찬사를 받아야 되지 않겠는가?

우리가 살다 간 자리나 머물다 간 자리에는 흔적이 남아있기 마련이다. 귀한 자나 천한 자, 믿는 자나 불신자 모두 죽으면 이름이 남는다. 그 가운데서도 앞장서서 일들을 주도했던 지도자들의 이름은 다른 사람의 이름보다도 뚜렷하게 기억이 된다. 지도자적인 위치에서 대중들에게 보여준 행동은 시간이 흐른 후에도 사람들의 마음

속에 생생하게 남아 있을 뿐 아니라 후손들에게 평가를 받게 되어 있다.

인생을 어떻게 살았느냐에 따라서 존경과 찬사를 받기도 하고 빈축과 조소거리를 남길 수도 있다. 그러기에 지도자들은 아름다운 흔적과 좋은 자취를 남겨야 한다. 그러기 위해서는 자신의 이권을 포기하며 때로는 희생도 할 줄 알아야 한다. 그리했을 때에 우리의 이름과 행위는 하늘나라의 생명록에도 기록이 되지만 역사에도 남는다는 사실을 명심하여야 한다.

칭송과 찬사를 받는 지도자가 되기를 열망하면서

교회 일에 앞장선 평신도 최고 지도자들이여! 나 한 사람이 목회의 협력자가 되어서 하나님의 교회가 초대교회의 부흥의 역사를 이룰 수만 있다면 얼마나 영광된 일이겠는가? 인생은 누구나가 죽음이라는 터널을 통하여 언젠가는 하나님의 심판대 앞에 서게 된다. 그날에 교회의 지도자들이 칭찬과 상급은 고사하고 책망을 받게 된다면 얼마나 수치스럽고 창피하겠는가?

모든 지도자들이 이 땅에서의 삶을 마감하고 천국에 이르렀을 때, 착하고 충성된 종으로 인정받으며 칭찬과 함께 면류관을 상급으로 받는 영광스러운 주인공들이 되기를 바란다. 후손들의 가슴속에는 그 이름이 고귀한 사람으로 기억되며 그들의 입에 아름답게 오르내리도록 부끄러움이 없는 모습으로 살기를 바라마지 않는다.

2부

축복의 법칙

05 하늘 문이 열리는 법칙
06 주님께 드린 것만이 가장 확실한 투자였다
07 생각을 바꾸니 상황이 달라지다
08 서원을 지킴으로 경험한 사연들

05

하늘 문이
열리는 법칙

　　　　　　　인생들에게 가장 큰 비극이 있다면 무엇일까? 사람마다 자기의 경험과 형편에 따라서 다르다. 만일 나에게 인간들의 가장 큰 비극을 묻는다면 "하늘 문이 닫혀버린 것"이라고 대답을 할 것이다. 성경을 보면 하늘 문이 닫혀 버린 시대는 언제나 비극과 불행이 따랐음을 알게 된다.

　하늘 문이 닫히니 기근으로 백성들이 고통을 당하기도 하고 적국의 포로가 되어 치욕적인 삶을 살기도 하였다. 그러면 하늘 문이 닫힌 가정은 어떠했는가? 모든 가족들이 일시에 몰락하는 비극적인 가정이 되거나 불행한 존재들이 되어 버렸다. 하늘 문이 닫힌 사람은 그 인생의 종말이 비참하였는데 이는 불신앙과 불순종의 결과였다고 성경은 가르치고 있다.

인생들에게는 하늘 문이 항상 열려 있어야 한다. 왜 열려야 할까? 하늘에는 무엇이 있기에 열기를 힘써야 할까? 하늘 문이 열렸을 때에 과연 어떠한 일들이 생길까? 하늘에는 과연 무엇이 있으며, 하늘 문이 열렸을 때에 경험했던 사건들을 소개하고자 한다.

하늘에는 치료의 광선이 있다

인생들을 살다보면 누구나 불행한 일을 당할 수도 있다. 하나님을 신실하게 잘 믿는 집사일지라도 교통사고로 다칠 수도 있고 무서운 병에 걸릴 수도 있다. 사람의 앞날은 그 누구도 예측할 수 없다는 것을 나는 직접 경험을 했다. 이미 출판된 책에서 소개된 내용이지만 그 사건 속에는 또 다른 신앙적인 교훈이 있기에 다시 한 번 소개하려 한다.

나는 30대 초반 젊은 나이에 불행하게도 갑상선 악성종양으로 갑상선은 물론 성대까지 거의 잃었다. 암세포가 꽉 절어 너무나 심하고 복잡하여 뇌 속에 뻗쳐 있는 줄기를 다 제거하지 못하였다. 나는 그날부터 언제 죽을지 모르는 시한부 인생이 되어버렸다. 이런 상황에 처하면 누구나 절망할 수밖에 없다. 눈앞이 캄캄했고 내 인생은 여기서 이제 끝났다는 생각이 들었다.

그러나 내 안에 있는 믿음이 용납하지 않았다. 그 믿음이 하나님을 향해 무릎 꿇게 하였다. 나는 지난날의 잘못을 눈물로 회개하며 기도하였다. 그때에 성령님께서 마음의 평안과 함께 말씀을 통하여 확신을 갖게 하셨다.

> 믿음의 기도는 병든 자를 구원하리니 주께서 그를 일으키시리라 혹시 죄를 범하였을지라도 사하심을 받으리라(약 5:15).

암세포를 태워버린 치료의 광선

나의 믿음의 기도는 하늘에 상달되었고 하나님께서는 약속대로 치료의 광선을 비쳐주셨다. 하늘에서 비치는 광선의 위력은 대단하였다. 현대 의술로 고칠 수 없는 불치병까지도 깨끗하게 치료하였다. 하늘로부터 임하는 치료의 광선은 의사가 제거하지 못했던 뇌 속의 암세포를 순식간에 흔적도 없이 태워 버렸다.

당시 의사는 내 생명의 기간을 3, 4년으로 보았다. 그런데 지금까지 30년간 호흡하며 살고 있음이 그 증거가 아니겠는가? 이는 하늘로부터 임하는 치료의 광선으로 암세포를 태워버렸기 때문이었다. 그때에 치료의 광선 앞에서는 어떠한 불치의 병일지라도 견뎌낼 수가 없었음을 체험하였다. 치료의 광선은 사망에 이르게 하는 암세포를 말끔히 태워버림으로 죽음을 면케 하고 생명을 연장케 하였다.

암은 불치의 병으로서 인간들을 불안케 할 뿐 아니라 절망에 이르게 하였다. 그러나 하나님은 치료의 광선을 통해서 건강을 회복하게 해주셨다. 또한 생명을 누리게 하심으로 치유의 하나님을 경험케 하셨다. 치유의 광선 앞에서는 그 어떤 질병도 육체 가운데 붙어 있지 못하였다. 빛이 임하는 순간에 어두움이 사라지듯 치유의 광선이 임하였을 때에 사망에 이르게 하는 불치병일지라도 즉시 떠나가 버렸다. 이를 성경이 증명하고 있지 않은가?

치료의 광선은 빛으로 오신 예수님

치료하는 광선 앞에 불치병도 떠나가고 더러운 문둥병도 고침을 받았다. 치료의 광선이 임하는 곳에는 악령들이나 귀신까지도 쫓겨 갔는데 그 이유가 어디에 있을까? 치료하는 광선이 바로 빛으로 오신 능력의 예수님이셨기 때문이다. 예수님 자신이 "나는 세상에 빛으로 왔다"라고 말씀하셨지만 말라기 선지자가 이미 예언을 통하여 예수님이 바로 하늘로부터 임하는 치료의 광선임을 증거하였다.

> 내 이름을 경외하는 너희에게는 공의로운 해가 떠올라서 치료하는 광선을 비추리니 너희가 나가서 외양간에서 나온 송아지같이 뛰리라(말 4:2).

예수님은 이 땅에 빛으로 오셨고 하늘로부터 임하는 치료하는 광선이셨다. 치료의 광선이신 예수님은 영혼을 병들게 하는 죄의 문제도 해결해 주셨지만 육신을 고통스럽게 하는 질병까지도 치유해 주셨다. 예수님의 치유의 궁극적인 목적은 죄의 병으로 사망에 처할 영혼을 구원하는 일이었다. 그러나 육신의 병으로 고통하며 시달리는 자들까지도 치유하셨다. 예수님은 영혼과 육체를 동시에 치유하시며 구원하시는 하늘로부터 임하는 치료의 광선이었다.

또한 빛이신 예수님이 임하시는 곳마다 어둠의 세력인 악령과 사탄이 쫓김을 당하였다. 어디 그뿐인가? 빛이신 예수님을 만나는 자마다 마음의 불안과 고통이 사라지고 평안과 함께 기쁨이 넘치는 삶을 누렸다. 예수님이야말로 만병을 치료하는 하늘의 광선임을 성경이 증명해 주고 있지 않은가?

신체의 장애를 면케 한 치료의 광선

성대 절단으로 말을 제대로 못하는 것도 불행한 일이었고 시한부 인생으로 사는 것도 비극적인 일이었다. 설상가상으로 나에게는 또 하나의 애처롭고도 서글픈 일이 있었다. 수술 도중에 신경을 다쳐 왼팔을 쓸 수가 없게 된 것이었다. 수술 이후 나의 왼쪽 가슴이나 어깨 목 부분에 아무 감각이 없었다. 신경이 마비되어 꼬집어도 아프지 않았다.

이후 퇴원을 한 후에도 날마다 재활치료를 받아야만 했다. 재활치료를 받으면서 줄곧 하나님 앞에 소원을 올리며 왼손이 마비가 되지 않도록 기도하였다. 조석으로 기도할 때마다 만병의 의사 되시는 예수님께 생명과 건강도 보장하시되 왼손이 장애가 되지 않도록 아뢰었다. 또한 손을 정상적으로 사용하는 데 어려움이 없도록 치유의 광선으로 신경을 회복시켜 달라며 애원도 하였다. 때로는 가련한 인생이 되지 않도록 눈물로 호소하기도 하였다. 말에는 창조의 능력이 있음을 알았던 나는 입으로 고백하기도 하고 때로는 거울로 내 모습을 바라보면서 선포하기도 하였다.

"나는 건강한 자다. 하나님의 은혜로 왼손으로 탁구까지도 칠 것이다."

이러한 고백을 입으로는 물론 글로 써서 벽에 붙이기도 하고 일기장과 노트에 남기기도 하였다. 나의 고백을 들으신 하나님께서 왼손으로 탁구를 칠 수 있도록 치유의 광선으로 신경을 회복시켜주셔서 장애를 면케 하셨다.

암은 무서운 병으로서 나에게는 두려움을 주었을 뿐 아니라 절망에 이르게 하였다. 또한 한쪽 손을 쓸 수 없는 비극적인 상황으로 몰고 갔다. 사람인지라 절망이 엄습해 왔다. 그러나 하나님께서 내게 주신 믿음이 절망을 이겨내고 하늘 보좌를 향하여 기도케 하였다. 기도의 내용은 이러하였다.

"의사가 제거하지 못한 암세포를 하늘 치료의 광선으로 모두 태워버리신 하나님! 왼팔에 장애가 오지 않도록 다시 한 번 하늘을 여시고 치료의 광선을 비추어 주옵소서."

나의 애절한 기도를 들으시고 치료의 광선이신 예수님께서 친히 성령으로 임하셔서 병든 육체와 다친 신경을 어루만져 주심으로 신체의 장애를 면케 하셨다. 내가 경험한 예수님은 만병의 의사로서 현대의술로 해결할 수 없는 신체의 장애까지도 해결하시는 치료하는 광선이었다.

만성 피부병을 깨끗이 치료한 하늘의 광선

몇 년 전의 일이다. 50대 후반의 여인이 전도를 받아 등록을 하였다. 처음부터 다른 교인들과는 달리 열심히 믿어보려고 노력하는 편이었다. 주일을 꼭 지키며 예배 시간에 빠지지 않으려고 노력하는 모습이 역력히 보였다. 남편이 신앙생활을 방해하며 핍박을 할지라도 주일을 지키려고 노력하였다. 마치 목마른 사슴이 시냇물을 찾기에 갈급함같이 신앙생활의 모습이 그러하였다.

그뿐만 아니라 말씀을 듣는 태도도 양호하였다. 하나님의 말씀을 청종하는데 마치 부드러운 땅에 물을 부으면 그대로 흡수하는 것처럼 하나님의 말씀을 잘 받아들였다. 하나님께서 보시기에도 감동이 될 만한 아름다운 믿음이었다.

어느 주일 예배시간이었다. 하나님의 말씀을 듣는데 갑자기 하늘로부터 불이 자기 몸에 임하더니 순간 온몸이 뜨거워졌다는 것이다. 바로 하늘로부터 임하는 성령의 불을 체험한 것이다. 신앙 체험이 별로 없었던 새신자인지라 무의미하게 그냥 넘기고 그 다음날 병원에 가서 자기 몸을 의사에게 보이는 순간 놀라운 사실이 발견되었다는 것이다.

이 여인에게는 만성피부병이 있었다. 현대 의술로 고칠 수 없어 일주일에 두 번씩 병원에 가서 주사를 맞아야 견뎌낼 수가 있었다. 팔뚝이나 장딴지까지 지저분하여 한여름에도 긴팔 옷, 긴 바지를 입어야 하는 고충이 있었다. 그런데 의사가 깜짝 놀랄 정도로 만성피부병이 깨끗이 사라져 버린 것이다. 예배시간에 하늘로부터 그 여인에게 임한 불이 바로 치료하는 광선이었다. 예수님은 치료하는 광선으로도 임하셔서 불치병이나 난치병을 치유하신다는 것을 체험케 하셨다.

현대의술도 포기했던 백혈병을 고친 치료의 광선

꽤 오래전의 일이었다. 서울에 사는 처제에게서 전화가 걸려 왔다. 당시 초등학교 3학년이었던 아들이 백혈병이라면서 위해서 기도해 달라는 것이었다. 목소리는 근심에 잔뜩 싸였고 처제 입에서 나오는 한 마디 한 마디에 절망감이 엿보였고 자식을 향한 애끓는 심정이 서려 있었다. 절망에 싸인 처제에게 내가 직접 체험했던 이야기를 전하면서 하늘에는 치료하는 광선이 있으니 낙심치 말고 기도할 것을 당부하였다.

이어서 성경에서 치료받은 사람들을 소개하면서 "치료의 광선이신 예수님은 기도하는 자에게 성령으로 오셔서 더럽고 추한 백혈병을 태워 몸을 깨끗하게 하실 것이니 희망을 갖고 기도하라"며 권면하였다.

그날 이후부터 나는 백혈병으로 고생하며 치료받는 조카를 위해서 기도하였다. 조석으로뿐만 아니라 생각나는 대로 시간과 장소를 초월하여 기도하는데 그 어디서나 기도 제목은 똑같았다.

"그 옛날 유대 땅에서 모든 병을 고치셨던 치료의 광선이신 예수님! 성령으로 조카에게 임하셔서 더럽고 추한 불치의 백혈병을 태워 깨끗하게 하심으로 생명과 건강을 보장해 주옵소서."

하나님은 우리 모두의 기도를 들으시고 조카를 치유하실 뿐 아니라 생명과 건강까지 보장해 주셨다. 당시 같은 병으로 입원하고 있던 아이들은 모두 생명을 잃었다. 백혈병에 걸린 자들은 살 수 있는 확률이 거의 없다는 것으로 알려져 있다. 그러나 조카만큼은 지금까지 생명을 누리고 있다. 그 아이가 커서 벌써 대학교에 들어갔는데 신체도 아주 건장하고 공부도 잘 하고 있다. 그 조카를 바라볼 때마다 하나님은 살아계실 뿐 아니라 하늘에는 치료하는 광선이 있다는 것을 피부로 느끼게 된다.

불치의 병에 걸린 자들이여, 낙심하거나 절망치 말고
하늘에 계시는 치료의 광선인 예수님 바라보자

인생을 살다 보면 우리 자신들도 난치병으로 고생할 수 있고 내 가족들 가운데서도 불치의 병에 걸릴 수도 있다. 이때 마귀는 틈을 타서 우리로 하여금 낙심케 하고 절망케 한다. 나중에는 생명까지도 포기하게 만들어버린다. 그러나 성령님은 우리로 하여금 소망을 갖고 전능하신 하나님을 의지케 하며 치료의 광선이신 예수님만을 바라보게 한다.

그 옛날 이스라엘 백성들이 광야에서 뱀에 물려 죽어갔다. 그때 장대에 달린 구리 뱀을 바라보는 자마다 모두 치료되었고 생명을 얻었다. 오늘날도 마찬가지로 누구든지 십자가에 달리신 예수님을 바라보는 자들은 영혼의 병이든 육체의 병이든 모두 치유받았다. 그뿐만 아니라 건강은 물론 생명까지도 보장받았다.

이처럼 치료의 광선이신 예수님을 통하여 건강을 누리며 생명을 보장받은 허다한 증인들이 성경에도 소개되어 있지만 우리 주변에도 증인들이 허다하다. 나 역시도 하늘로부터 임하는 광선으로 깨끗하게 치료받고서 건강과 생명을 누리고 있는 확실한 증인이 아니겠는가?

하늘로부터 치료의 광선이 임하면 불치의 병일지라도 마치 감기 낫듯 순식간에 치유된다는 사실을 기억하기를…. 또한 현대의술로 고칠 수 없는 불치병이나 난치병에 걸렸을 경우에는 낙심치 말고 치료의 광선이신 예수님이 계시는 하늘을 향하여 기도하기를…. 빛이 비치면 어둠이 사라지듯 광선이신 예수님이 임하시면 어둠의 세력인 사탄들이 떠나가고 질병에서 놓여 건강해지리라.

하늘로부터 임하는 치료의 광선은 불치병이든 추한 병이든 모두 완벽하게 치유시키는 위력이 있다. 그런데 이 치료하는 광선이 하늘로부터 임한다고 성경은 말하고 있다.

> 내 이름을 경외하는 너희에게는 공의로운 해가 떠올라서 치료하는 광선을 비추리니 너희가 나가서 외양간에서 나온 송아지처럼 뛰리라(말 4:2).

왜 우리에게 하늘 문이 열려 있어야 할까? 하늘에는 모든 병을 고치는 치료의 광선이 있기 때문이다. 이 치료의 광선은 곧 만병의 의사이신 예수님이다.

하늘에는 성부, 성자도 계시지만 성령님도 계신다

하나님의 보좌는 하늘에 있고 예수님의 보좌도 하늘에 있다. 그러니까 하늘에는 하나님도 예수님도 계시지만 성령님도 계신다. 그러기에 성령님이 하늘에서, 위로부터 임하였음을 성경이 증명하고 있다.

> 마침내 위에서부터 영을 우리에게 부어 주리시니…(사 32:15).
>
> 예수께서 세(침)례를 받으시고 곧 물에서 올라오실새 하늘이 열리고 하나님의 성령이 비둘기같이 내려 자기 위에 임하심을 보시더니(마 3:16; 눅 3:21-22).
>
> 볼지어다 내가 내 아버지께서 약속하신 것을 너희에게 보내리니 너희는 위로부터 능력으로 입혀질 때까지 이 성에 머물라 하시니라(눅 24:49).
>
> 홀연히 하늘로부터 급하고 강한 바람 같은 소리가 있어 그들이 앉은 온 집에 가득하며 마치 불의 혀처럼 갈라지는 것들이 그들에게 보여 각 사람 위에 하나씩 임하여 있더니 그들이 다 성령의 충만함을 받고…(행 2:2-4).
>
> …이것은 하늘로부터 보내신 성령을 힘입어 복음을 전하는 자들로…(벧전 1:12).

위로부터 임한 성령은 비겁한 제자들을 담대케 하였다

예수님은 복음 전파의 사명을 위임받은 제자들이 무섭고 두려워 비겁하게 모두 도망칠 줄을 아셨다. 맨정신으로는 제사장과 관원들이 무서워 복음의 핵심인 그리스도의 십자가와 부활의 사건을 증거하지 못할 줄을 이미 아셨던 것이다. 그래서 승천과 동시에 보혜사 성령을 보내신다고 하셨다. 그러면서 제자들에게 성령이 임하면 하늘로부터 권능까지도 임하게 되리라는 예언을 해 주셨다.

예수님께서 십자가에 처형당하실 때 제자들은 어떠했는가? 자기 목숨 부지하겠다고 모두 다 배신하고 도망쳐 버렸다. 죽을지라도 절대 주님을 떠나지 않겠다던 베드로까지도 주님 면전에서 모른다고 세 번씩이나 부인해 버렸다. 그러던 제자들이 마가의 다락에 모여 기도하다가 하늘로부터 임하는 성령을 체험하였다. 예수님께서 제자들에게 약속하신 성령을 보내신 것이다.

오순절 사건 이후에 제자들의 모습은 완전히 달라졌다. 비겁자들이 용감한 자가 되어 부활의 주님을 전하였다. 제사장들과 관원들이 무서워 도망치던 제자들이 이제는 부활의 주님을 담대하게 전하였다. 하늘로부터 임한 성령을 체험하니 무능했던 자들이 능력의 종이 되었고 위대한 역사를 이루어갔다. 그뿐만 아니라 오직 자기 목숨 하나 살겠다고 등을 돌리거나 도망친 자들이 이제는 주님을 위하여 생명을 걸었다. 이제는 자신을 포기하고 죽으면 죽으리라는 순교의 정신으로 무서운 칼날 앞에서도 담대하게 복음을 전하는 일꾼으로 변화되었다.

성령은 사명자로서 필수조건이었다

성령은 권능의 원천으로서 사명을 감당하는 자들에게 있어서 필수적인 조건이었다. 시대를 초월하여 하나님으로부터 사명자로 부름을 입은 자들의 공통점이 있다면 모두 성령을 체험했다는 것이다. 나도 예외는 아니었다. 군종으로서의 사명을 감당하기 위해서는 성령 체험이 필요했기에 입대 전에 집회를 통해 나를 성령으로 무장시켜 주셨다.

성령님이 주시는 담력으로 믿음의 정절을 지키다

훈련소 생활을 마치고 자대에 배치받아 가던 날이었다. 소대에 막걸리 파티가 벌어졌다. 30여 명의 소대원들이 흥겨운 모습들로 술잔을 주고받으며 분위기가 무르익어 가고 있었다. 전입신고가 끝나자마자 소대장은 곧바로 술잔을 권하였다. 나는 소대장의 술잔을 일언지하에 거절하였다. 소대장의 두 번째 잔도, 세 번째 잔도 모두 거절하였다. 한 모금만 하라는 소대장의 명령도 거절하였다. 나중에 소대원들 앞에서 자신의 체면을 살리기 위해 "술잔에 입만 대라"는 명령도 거절해 버렸다. 내 의사와는 상관없이 "술잔에 입도 안 댑니다"라는 답변이 튀쳐나왔다.

이제 막 전입한 이등병이 소대장의 요구를 무시하고 명령을 거역한다는 것은 상상도 못할 일이었다. 아무리 하기 싫은 일이라도 상관의 명령이라면 시늉이라도 내야 하는 곳이 군대였다. 군대에서는 아무리 불합리한 일일지라도 무조건 복종해야만 했다. 그 당시의 군대는 맨손으로 밤송이를 까라면 상처가 나고 피가 나더라도 까야 하는 시대였다. 당시 이등병의 신분으로 소대장의 술잔을 거절했다는 것은 군대에서는 상상조차 할 수 없는 사건이었다.

당시 군대라는 조직체 안에서, 훈련을 마치고 부대에 막 배치받은 이등병이 소대장 앞에서의 이러한 행동은 있을 수 없는 일이었다. 지내 놓고 보니 소대장 앞에서 담대할 수 있었던 것은 내 안에 계신 성령님께서 강함을 주셨기 때문이었다.

이때를 위하여 성령으로 무장시키신 하나님

입대 한 주간을 앞두고 부흥회를 하였다. 입대를 앞둔 나로서는 의미 있는 집회였다. 군대에 가면 믿음이 변질되기가 쉽고 타락할 확률이 높기 때문에 시간마다 성령으로 무장시키셨다. 입대를 하면 사탄이 하나님 자녀들의 믿음을 무너뜨리기 위해 별의별 수작을 다 부릴 것을 아셨다. 그러기에 하나님께서는 나로 하여금 믿음의 정절을 지키도록 하려고 입대 전에 미리 성령으로 무장시키신 것이 아니었을까? 당시의 상황을 돌아보건대 성령의 능력이 아니고서는 소대장의 위협적인 명령 앞에 술잔을 입에 대고야 말았을 것이다. 하나님은 이때를 위하여 성령으로 무장시키셨다는 사실을 깨달았다.

술을 마시는 행위는 탈선의 디딤돌로서 선한 행실을 더럽히며 믿음의 정절을 잃을 수도 있는 위험스런 일이었다. 나의 무력함과 약함을 아셨던 주님께서는 어떠한 유혹도 물리치며 어떠한 위협도 이겨 내도록 하기 위하여 내게 성령을 부어 주사 담대케 하셨다. 악한 사탄은 소대장을 충동질시켜 나에게 술을 먹임으로 믿음을 변질시켜 결국에는 타락시키려고 수작을 부렸다. 그러나 하나님은 나를 성령으로 무장시키심으로 담대케 하셨고 믿음의 정절을 지키게 하셨다.

성령의 능력으로 영적인 싸움에서 승리하다

마귀는 소대장을 무기 삼아 내 믿음을 무너뜨리려 하였다. 군대는 계급사회인지라 장교가 졸병에게 압력을 가하면 믿음을 무너뜨릴 수 있다고 생각하였다. 이러한 계산 아래 자기들이 승산이 있는 싸움이라고 생각을 하고서 덤볐을 것이다.

그러나 사탄의 작전을 아신 예수님께서는 이미 하늘의 성령을 내 육체에 부으시어 담대케 하셨다. 영적 싸움을 미리 예견하신 예수님께서는 입대 전, 집회를 통하여 말씀과 성령으로 무장시키셨다. 내 안에 계신 성령은 나로 하여금 담대케 하시어 마귀의 유혹과 도전을 막아내고 믿음의 정절을 지키어 영적 전쟁에서 승리케 하셨다. 내가 소대장을 이긴 것이 아니라 예수님께서 사탄을 제압하고 승리하신 것이었다. 하늘로부터 임한 성령의 능력으로 소대장의 유혹을 물리치고 도전을 막아내게 하셨다

내게 성령을 부으심은 후일 군종사역을 위한 예비였다

소대장을 앞세워 나를 탈선시킨 후 믿음을 변질시킴으로 하나님의 역사를 방해하려 하였다. 그러나 성령님은 내가 후일 전군 신자화운동에 앞장서서 복음을 전하는 일에 사용되어야 할 도구이기에 담대함을 주시어 믿음의 정절을 지키게 하셨던 것이다. 인간의 힘과 의지로서는 마귀의 작전에 패할 수밖에 없음을 아셨던 예수님께서는 나를 홀로 두지 아니하셨다. 성령으로 내 육체 가운데 임하셔서 담력을 주실 뿐 아니라 믿음을 견고케 하심으로 마귀의 유혹과 도전을 물리치게 하셨다.

만일 그때 술을 받아 마신 후 믿음이 변질되고 타락했더라면 어

떻게 군종활동을 할 수 있었겠는가? 소대장의 술을 거절한 일은 내 안에 계신 성령님께서 하신 일이었다. 이처럼 하나님께서는 나로 하여금 믿음의 정절을 지키게 하심으로 군종으로서의 사명을 제대로 감당토록 하셨다. 이 일을 위하여 하나님께서 나에게 성령을 주셨던 것이다.

하나님께서 내게 부어주신 성령은 믿음을 굳게 할 뿐만 아니라 마음을 강하게 하여 군종으로서의 사명을 감당케 하였다. 지내놓고 보니 내게 성령의 기름 부으심이나 믿음의 정절을 지키게 하심은 후일에 복음과 말씀을 전할 도구였기에 그러셨던 것이 아니었을까?

목회 사역을 위해 성령의 역사를 체험케 하신 하나님

목회자로 부름을 받은 후, 첫 목회지에서 있었던 일이다. 회사 부도사건으로 인하여 기도하지 않으면 안 될 상황에 처하였다. 인간인지라 염려가 엄습해 왔다. 인간의 힘으로는 해결할 수 없기에 엄동설한 추위에도, 몸이 아무리 고달프고 피곤할지라도 밤마다 십자가 밑에 나아가 형편과 처지를 아뢰었다. 하나님께서는 당면 문제도 해결해 주셨을 뿐만 아니라 목회 사역에 필요한 성령을 위에서 부어주셨다. 하늘로부터 내게 임하신 성령님은 목회를 능력 있게 하게 하셨다. 그 결과 교회는 부흥하고 성도들은 믿음과 삶이 변화되기 시작하였다.

부임할 무렵, 신학생도 오기를 꺼려할 정도로 영세했던 교회가 이제는 자립하여 선교하는 교회가 되었다. 하늘로부터 오는 성령이야말로 사명자로서 필수 조건이자 교회 부흥의 원동력이었다. 그뿐만 아니라 하나님께로부터 부여받은 사명을 감당케 하는 능력이었다.

또한 마귀를 제압하고 영적으로 승리케 하는 권능이었다. 목회자는 물론이려니와 믿는 자들에게 있어서도 성령 체험은 필수적이라는 사실을 재삼 깨달은 사건이었다. 능력 있는 목회 사역을 위해서 성령을 체험케 하신 하나님께 감사드릴 뿐이다.

하늘에는 성도들을 보호해 주는 천사가 있다

왜 우리에게 하늘의 문이 열려 있어야 할까?

하늘에는 하나님의 뜻을 전하는 가브리엘 천사도 있지만 하나님의 명에 따라 사탄을 결박하고 악령들을 제압함으로 영적 전쟁에서 승리하도록 도와주는 미가엘 천사도 있다. 또한 미가엘 천사는 믿음의 사람들을 보호해 주는 일을 한다.

누구나 인생을 살다 보면 신변에 위협을 느낄 때도 있고 위기에 처할 때도 있기 마련이다. 하나님을 믿는 자들도 예외는 아니다. 믿음을 지키려다 보면 더 심한 핍박을 받거나 고통을 당할 때도 있는데 이 사실은 부인할 수 없는 현실이다.

천사를 통해 신변을 완벽하게 지켜주신 하나님

앞서 소개된 내용과 연결된 사건이다. 당시 성령께서 주시는 담대함으로 나는 소대장의 술잔을 거절했었다. 너무나 당돌하고도 담대한 나의 언행에 소대장은 할 말을 잃었고 고참들은 곡괭이 자루와 야전삽을 들고 덤벼들었다. 내무반의 분위기가 살벌해졌다. 소대원들 모두 경악스러운 표정들을 짓고 있었다. 점호를 마친 소대장은 관사로 돌아갔고 대원들은 모두 취침에 들어갔다. 얼마 전까지 나를 죽여 버리겠다며 몰려왔던 고참들도 잠자리에 들었고 나도 그들 틈에 끼어 누웠다.

고참들의 험상궂은 얼굴과 분노가 가득한 모습들이 아른거렸다. 사람인지라 전율이 온몸을 휘어감은 듯한 느낌과 함께 불안감과 두려움이 압도해 왔다. 잠시 후의 일을 예측할 수 없는 상황인지라 두렵고 떨리기만 하였다. 내게 강함을 주신 성령님께 신변의 보호를 위하여 기도를 드리는 가운데 나도 모르게 잠이 들었다.

일어나 보니 다음날 아침이었다. 밤 사이에 아무 일도 없었다. 순간 마음 깊은 곳에서 하나님의 보호하심에 대한 감사가 흘러나왔다. 하나님께서는 간밤에 하늘의 천사를 보내서 신변을 지켜주시되 머리털 하나 건드리지 못하도록 안보해 주셨다. 하나님께서는 내가 신변의 위협을 느끼고 위기에 처할 때마다 외면치 않으시고 하늘의 천사를 보내셔서 보호해 주셨다. 하늘에는 분명히 성도들을 위해 예비해 두신 천사들이 있다. 그 천사들은 하나님의 심부름꾼들로 성도들이 신변의 위협을 당할 때는 곧장 달려와서 보호해 준다는 사실을 기억하기를….

하늘에는 천사가 있다는 것을 성경이 증거한다

하나님께서는 성도들의 신변을 지키시며, 죽음의 위기에서 벗어나게 하시는 일에 천사를 부리기도 하셨다. 또한 자기 백성들을 원수들의 칼에서 보호하시는 데도 하늘에 있는 천사들을 도구로 사용하기도 하셨다. 그러기에 성경은 천사를 가리켜서 하나님의 부리는 영으로, 성도들을 섬기기 위해 예비된 하나님의 심부름꾼이라고 소개하고 있다. 나를 지키며 섬기는 천사가 하늘에 대기하고 있다니, 이 얼마나 든든하고도 감격스러운 메시지인가?

> 모든 천사들은 섬기는 영으로서 구원받을 상속자들을 위하여 섬기라고 보내심이 아니냐(히 1:14).

히스기야와 백성들을 살린 하늘의 천사

히스기야가 나라를 치리하고 있을 때였다. 앗수르 왕 산헤립이 군사 18만 5천 명을 거느리고 유다를 침략해 왔다. 당시 승승장구했던 산헤립은 자신만만하고도 교만한 모습으로 히스기야에게 편지를 보내어 위협을 하였다. "세상 그 누구도 나를 당하지 못할 것"이라면서 "설령 하나님이라도 내 손에서 너희를 구원치 못하리라"고 하면서 항복을 권하였다.

히스기야는 믿음의 사람인지라 앗수르가 보낸 편지를 성전으로 가지고 올라갔다. 그 편지를 하나님 앞에 펴 보이면서 현재 당면한 상황을 그대로 아뢰었다. 하나님은 그 기도를 들으시고 천사를 보내어 큰 용사와 대장과 장관들을 비롯하여 18만 5천 명의 대군을 하루아침에 송장으로 만드셨다. 그리고 히스기야로 하여금 적군을 물리치고 승리케 하셨다.

하나님께서는 히스기야의 그 믿음을 보시고 전쟁에 개입하시니 앗수르의 진영에 있는 18만 5천 명이 순식간에 모두 진멸을 당하였다. 하나님께서는 히스기야로 하여금 승리케 하시고 위기를 면케 하셨다. 당시 상황을 성경은 이렇게 소개하고 있다.

> 이러므로 히스기야 왕이 아모스의 아들 선지자 이사야와 더불어 하늘을 향하여 부르짖어 기도하였더니 여호와께서 한 천사를 보내어 앗수르 왕의 진영에서 큰 용사와 대장과 지휘관들을 멸하신지라(대하 32:20-21).

당시 히스기야 왕을 도와 함께 기도했던 이사야는 당시의 상황을 이렇게 증거하였다.

> 여호와의 사자가 나가서 앗수르 진중에서 십팔만 오천 인을 쳤으므로 아침에 일찍이 일어나 본즉 시체뿐이라(사 37:36).

민족적인 위기와 절망적인 상황에서도 낙심치 않고 기도했던 히스기야를 하나님께서 권고하시되 하늘의 천사를 보내셨다. 하나님의 명에 따라 천사들은 자신의 군사력을 과시하며 위협하던 적군들을 하루아침에 섬멸시켜 버렸다. 이로서 히스기야는 산헤립의 대군을 물리치고 승리하였다. 생각해 보건대 이보다 더 후련하고 통쾌한 일이 어디 있겠는가? 이와 같이 하늘에는 위기를 면케 해주는 하나님께서 부리시는 천사들이 있다는 사실을 기억해야 한다.

다니엘을 사자들에게서 구원한 하늘의 천사

다니엘은 느부갓네살 왕 때에 포로로 끌려갔다. 당시 소년의 어린 나이였던 다니엘은 세 명의 친구들과 함께 인재로 발탁되어 바벨론에서 특별교육을 받았다. 또한 왕이 지정한 음식도 먹어야 했다. 그런데 이 고기는 바벨론 신에게 바쳤던 제사 음식으로서 우상의 제물과도 같았다. 하나님을 믿는 사람들이 먹어서는 안 될 음식이었기에 다니엘은 왕의 진미를 거절하였던 것이었다.

그뿐만 아니라 다니엘은 하루 세 번씩 하나님께 기도를 드릴 정도로 그 신앙이 돈독했다. 기도하면 사자 굴에 던져 넣는다는 것을 알면서도 여전한 모습으로 고국 예루살렘 성전이 있는 곳을 향하여 하루 세 번씩 무릎을 꿇고 기도하며 감사했던 믿음의 용사였다.

다니엘은 결과적으로 하나님께 기도했다는 이유로 사자 굴에 던져지게 되었다. 보배로운 믿음을 가진 다니엘을 하나님께서는 어떻게 하셨을까? 외면치 않으시고 천사들을 보내셔서 그 입을 봉하시어 다니엘의 신변을 안전하게 보호해 주셨다. 이 사실을 성경은 이렇게 전하고 있다.

> 나의 하나님이 이미 그의 천사를 보내어 사자들의 입을 봉하셨으므로 사자들이 나를 상해하지 못하였사오니…(단 6:22).

다니엘과 그 친구들을 보라. 변함없는 모습으로 죽기를 각오하고 신앙을 지켰을 때 하나님께서는 하늘의 천사들을 보내셔서 보호해 주셨지 않는가? 그들의 생명을 보호하시고 생애를 보장해 주시니 신변이 무사하고 안전하였다. 그뿐만 아니라 원수의 목전에서 상을 베풀어 높여주시므로 존귀케 되는 축복의 주인공들이 되었음을 성경이 증명하고 있다.

감옥에 갇힌 제자들을 구출시킨 하늘의 천사

주님께서는 전도하다가 감옥에 갇힌 제자들도 외면치 않으셨다. 아직 해야 할 사명이 있기에 천사들을 보내어 옥에서 구출시켜 주셨다.

> 주의 사자가 밤에 옥문을 열고 끌어내어 이르되…(행 5:19).

당시 헤롯 왕이 믿는 자들을 박해하는 중에 요한의 형제 야고보를 처형시켰다. 그러자 유대인들이 기뻐하였다. 교회 최고 지도자였던 베드로를 처형시키려고 옥에 가두었다. 한 번 탈옥한 사실이 있기에 이번에는 아주 철통같은 경계로 옥을 지키었다. 베드로를 사람들 틈 사이에 끼어놓고 쇠사슬로 결박하였다. 보초도 세우고 여러 개의 문을 통과해야 나올 수 있는 깊은 곳에 감금시킨 후에 군인들로 지키게 하였다. 베드로가 갇힌 곳은 절대로 빠져 나올 수 없는 곳이었다.

그러할지라도 주님께서는 천사를 보내어 베드로를 구출시키셨다. 베드로에게는 교회를 위해서 아직 해야 할 일이 있기에 주님께서는 죽음의 위기를 면케 하신 것이 아니었을까? 성경에서는 그때 당시의 사건을 이렇게 전하고 있다.

> 홀연히 주의 사자가 나타나매 옥중에 광채가 빛나며…천사가 이르되 띠를 띠고 신을 신으라 하거늘 베드로가 그대로 하니 천사가 또 이르되 겉옷을 입고 따라오라 한대(행 12:7-8).

하늘에는 성도들이 위기에 처했을 때에 즉시 출두하여 신변을 보호해 줄 천사들이 항상 대기하고 있음을 잊지 말아야 한다.

또 하늘에 무엇이 있는 것일까? 하나님의 축복의 상징인 이슬과 비가 있다고 성경은 가르쳐주고 있다.

하늘에는 인생들에게 꼭 필요한 이슬과 비가 있다

하늘에서 비가 내려야만 초목들은 생기를 얻으며 농부들은 농지를 경작할 수 있다. 이 땅의 인생들은 물론이려니와 산천초목까지라도 하나님께서 비를 주지 않으시면 살 수 없다는 말이다. 인간에게 있어서 비가 이처럼 중요하다는 것은 주지의 사실이다. 이슬 역시도 풀잎에 맺히는 물방울로서 농작물 생장에 필수적인 요소 중의 하나이다(창 27:28). 성경에는 비와 이슬을 가리켜 하나님의 축복으로 비유하기도 하였다(신 28:12; 미 5:7). 또한 하늘에는 때를 따라서 자기 백성들에게 내려 주시는 이슬과 비가 보관되어 있음을 성경이 증명하고 있지 않은가?

> 여호와께서 너를 위하여 하늘에 아름다운 보고를 여시사 네 땅에 때를 따라 비를 내리시고 네 손으로 하는 모든 일에 복을 주시리니(신 28:12).

이슬과 비는 인생들을 위해 쌓아 놓으신 천연적 보물

하늘에는 우리를 만족하게 해주는 아름다운 보물창고가 있는데 그 안에는 이슬과 비가 있다. 하늘에서 내리는 이슬이나 비는 천연적 보물로서 풍요로움을 따라 축복의 삶을 누리게 하는 하나님의 선물이자 가장 보배롭고 값진 보물인 것이다. 아마 진주나 다이아몬드보다도 더 값지고 소중한 것이 있다면 하늘에서 내리는 이슬과 비가 아닌가 싶다.

그 이유는 인간이 금은보화가 없이도 살 수 있지만 물을 마시지 않고서는 하루도 살 수 없는 존재들이기 때문이다. 앞서 소개했던 말씀을 보면 하나님이 인생들에게 복을 주시는데 하늘의 보고를 여신다고 하였다(신 28:12).

비가 오지 않는 세상이나 물이 없는 세상을 생각해 보라! 신음과 탄식과 고통의 소리만 들릴 뿐이다. 물이 없이는 건강도 생명도 누릴 수 없으니 물이 없는 세상은 비극 중의 비극이 아니겠는가? 하늘에서 비가 내리지 않으면 배추 한 포기 쌀 한 톨 먹을 수 없다. 그러기에 세상에서 가장 귀하고 소중한 것이 바로 하늘에서 내리는 이슬과 비라고 할 수 있다.

하늘에서 내리는 비야말로 풍년을 이루게 하는 축복의 비결이기에 성경은 하늘의 비를 가리켜 하나님의 보물이라고 했던 것이 아니었을까? 신명기 28장 12절에서는 비가 보관되어 있는 하늘을 가리켜서 '보고'(寶庫)라고 하였다. 즉 보물창고라는 말이다. 하늘에 보관된 이슬이나 물이나 생수는 진주 보석보다도 훨씬 보배롭다. 금은보화보다도 더욱 값진 보물이라 할 수 있는 생수가 하늘에 있다.

하늘이 열린 자들만이 그 보물을 받을 수 있으니 날마다 하늘 문이 열리는 축복의 인생들이 되기를 바라면서 하늘이 열리는 비결을 소개하고자 한다.

하나님의 말씀에 순종할 때 하늘이 열린다

> 네가 네 하나님 여호와의 말씀을 청종하면 이 모든 복이 네게 임하며 네게 이르리니(신 28:2).
>
> 여호와께서 너를 위하여 하늘에 아름다운 보고를 여시사 네 땅에 때를 따라 비를 내리시고 네 손으로 하는 모든 일에 복을 주시리니(신 28:12).

하나님께 십일조를 드릴 때 하늘이 열린다

만군의 여호와가 이르노라 너희의 온전한 십일조를 창고에 들여 나의 집에 양식이 있게 하고 그것으로 나를 시험하여 내가 하늘 문을 열고 너희에게 복을 쌓을 곳이 없도록 붓지 아니하나 보라(말 3:10).

기도할 때 하늘 문이 열린다

구하라 그리하면 너희에게 주실 것이요 찾으라 그리하면 찾아낼 것이요 문을 두드리라 그리하면 너희에게 열릴 것이니(마 7:7).

예수도 침례(세례)를 받으시고 기도하실 때에 하늘이 열리며 성령이 비둘기 같은 형체로 그의 위에 강림하시더니 하늘로부터 소리가 나기를 너는 내 사랑하는 아들이라 내가 너를 기뻐하노라 하시니라(눅 3:21-22).

순교할 때에 하늘이 열린다

말하되 보라 하늘이 열리고 인자가 하나님 우편에 서신 것을 보노라 한대 (행 7:56).

가정이든 사업이든 나라든 하늘이 열려야 산다

나는 기도야말로 하늘 문을 여는 열쇠임을 여러 번 경험한 바 있다. 기도했을 때 하늘이 열리고 치료의 광선이 임하여 불치의 병을 치료받기도 하고 죽은 아들이 살아나기도 하였다. 하나님의 뜻에 순종했을 때에 인간의 힘으로 해결할 수 없는 인생의 극한 문제까지도 해결해 주셨다.

어디 그뿐인가? 나에게 하늘이 열리고 복이 임하므로 부요함을 경험하기도 하였다. 하나님은 내가 경영하는 사업장에 하늘 문을 열고 복을 주셨다. 그럴 때 이삭처럼 형통한 자가 되어 손을 대는 사업마다 성공을 경험하기도 하였다. 성공 뒤에는 공식적으로 따른 것이 있었는데 만족과 부요함이었다. 그 후에는 주변 많은 사람들로부터 칭송과 찬사를 받게 되었다. 이는 하늘 문을 여는 자들만이 경험하는 공통적인 모습이기도 하다.

인생을 사는 동안 하늘에 있는 온갖 아름답고도 좋은 것들을 받아 누리는 축복의 주인공이 될 뿐 아니라 주변 사람들로부터 존경과 찬사와 칭송을 받는 보배로운 인생들이 되기를 소망하면서 성경의 사건과 함께 경험했던 간증을 소개한다.

06
/
주님께 드린 것만이
가장 확실한 투자였다

어느 날엔가 오래 전의 일기장들을 보게 되었다. 그 가운데에는 그냥 넘길 수 없는 성경적이면서도 감동적인 글귀와 내용들이 적혀 있었다. 그 내용은 이러하였다.

세상에서 가장 확실한 투자는 주님께 헌신한 것뿐이다.
주님을 위해서 드린 것만이 가장 확실한 투자였다.

순간, 물질이든 재능이든 시간이든지 주님을 위해서 헌신했던 일들이 뇌리에 스쳤다. 연이어 주변 사람들을 통해서 직접 보기도 하고 듣기도 했던 이야기들도 생각이 났다. 주님과 교회에서 맡은 일을 희생적으로 감당했던 믿음의 사람들의 모습이 눈에 선하면서 그 고백들이 귓가에 맴돌았다. 주님을 위한 충성과 교회에 대한 헌신이 헛되지 않고 그 일로 인하여 아름다운 축복의 사건들을 경험한 일들이 기억되었다. 그럴 때마다 마음 깊은 곳에서 흘러나오는 외침이 있었다.

"주님께 드리는 것과 헌신만이 가장 확실한 투자이다."

지나온 세월 속에서 경험했던 일들을 더듬어보니 그 당시의 고백이 맞는 말이었다. 청년시절이나 집사시절에 자신의 소중한 것들을 포기하면서까지 헌신했던 자들이 있었다. 그런데 그들에게는 모두가 한결같은 공통점이 있었다. 주님과 맡은 사명을 위해서 무엇인가를 희생했다는 것이다. 일반적인 용어로 표현을 하자면 주님을 위해서 투자를 했다는 말과도 같다. 물론 신앙적으로 볼 때 헌신을 투자로 본다는 것은 어폐가 있을 뿐 아니라 어불성설과 같은 말이기도 하다.

그러나 아직도 내게는 투자라는 용어가 자연스럽게 사용되어졌다. 이러한 사실 앞에 아직도 내 모습 속에는 사업가의 기질이 농후하다는 것을 확인하였다. 그래서인지 이따금씩 지난날의 성공의식과 사업에 대한 자신감이 꿈틀거리기도 하였다. 아직도 사업가의 기질이 잠재되어 있기에 투자라는 말이 조금도 어색하지 않고 스스럼없이 흘러나온 것이다.

투자라는 말의 뜻은 누구나 다 알고 있다. "이익을 얻을 목적으로 자금을 대거나 정성을 쏟는 것"을 의미한다. 그러나 여기서 내가 말하고자 하는 투자는 그 의미가 좀 다르다. 내가 말하는 투자는 이익을 얻을 목적이 아닌 순수한 마음으로 주님께 드리고 헌신하는 것을 뜻한다. 주님으로부터 받은 은혜를 생각한다면 몸이 가루가 되도록 헌신을 해야 되지 않겠는가? 당시 그러한 표현을 하게 된 요인이 있었다면 그것은 나에게 사업가 기질이 있었기 때문일 것이다.

독자들에게 바라는 마음이 있다면 이 내용을 읽는 순간만큼은 비난보다는 폭넓은 이해의 마음으로 읽어달라는 말을 전하고 싶다. 여러분의 양해를 거듭 바라면서 주님을 위해서 시간과 물질, 재능을 드리는 것이 후일을 위한 투자였다는 것을 증명하려 한다.

내 주변에는 오직 내 꿈과 목적을 이루는 일에만 시간과 열정, 재능을 투자했던 자들이 있었다. 그러나 주어진 것들을 자신을 위해서 쓰지 않고 주님을 위하여 다시금 드리고 교회를 위해서 헌신했던 사람들도 있었다. 시간이든 물질이든 자신의 일에 대해서는 인색한 자들이 주의 일을 위해서는 아낌없이 과감하게 투자하는 자들도 있었다. 마치 귀하고 값진 향유 옥합을 깨뜨려 예수님께 부어드린 여인처럼 말이다. 우리 모두 주님을 향한 과감한 투자를 통해서 향기롭고도 아름다운 인생들이 되기를 소망하면서 귀감이 되는 사람들을 소개하고자 한다.

이 사람들은 나와 관련이 있는 분들로서 내 눈으로 그들의 삶의 모습을 직접 보았던 사람들이다. 또한 자신만을 위한 투자가 얼마나 무가치하고 허무한 것인가도 실패한 인생들을 통해서 교훈적으로 소개하려 한다.

시골에서 만난 옆 교회 여자 청년 이야기

첫 목회지에서 만났던 아가씨다. 같은 교단인 데다가 같은 지역에 있는 교회인지라 부흥회나 행사 때마다 만날 수가 있었다. 담임목사님이 늘 자랑하는 청년인지라 관심을 갖고 있었는데 그 이름이 '수정'으로 기억된다. 그 이름도 예쁘지만 마음씨도 아름다웠다. 그러나 그 믿음은 더더욱 아름다웠다. 주님께서 보실 때에도 칭찬하실 정도로 당대에 보기 드문 보배로운 믿음을 갖고 있었다.

어릴 때부터 성품이 착해서 모범생으로 인정을 받았지만 공부 역시도 상위권에 들 정도로 영리하였다. 고등학교 시절에도 공부는 늘 상위권에 머물 정도의 실력이었다. 그러나 가정 형편이 여의치 않아 대학 진학을 포기하고 취업을 해야만 했다.

청년은 시험공부를 하면서도 공적인 예배는 물론 주일이면 성가대원으로, 청년회 임원으로, 주일학교 교사로서 사명 감당에 최선을 다하였다. 여름성경학교 행사나 성탄절 준비를 할 때에도 맡은 사명에 여전한 모습으로 헌신하였다. 시험 준비를 위해서 모든 시간을 투자해도 합격하기가 어려운데 이 청년은 공부에 진력해야 하는 시간들을 교회에서 사역을 감당하는 일에 사용하였다. 이처럼 시간을 쪼개어 하나님께 투자했던 청년의 결단은 결코 헛되지 않았다.

얼마 가지 않아 공무원 시험에 합격하는 축복의 사건을 경험하였다. 연고에 따라 면사무소에 근무를 하면서도 그의 신앙생활은 여전하였다. 모든 휴가를 교회 행사나 주님을 위해 헌신하는 일에 사용하였다.

청년은 대학에 입학하여 주경야독으로 대학교를 졸업한 후 사법고시에 도전하였다. 이후 원대한 포부를 이루기 위하여 직장까지 그만두고 서울로 상경하여 고시전문학원에서 본격적으로 고시준비를 하였다. 그러면서도 신앙생활만큼은 변함이 없었다. 부모의 성화에 못 이겨 사법고시에 함께 도전하던 청년과 결혼하였다. 결국에는 하나님의 은혜로 꿈을 이루어 남편과 함께 변호사 사무실을 개업하였다. 그 청년의 결국을 보면서 시간이든 물질이든 주님을 위해서 사용한 것만이 나의 미래를 위한 확실한 투자였음을 다시 한 번 피부로 느끼게 되었다.

주일이면 도서관으로 달려가던 청년 이야기

두 번째 목회지에 부임해보니 대학교 3학년에 재학 중인 청년이 있었다. 초등학교 시절부터 신앙생활을 잘 해오던 청년이었다. 주일성수는 물론 토요집회에도 열심히 참석할 정도로 신앙이 돈독하였다. 그런데 어느 주일부터인가 모습이 보이지 않았다. 또래 학생들에게 물어보았지만 알 길이 없었다.

몇 주일을 기다리다가 심방을 갔다. 가정 살림이 여의치 않은 가운데서도 자기를 가르치느라고 고생하시는 부모님을 편히 모시려면 공무원이 되어야 한다는 것이었다. 그러면서 시험공부를 하려면 당분간 신앙생활을 중단해야겠다는 것이었다. 공무원 시험에 합격할 때까지는 교회를 못 다니겠다면서 딱 부러지게 쐐기를 박았다. 말씀을 근거로 해서 체험했던 간증과 함께 권면을 해보았지만 한 번 굳어진 마음을 돌릴 길이 없었다. 그 후부터 청년의 얼굴을 볼 수가 없었다. 참으로 생각하면 할수록 안타깝고 애석하기가 그지없는 일이었다.

청년은 언제나 학교 수업만 끝나면 도서관으로 달려갔다. 평일에는 물론 주일과 국경일에도 도서관에서 살다시피 하였다. 방학기간에도 변함이 없는 모습으로 도서관에서 시험 준비에 여념이 없었다. 젊은 날의 모든 시간을 송두리째 공무원 시험 준비하는 일에 쏟아 부었다. 이제는 그에게서 믿음의 흔적이라곤 찾아볼 길이 없었다. 교회와 예배를 잊어버린 지 오래였다. 그토록 열심히 신앙생활을 했던 그 열정은 통째로 사라져 버리고 이제는 하나님과 무관한 사람이 되어버렸다. 주일에는 온전한 모습으로 예배하며 헌신했던 아름다웠던 믿음이 어느 날부터인가는 공무원 시험만을 준비하는 공부벌레가 되어버렸다. 참으로 안타까운 일이었다.

하나님께 예배했던 시간이나 교회에서 헌신했던 시간까지도 모두 공무원 시험 준비에만 투자했던 그 청년의 결국은 어떻게 되었을까? 대학 3학년 때부터 도전하여 졸업을 한 후에도 합격하지 못하였다. 나중에는 공무원 시험을 포기하고 중소기업에 입사했다는 소식을 들었다. 수년간을 공부에만 몰두하여 젊음의 시간을 투자했지만 자신의 소원을 이루지 못하였다. 참으로 비극적인 일이 아닐 수가 없었다. 하나님께 향한 예배와 헌신의 시간까지도 자신의 목적 달성만을 위해서 투자했던 청년의 끝은 실패와 불행만이 기다리고 있었을 뿐이다. 참으로 애석한 일이 아닐 수가 없었다.

청년의 너무나 인간적인 생각과 한 번의 어리석은 결단이 해마다 연속하여 낙방의 고배를 마시게 했다. 이 청년의 결말을 보면서 자신만을 위한 투자는 불투명할 뿐만 아니라 보장성이 없다는 것을 확인하였다. 그러면서 주님을 위해서 헌신한 것만이 가장 확실한 투자라는 사실도 재삼 깨달았다. 그러기에 주님을 위해 투자할 수 있는 기회가 주어졌을 때에 망설이지 말고, 다음으로 미루지 말고, 아까워하지 말고 과감히 투자할 수 있어야 한다. 그럴 때 행복과 성공을 거두는 축복의 주인공이 되리라 확신한다.

주의 일을 위해서 과감히 투자했던 권사님

인생을 살다보면 내가 곤경에 처했을 때에 도움을 주었던 사람들을 잊지 못한다. 내가 어려움에 처했을 때 나에게 도움을 주었던 사람들이 있다. 그 가운데 주의 일을 위해서 과감히 헌신하셨던 권사님의 이야기를 하려 한다.

오래 전 일이다. 당시에 개척을 할 수밖에 없었던 상황에 처했을 때, 개척에 적극적으로 도움을 주었던 권사님이 있었다. 그분은 주님의 일이라면 자신의 모든 것을 아낌없이 드리는 믿음의 여인이었다.

곤경에 처했던 목사를 돕기 위하여 여러 해 동안 부어온 적금을 중도해약을 하였다. 또한 자식들이 불입해 주는 보험까지도 모두 중도해약을 하여 개척하는 데 드렸다. 어디 그뿐인가? 개척하는 데 협력자가 되어 교회를 세우는 일에 큰 역할을 감당하였다. 땅을 임대하여 예배실과 식당을 건축하는 일에 거의 혼자서 헌금을 하다시피 하였다. 그때 당시에 여름철인지라 경영하는 사업이 비수요기로서 불황을 겪을 때였다. 그럼에도 불구하고 교회 시설에 필요한 자금을 조달하였다. 권사님의 전폭적인 헌신은 교회가 개척되는 일에 디딤돌의 역할을 해 주었다.

곤경에 처한 목사를 도와 교회를 개척하는 일에 앞장서서 헌신했던 권사님의 수고는 헛되지 않았다. 사업이 급속도로 번창하여 복을 받는 모습을 보여주었다. 권사님이 경영하던 화원은 지역과 업계에서 소문날 정도로 창대케 되어 후일에는 화훼 단지까지 조성하여 시청에 납품하는 업자로 지명되었다. 그뿐만 아니라 큰딸은 화원을 경영하면서 지방대학교에서 꽃꽂이 강사로, 둘째 딸은 지방대학교의 조교로, 셋째 딸은 서울 예술의전당 시립합창단의 피아노 반주자로 활약하고 있다.

  권사님의 인생의 결국을 보면서 세상에 투자한 것들은 불확실하지만 주님의 일에 투자한 것들은 반드시 돌려주시되 약속하신 대로 누르고 흔들어 넘치도록 하여 도로 안겨주신다는 사실을 다시 한 번 목격하였다.

  헌신의 기회가 왔을 때에 300데나리온의 향유 옥합을 깨뜨려 예수님께 부어드린 여인의 이름이 온 천하 어디든지 아름답게 전해지는 것처럼 오늘날에도 주님을 위하여 헌신하는 자들의 그 이름이 천상과 지상에서 아름답게 빛나리라 확신한다.

주님을 위해서 매년 휴가를 반납했던 사모님

  내 주변에는 해외여행을 자주 하시는 사모님이 계신다. 그리 큰 교세가 아님에도 해외여행은 대형교회 사모님 못지않게 하시는 편이다. 소속된 노회에서와 목사님들의 모임에서 두어 번의 성지순례와 해외 여러 곳을 다녀왔다. 또한 횃불회 사모 찬양단에서 2-3년마다 해외공연을 해왔다. 사모님은 음악에 대한 탁월한 실력과 아름답고도 청명한 목소리를 지니셨다. 거기다가 영성과 영력과 재능, 그리고 남다른 리더십까지 겸비하여 사모찬양단 임원을 계속해야만 했다. 그러다 보니 해외공연을 빠질 수가 없어 그 덕분에 미국을 비롯한 여러 나라를 여행할 수 있었다.

  그 언젠가 사모님을 통해서 청년시절의 열정적이었던 신앙생활을 듣게 되었다. 너무 감동적이면서 마음에 와 닿는 간증이었다. 목회 30여 년의 세월 속에서 친구들이나 주변 사람들이 부러워할 정도로 해외여행을 자주 할 수 있었던 이유가 있었다. 알고 보니 사모님은 처녀시절에 하나님께 투자했던 것들이 있었다. 사모님은 대전 관공서에 근무하는 공무원이었는데 매년 여름휴가를 모두 교회행사를 위해서 사용했다는 것이었다. 다른 동료들이나 친구들은 여름 피서철이 되면 산과 바다, 때로는 해외로 여행을 다녔다. 그러나 사모님은 교회학교 교사로서 맡은 일을 감당해야 했기에 여행은 아예 포기하고 살았었다.

시간이 흐른 후 국내 명소는 물론 세계여행을 수없이 다니게 되었으니 하나님을 위한 헌신은 결코 헛되지 않다는 사실을 입증시켜 주는 사례였다. 귀감이 되는 아름다운 간증을 듣는 나의 마음에 세미하게 들려오는 외침이 있었다.

"주님을 위해 드리는 것만이 가장 확실한 투자이다."

나에게도 그러한 청년 시절이 있었다

1976년 대한통운에 입사한 후 그 이듬해부터 여름철이 되면 교단 청년연합회에서 주관하는 하계수련회에 참석을 하였다. 해마다 여름휴가를 그 주간에 맞추었고 일주일을 온전히 연합회를 위해서 시간을 보냈다. 수련회를 나 혼자만 참석하는 것이 아니었다. 같은 지역에서 수련회 행사 참석할 자들을 찾아야 했고 독려도 해야만 했다. 때로는 비용도 들어가고 시간도 투자해야 했다. 연합회에 대한 나의 관심은 이것으로 끝나지 않았다. 수련회 행사에 참석하면 임원들이 깜짝 놀랄 만한 헌금을 드리기도 하였다.

매년 헌신하는 내 모습에 감동된 임원들 중에는 나를 청년 전국연합회 부회장으로 추천을 하였다. 그러나 나는 정중히 사양하였다. 시간이 지나면 회장까지도 해야 하는데 직장에 얽매인 몸인지라 감당할 수 없었기 때문이었다. 이후 나를 전국연합회 협동총무로 임명하여 전북지역에 있는 청년회를 활성화시키는 임무를 부여해 주었다. 당시 청년회 신분으로 목사님의 회의에 참석하여 각 지방마다 청년회를 활성화시켜 줄 것을 하소연하기도 하였다. 연합회의 일도 주님의 일로 여겨 시간과 물질을 아낌없이 투자하면서 맡은 일에 최선을 다하였다.

이후 전주로 이사를 한 후에도 연합회 일을 계속하였다. 전주 십대선교회를 조직하는데 초교파적으로 15인을 선별하여 이사회를 구성하였다. 거의 도내에서 이름난 대형교회 거물급 목사, 장로들인데 혼자만 안수집사였다. 거기에다가 집행부 총무와 재정이사를 맡겨 주었는데 헌신하라는 의미였다. 이사들의 기대에 부응하여 헌신하는 데 앞장섰다. 행사가 있을 때에는 이사들이 감동하리만큼 한몫을 감당하였다.

하나님은 이러한 나의 모습을 보시고 사업장에 하늘을 여시고 복을 부어 주셨는데 주변 사람들이 깜짝 놀랄 정도로 형통과 부요함을 누리게 하셨다. 사업가적인 표현으로 하나님께 투자한 것을 돌려받은 셈이 되었다. 하나님은 약속하신 대로 누르고 흔들어 도로 돌려주셨다. 결과적으로 나는 작은 것을 드리고 태산 같은 축복을 경험하였다. 이로서 나는 하나님께 향한 투자는 결코 헛되지 않음을 피부로 느꼈다.

투자가 헛되지 않음을 보여준 여자아이

시내에서 개척할 때 일이었다. 어느 날 주일 오후였다. 모든 예배가 마쳐진 시간에 갑자기 일곱 명의 중학생들이 우르르 몰려왔는데 남학생 네 명에 여학생이 세 명이었다. 처음 교회에 온 애들치고는 노는 모습이 활발했다. 겉모습을 보니 믿음이 있는 아이들은 아니었다. 접근하려 하니 모두들 도망쳐 버렸다. 위해서 기도할 뿐이었다. 그리고 기다렸다.

토요일 오후 시간에 그 학생들이 다시 나타났는데 그 숫자 그대로였다. 예배당에서 무엇을 하고 있는지 보러 갔더니 벌써 이야기를 끝내고 야생마들처럼 우르르 달아나 버렸다. 그다음 토요일에도 같은 행동을 취하였다. 어느 때는 주일 오후에도 모였다가 어디론가 사라지곤 하였다. 그 학생들의 행동으로 보아 믿음이 있어 예배드리러 온 것이 아니었다. 교회를 만남의 장소로 정하고 약속된 날에 모이는 것 같았다. 그들을 만날 때마다 말씀으로 복음을 제시하며 권면도 하고 기도를 해주었다.

그러던 어느 날부터인가 아지트를 바꾸었는지 아이들의 모습이 보이지 않았다. 기도하면서 복음을 전하면 언젠가는 예수님을 믿으리라는 소망을 갖고 있었는데 모습이 보이지 않으니 서운하고 허전하였다.

몇 주일이 지나서 그들 중에 '자영'이라는 학생이 예배에 참석하였다. 토요일은 물론 주일마다 빠짐없이 참석하더니 수요일에도 이따금 모습을 보였다. 교회에서 틈만 있으면 성경을 읽는 것 같았다. 참으로 감사한 일이었다. 일곱 명 가운데 한 영혼을 구원하였으니 얼마나 감사한 일인가?

그 후 수요예배를 마친 후였다. 가방에서 노트를 꺼내더니 성경을 보다가 의심이 되고 이해가 안 되는 내용들을 질문하기 시작하였다. 노트 한 페이지 정도의 질문이었다. 믿음이 성장하고 있다는 증거였다. 중학교 3학년인데도 보충수업을 하지 않고 수요예배를 드리는 믿음이었다. 학교에서 담임도 그렇게 인정해 주어 수요예배에 빠지지 않았다.

중학교를 졸업하는 날 생긴 돈과 부모에게 받은 용돈을 동전까지 모두 털어서 감사헌금을 드리기도 하였다. 고등학교에 진학해서도 그의 신앙생활은 변함이 없었다.

그러다가 내가 그 교회를 떠나 지금의 교회로 부임하였다. 후임목사로부터 자영이의 소식을 늘 들으며 살았다. 고등학교 2, 3학년이 되면 좋은 대학에 진학하기 위해 야간에 자율학습을 하는데 자영이는 수요일이면 으레 교회를 찾았다. 야자시간에 자영이가 교회에 가는 것을 담임선생도 허락할 정도로 자영이의 믿음은 담대했으며 참으로 대단하였다. 자영이는 학생 시절부터 주님께 많은 것을 투자하는 일에 최선을 다하였다. 그 결과 어떤 일들이 생겨났을까?

하나님께서 자영이에게 은혜를 베푸시니 침례신학대학교 복지학과를 수석으로 입학하여 등록금 전액을 면제받았다. 믿음이 얼마나 좋은지 부모와 상의한 후에 장학금으로 받은 등록금 전부를 하나님께 헌금으로 드렸다. 그 후 4년간을 등록금을 한 번도 내지 않도록 하나님께서는 자영이에게 지혜를 주셨고 은혜를 베푸셨다.

지금은 졸업과 동시에 조교로 일하면서 대학원에 진학하여 공부를 계속하고 있다. 얼마나 감사하고 감격스런 일인가? 하나님께 향한 투자가 헛되지 않음을 증명해 주는 사례였다. 예배도 기도도 전도도 헌금도, 시간을 드리는 봉사와 몸과 재능과 물질로 교회를 섬기는 헌신도 모두 하나님을 위한 투자임을 자영이를 통해서 확인할 수 있는 것이 아닌가? 자영이를 볼 때마다 시간이든 물질이든 하나님께 드린 것만이 확실한 투자라는 것을 재삼 확인하게 된다.

고등학교에 진학하면서 신앙생활을 중단한 이야기

지금 시무하는 교회에 앞의 사건과 반대된 사례가 있어 어린 자녀들을 둔 부모들에게 타산지석(他山之石)이 되기를 바라는 마음으로 소개하려 한다.

지금 교인 가운데 외동딸이 있었는데 어려서부터 예쁘고 똑똑하다는 말을 들으면서 자랐다. 거기에다가 교회도 열심히 다닐 뿐 아니라 공부도 잘하여 늘 상위권에 속하였다. 자녀들이 출세하고 행복하게 살기를 바라는 마음은 부모라면 다 가지는 인지상정이다. 그 교인 역시도 딸에 대한 기대와 꿈이 있었는데 대학교수나 교사가 되는 것이었다. 그 목표를 이루려면 공부를 잘해서 좋은 대학교에 들어가야 한다고 생각하였다. 그래서 딸에 대한 꿈을 달성키 위하여 신앙생활을 그만두고 공부에만 전념할 것을 분부하였다.

그때부터 딸은 부모의 요청을 받아들여 고등학교에 진학하면서 신앙생활을 중단하고 공부에만 매달렸다. 그토록 열심히 다니며 예쁘게 신앙생활을 하던 딸은 그때로부터 예수님을 등지고 공부벌레가 되어버렸다. 교인 부부는 딸 하나 잘되면 된다는 심정으로 대학원까지 보내어 공부를 하게 하였다. 농촌에서 대학생 가르치기가 여간 어려운 일이 아니었지만 자신들의 노후대책을 위해서 허리띠를 졸라매면서 대학원까지 졸업을 시켰다.

그 결국은 어찌 되었는지는 믿음의 사람이라면 다 짐작하리라 생각한다. 믿는 자들은 이런 성가를 기억할 것이다.

물을 떠난 고기는 혹시 산다 하여도
예수 떠난 심령은 절대 살 수 없어요
하나님 떠난 인생은 성공 같으나 실패요
믿음 버린 인생은 불행해질 수밖에 없어요

믿는 자들이 예수를 떠나서는 성공할 수 없음을 단적으로 보여주는 내용이었다. 그 딸의 모습을 생각하면 애석하기도 하고 아쉽기만 하였다. 딸의 행복과 자신들의 만족을 위해서 신앙생활을 중단시켰던 부모의 잘못된 선택은 딸을 믿음에서 떠나게 하였다. 그 딸을 만날 때면 뇌리에 이런 생각이 스치곤 하였다.

'공부를 좀 덜 하더라도 예수님을 그대로 믿게 했더라면 얼마나 좋았을까? 주님의 은혜로 형통케 되어 교수의 꿈을 이루지 않았을까?'

그 딸을 생각할수록 애석하기 그지없었다. 교회에 나가는 시간까지 빼앗아 공부에만 전념시키면 꿈을 이루리라는 부모의 잘못된 판단과 불신앙적인 선택이 자녀의 앞날을 망쳐버리고 만 것이다. 딸의 신앙생활을 중단만 시키지 않았어도 후일에 땅을 치며 후회하는 일은 없었을 것인데….

이 책을 대하는 이들에게 전해 줄 말이 있다.

"시간이든 물질이든 재능이든지 하나님을 위하여 드리는 것만이 후일에 보장받을 수 있는 가장 확실한 투자이다."

사람은 누구나 날마다 투자하며 살아간다. 무엇을 위해 투자하느냐에 따라서 인생이 달라지고 미래가 결정될 수도 있다. 운동에 시간을 투자하면 건강이 좋아지고, 배우는 데 시간을 투자하면 실력이 향상되는 것이 사실이다. 또한 교인들 중에도 신앙생활을 위해서 시간을 많이 투자하는 자들이 믿음도 빨리 성장한다. 제직들 역시도 헌신하는 일에 참여하는 자들만이 하나님의 은혜와 축복의 사건을 경험할 수 있다는 것도 기억해야 한다.

우리 주변에는 하나님께서 자신에게 주신 물질을 땅에만 투자하는 이들이 있다. 그들에게 들려 주시는 하늘의 메시지에 귀를 기울여 보라.

> 하나님은 이르시되 어리석은 자여 오늘 밤에 네 영혼을 도로 찾으리니 그러면 네 준비한 것이 누구의 것이 되겠느냐(눅 12:20).

나에게 주어진 시간들, 하나님께서 내게 주신 재능과 건강, 내게 속한 재산들과 내 손에 있는 물질을 하나님을 위하여 드릴 수 있어야 한다. 하나님께 드려진 모든 것들은 반드시 언젠가는 거둘 수 있도록 돌려주시기 때문이다.

07

생각을 바꾸니
상황이 달라지다

하나님의 은혜로 이른 나이에 안수집사가 되었다. 그러다 보니 모든 면에 본이 되어야 했다. 예배 생활은 물론이려니와 옷차림이나 헌신하는 일, 하나에서 열까지 모범을 보여야 한다는 마음으로 노력을 하였다. 그뿐만 아니라 헌금생활도 본을 보여야 한다는 생각을 하였다. 그래서 안수집사가 되면서부터 5천 원짜리로 주정헌금을 하였다. 그러면서 최고액권으로 주정헌금을 드리게 해달라고 기도하였다. 하나님께서는 나의 소원을 들으셔서 당시 최고액권으로 주정헌금을 드릴 수 있는 여건을 허락하셨다.

최고액권으로 주정헌금을 드리는 날이 오다

1985년 2월, 하나님의 은혜로 사업을 시작하면서부터 최고액원으로 주정헌금을 드리게 되었다. 이후 사업을 통하여 최고의 축복을 체험을 할 수 있었던 것은 물론 다른 이유도 있겠지만 주일마다 드리는 주정헌금을 최고액권으로 드렸기 때문이라는 생각이 들었다. 그 순간이었다. 앞으로 최고액권이 얼마짜리가 나오든지 주정헌금은 최고액권으로 드려야 한다는 생각이 들었다. 또한 그 생각한 바가 기도의 제목이 되어 같은 내용의 기도를 거의 매일같이 드렸고 결국에는 하나님 앞에 서원기도가 되어버렸다.

사업이 잘되어 경제적인 풍요를 누릴 때에는 최고액권의 화폐가 빨리 나왔으면 좋겠다는 생각을 하기도 하였다. 그러다가 어느 날 갑자기 하나님의 부르심을 받고서 목회전선에 뛰어들었다. 이후 사업의 도산으로 인한 여파와 경제형편이 여유가 없다 보니 최고액권의 기도가 자연스럽게 잊혀져버렸다. 이는 환경의 지배를 받는 존재임을 스스로 인정하는 행위였다. 인간이라면 누구나 그렇게 되기 쉬운 존재가 아닌가 싶다.

경제적으로 어려울 때에 최고액권 화폐가 발행되다

이곳 교회에 부임한 지 몇 년이 지난 후였다. 사업했을 때 그토록 원했던 최고액권으로 오만 원짜리 화폐가 발행되었다. 오래 전에 기도했던 소망을 이룰 수 있는 기회가 왔으니 반갑고 기뻐해야 할 일이었다. 지난날의 기도가 응답이 되었으니 참으로 감사해야 할 일이 아닌가?

그런데 감사보다는 마음의 괴로움이 생기기 시작하였다. 또한 기쁨보다는 마음에 번민이 앞을 가렸다. 그 이유는 열악한 교세에다가 경제적으로 무척 어려웠기 때문이다. 그 당시에는 성도들의 헌금으로써는 공과금조차 해결할 수 없는 상황이었다. 그뿐만 아니라 내

개인적인 경제능력도 열악했기 때문에 오만 원짜리로 주정헌금을 드린다는 것은 그림의 떡이었고 언감생심(焉敢生心)이었다. 당시의 상황이 그러했기에 '내 형편이 이러하니 하나님도 이해를 해 주시겠지'라는 생각을 하면서 목회에 임하였다. 또한 당시의 경제적인 상황만을 생각하면서 하나님 앞에서 변명과 함께 합리화시키는 일에 급급할 뿐이었다. 하나님 앞에 죄송스러울 뿐이었다.

교회 운영을 책임지라며 권면하신 성령님

당시의 교회 재정 상태가 열악하다 보니 나의 경제적 형편도 당연히 어려울 수밖에 없었다. '이러다가 교회의 문을 닫지 않을까?'라는 불길한 예감까지 들기도 하였다. 교회 운영이 어려우면 결국에는 목회를 그만두어야 한다는 생각을 하니 마음이 심히 착잡하였다. 우리 부부는 번뇌와 안타까운 심정을 가슴에 안고 새벽은 물론이려니와 밤마다 교회 재정문제를 해결해 주시라며 강청하였다.

그러던 어느 날이었다. 기도하는데 '교회 재정을 네가 책임을 지라'는 감동을 주셨다. 교회에 필요한 부분을 나에게 충당하라는 의미로 받아들여졌다. 당시 내 주변의 상황이나 경제적인 형편으로서는 교회의 운영비를 충당한다는 것은 너무나도 힘이 들고 어려운 일이었다. 사람인지라 엉뚱한 생각이 들기도 하였는데 사업을 하라는 하나님의 신호가 아닌가도 싶었다. 그래서 그날 이후 하나님께 사업을 할 수 있도록 길을 열어 달라며 기도하였다. 사업가 출신이었던 나로서는 그리 생각할 수밖에 없었다.

성령님의 감동하심에 따라 교회 운영에 대하여 책임을 져야 한다는 생각을 하였다. 모든 교인들의 생활이 극빈한 데다가 연로하시거나 경제력이 전혀 없는 분들이었다. 그러기에 결국에는 교회 운영을 책임질 수밖에 없는 노릇이었다. 교회 재정을 충당하기 위한 첫 결단이 최고액권인 오만 원짜리로 주정헌금을 드리는 일이었다. 생활이 쪼들릴 뿐 아니라 빚을 좀 지더라도 교회 운영을 위해서 헌금을 드려야 한다는 결론을 내렸다.

하나님은 이런 방법으로 최고액권으로 주정헌금을 드리는 일을 실천하게 하셨다. 교회 운영을 위해서라면 희생을 해야 한다는 생각이 최고액권으로 주정헌금을 드리는 일에 디딤돌의 역할을 해주었다. 성령의 역사는 현실보다도 하나님의 능력을 보게 하심으로 내 생각을 바꾸셨다.

생각한 바를 실천할 수 있도록 이끄신 성령님

나는 깨달은 바를 즉시 실천하였다. 그래서 즉시 오만 원짜리로 주정헌금을 드리기 시작하였다. 그 동안의 내 형편만을 생각하면서 외면했던 일을 실천하였다. 내게 경제적인 압박이 따르고 빚을 지는 경우가 생길지라도 주정헌금을 오만 원짜리로 드려야 한다는 생각에는 변함이 없었다. 이는 오래 전에 사업을 경영하면서 매일처럼 기도를 해온 일이기 때문에 당연한 일로 여겨졌다. 늦게라도 깨달음을 주시고 기도한 바를 실천할 수 있도록 믿음을 주신 하나님께 감사드릴 뿐이었다.

이후에 나는 생각을 바꾸었다. 기도 내용도 바뀌었다. 그동안은 교회 운영을 책임질 만한 믿음의 사람들도 보내 달라며 기도했었다. 그러나 하나님은 나에게 교회 운영을 책임지라는 감동을 주셨다. 교인들 중에는 재정에 대한 책임은 고사하고 상의할 자가 없으니 내가 책임을 질 수밖에 없는 노릇이었다. 이러한 상황이기에 하는 수 없이 나는 장로 직분을 겸직한 사역을 해야겠다는 마음으로 목회에 임하였다.

그때부터 내 생각이 바뀌어 '교회 운영을 내가 책임진다'는 마음으로 목회 사역을 감당하였다. 그 첫 결단으로 주정헌금을 비롯하여 하나님께 드리는 일에 최고의 정성으로 최선을 다하였다. 경제적으로 여유가 생길 때에는 하나님께서 보시기에 흡족해 하며 감동하실 정도로 헌금을 드리는 일에 과감하였다. 최고액권으로 오만 원짜리를 주정헌금으로 드릴 수 있도록 믿음을 주신 하나님께 감사드린다. 어렵고 힘든 가운데서도 모든 과정을 이겨내고 실천할 수 있도록 감동하시고 이끄신 성령님께 감사드릴 뿐이다.

생각을 바꾸었더니 형편이 달라져 갔다

이후 아무리 경제적인 상황이 어렵고 쪼들리더라도 성령의 감동에 따라 생각한 바를 실천하였다. 즉 '교회 운영을 내가 책임진다'는 마음으로 목회 사역을 감당하였다. 내가 개인적으로 빚을 좀 지더라도 하나님의 교회를 넉넉하게 해야 한다는 생각으로 살아왔다. 내 주머니보다 하나님의 창고가 채워져야 한다는 마음으로 드리는 일에 최선을 다하였다.

그 일환으로 내 손에 들어오는 돈은 무조건 십일조를 떼어 드렸다. 누군가로부터 소액의 여비를 받은 것으로부터 시작하여 아들의 결혼 축의금까지도 온전한 십일조를 드렸다. 아들 결혼 몫으로 예치해 놓은 정기적금까지 해약하여 드린 후에도 돈이 생기면 교회 운영을 위해서 특별헌금으로 몽땅 하나님께 드리기도 하였다. 그러다 보니 교회 경제 문제가 해결될 뿐 아니라 교회 재정에 여유가 생겼다. 그 후에 1, 2년간은 교회 운영이나 건물 보수나 사례비에 대해서는 걱정하지 않았다. 액수를 떠나 사례비를 받는다는 사실에 감격스러웠다.

교회가 힘들고 어려울 때에 '교회 운영을 내가 책임진다'는 마음을 가졌더니 하나님은 내 삶을 윤택하게 하심으로 그 일을 능히 감당케 하셨다. 또한 간증집이 발간된 후로는 헌신예배와 제직 세미나와 집회강사로 초청되기도 하였다. 이는 하나님의 은혜로서 교회가 힘들고 어려울 때 희생하려는 결단에 대한 보상이 아닌가 싶었다.

성령님의 감동에 따라 교회 운영을 책임지려 할 때에 그 일을 능히 감당케 하실 뿐 아니라 후일, 내 인생이 아름답도록 은혜를 베푸셨다. 교회가 어려울 때에 생각을 바꾸어 교회가 유익하도록 헌신을 결단케 하신 하나님께 감사드릴 뿐이다.

교회를 유익하게 한 일이 결국은 나를 위한 일이었다

헌금을 드릴 때마다 '하나님의 창고를 채우는 일에 최선을 다하자. 하나님의 교회를 유익하게 하자'라는 마음으로 아낌없이 드렸다. 감사절에 드리는 헌금도 성도들이 알면 깜짝 놀랄 정도로 최고의 정성을 보였다. 신년에 드리는 소원헌금은 하나님께서 감동하실 만큼 정성을 다하였다. 교인들에게는 엄두도 내지 못할 정도의 상상을 초월한 액수였다. 하나님께 소원을 이루어 달라며 부탁드리는 일인데 최고의 정성이 있어야 한다고 생각했기 때문이었다. 교회와 목회는 물론이려니와 교인들과 가족들의 생애와 행복을 맡기는 일이기에 최고의 정성이야말로 당연한 일이라고 생각했었다.

이곳에 부임한 후, 교인들이 흩어지고 성도들의 헌금으로써는 교회 공과금조차 해결할 수 없는 상황에 직면했을 때의 일이었다. 그때부터 무슨 헌금이 되었든지 또 하나의 목적이 생겼다. 그것은 교회 운영은 내가 책임을 진다는 의무감에서 비롯된 것이었다. 이는 책임감에서 생긴 발상으로 하나님께서 기뻐하실 만한 결단이었다. 하나님은 이러한 마음을 가상히 여겨 그 일을 능히 감당할 수 있도록 모든 필요를 공급해 주셨다.

교회를 유익하게 한 일이 결국에는 나를 위한 일이었다. 교회가 힘이 들고 어려울 때에 희생을 감수하려는 결단이 모든 필요를 공급해 주시는 능력의 하나님을 경험하게 하였다. 교회의 운영을 책임지려는 생각과 결단이 모든 필요를 공급해 주시는 하나님을 경험하는 데 디딤돌의 역할을 하게 된 셈이었다. 교회 유익을 위하여 생각을 바꾸는 일에 결단하도록 감동하신 하나님께 감사드린다.

중단된 선교 후원을 다시 시작하다

1970년대 후반부터 개척교회와 농촌 교회에 관심을 갖고 돕는 일을 계속하여 왔다. 직장생활이나 사업할 때도 물론이려니와 목회를 하면서도 선교하는 일만큼은 사명으로 알고 감당하여 왔다. 그런데 이곳에 부임한 후에는 상황이 바뀌어 도리어 외부의 도움을 받아야만 했다. 그러다 보니 자연 선교하는 일은 중단이 되고 외부에서 후원을 받는 처지가 되고 말았다. 당장에 교회 경제 사정이 열악하고 내 처지가 이려우니 선교는 생각하지도 못하였다.

이후 성령님은 나에게 깨달음을 주셨다. 삶이 아무리 힘들고 형편이 어려울지라도 선교하는 일만큼은 중단하지 말라는 성령님의 감동이었다. 우리 부부는 그동안 선교하지 못한 일을 회개한 후에 이런 결심을 하였다.

"아무리 없을지라도 예전처럼 선교하며 삽시다. 형편이 아무리 어려울지라도 주고 베풀며 삽시다."

그 주일부터 즉시 선교헌금을 드리기 시작하였다. 그리고 결심한 바를 곧바로 실천하였는데 개척교회를 선정하여 매월 선교후원금을 보내주었다. 재정이 넉넉한 가운데서 후원하는 것보다 경제적으로 여유가 없는 중에 후원하는 일이 더 보람이 있고 의미가 있었다. 받는 즐거움보다 주는 기쁨이 더 큰 행복을 느끼게 해주었다. 이 모든 일들은 성령의 감동에 따라서 생각을 바꾼 결과라 할 수 있다. 성령님은 계속하여 선교에 대한 다음 단계를 시행케 하셨다.

교회가 운영되도록 은혜를 베푸신 하나님

하나님의 은혜로 간증을 모아 두 권의 책을 출간하였다. 그 후 간증집을 읽고 은혜를 받은 사람들에게서 전화가 오기도 하고 감사의 문자가 오기도 하였다. 그뿐만 아니라 감동이 된 목사님이나 장로님들로 인하여 헌신예배와 일일집회, 제직 세미나에 강사로 초청이 되었다. 하나님의 은혜와 목사님들의 배려로 크고 작은 교회에 다니며 말씀과 함께 간증을 하였다. 참으로 감사한 것은 4천여 명이 모이는 도시 대형교회로부터 100년의 역사를 지닌 교회와 농촌의 작은 교회에서 간증하는 시간을 갖기도 하였다. 교단이 다르고 부족할지라도 교파와 지역을 초월하여 간증할 수 있는 기회를 얻게 하셨다.

이후 경제 형편은 물론 교회 재정에도 여유가 생겼다. 간증하러 가는 교회마다 사례비는 물론이려니와 담임목사님들의 배려로 책을 판매하게 되었다. 그뿐만 아니라 간증 내용을 통해서 은혜를 받은 사람들이 상당 금액의 헌금을 보내오기도 하였다. 어떤 장로는 자비로 책을 구입하여 주변 사람들과 구역 식구들에게 나눠주기도 하였다. 초청된 교회 가운데는 제직들에게 의무적으로 구입하라며 강권한 교회들도 있었다. 어떤 교회는 지정도서로 선정하여 전 교인들로 하여금 읽도록 하였다. 그러다 보니 사례비와 책을 통한 소득이 만만치 않았다. 그 이후로 교회 재정도 해결되었고 개인적인 경제 형편도 나아져 갔다. 이는 성령님의 뜻에 따라 생각을 바꾼 결과가 아닌가 싶다.

교세가 열악하고 경제적으로 어려울지라도 성령님의 감동에 따라서 생각을 바꾸었다. 이제는 나보다 더 약한 자에게 주고 베풀며 선교하는 일을 실천하였다. 그랬더니 하나님은 교회의 재정을 전적으로 책임져 주셨다. 이후 수년간을 재정적으로 모자람이 없도록 필요한 모든 것을 공급해 주셨다. 하나님은 먼저 교회를 살리려는 희생의 결단을 외면치 않으셨다. 후일에 축복의 사건을 경험하도록 친히 개입하셨는데 상황과 형편이 바뀌어 교회 운영에 차질 없도록 은혜를 베푸셨다. 이처럼 아름다운 결과를 볼 수 있었던 것은 성령의 감동에 순종하여 생각을 바꾼 결과였다고 감히 고백한다.

힘들고 어려운 상황에 처한 사람들에게 전하는 메시지

신앙생활을 한다든지 목회를 하다 보면 감당하고 있는 일들이 힘들고 버거울 때가 있다. 또한 이러한 상황이라면 누구나가 무거운 짐을 벗어버리고 싶다는 생각이 들기 마련이다. 이는 인간이라면 누구나 다 갖게 되는 공통적인 생각이 아닌가 싶다. 그러나 하나님의 생각은 다르다. 열악한 환경 가운데서 아무리 힘들고 어려울지라도 참고 견뎌내기를 원하신다. '지금 네 처지로서는 사명 감당하기가 버겁고 고통스러울지라도 네 몫인 십자가를 지라'고 하신다. 우리가 막다른 상황에 처했을 때에 하나님은 언제나 인간적인 방법과 수단을 버리라며 감동하신다.

그때에 어떻게 할 것인가? 육신적인 생각이나 인간적인 방법을 버리고 생각을 바꾸어야 한다. 이어서 순종의 모습으로 하나님의 뜻에 부응할 수 있어야 한다. 하나님은 이러한 자들을 기뻐하시며 결코 외면치 않으신다. 그 삶을 통하여 아름다운 결과를 볼 수 있도록 때마다 일마다 은혜를 베푸시리라 확신한다.

08

서원을 지킴으로 경험한 사연들

신앙생활을 하다 보면 누구나가 하나님과 약속이나 서원을 하게 된다. 성령의 이끌림으로 감동이 되어 대중 앞에서 손을 들어 서원하는 경우도 있다. 또는 기도하는 가운데 하나님께 무엇인가를 하겠다든지, 무엇이 되겠다든지 약속을 하는 경우들도 있다. 나도 예외는 아니다. 어쩌면 다른 사람들보다 더 많이 하나님 앞에 약속한 자일지도 모른다. 지나간 세월 속에서 하나님과 서원했던 일들과 그 서원을 지킴으로 경험했던 사건들을 소개하면서 서원을 통해서 주시는 교훈을 얻고자 한다.

청년시절에 친구들과 함께 약속한 사연들

청년시절에 함께 신앙생활을 했던 또래들이 있었다. 당시 주님을 향한 사모함이 얼마나 불타올랐던지 예배가 끝난 후에도 흩어질 줄을 몰랐다. 뜻이 맞는 청년들끼리는 정기예배 시간 외에도 자주 만나서 교제를 나누었다. 때로는 자신들의 신앙 체험담을 나누기도 하고 성경에 관한 이야기도 하였다. 그러던 어느 날이었다. 요셉 이야기를 하면서 자연스럽게 자신들의 소원을 말하였다. 당시 모임을 같이 했던 청년들은 모두 목사가 되겠다고 말하였다. 어떤 친구는 후일에 성전을 건축하겠다는 소원도 밝혔다. 그때 나도 마음의 소원을 말하였는데 내용은 이러하였다.

"나는 사업을 해서 돈을 번 후에 45세부터 농촌에서 자비량으로 목회를 하고 싶다. 농촌 교회에서 글을 쓰면서 책도 내고…"

당시 청년들은 자신의 소원을 말하면서 목사가 될 것을 약속하였고 하나님께 기도하였다. 이후에 목회에 대한 꿈과 소원은 하나님과의 약속이 되어버렸다. 내 마음속에는 항상 목회는 45세부터 한다는 약속이 굳게 자리 잡고 있었다.

부흥집회 시간에 건축헌금을 약정한 사연

1977년도 늦가을이었다. 본 교회에서 부흥회가 열렸다. 시간마다 참석하여 은혜로운 말씀에 기쁨이 충만하였다. 부흥회에 참석한 성도들은 모두 다 하나님의 풍성한 은혜를 체험하였다. 나도 역시 마음에는 기쁨이 충만했고 얼굴에는 웃음이 가득했다. 모든 성도들의 얼굴은 마치 천사처럼 환하고 아름다웠다. 또한 입가에서는 찬양이 저절로 흘러넘쳤다. 참으로 은혜가 충만한 모습들이었다.

부흥성회 마지막 날 밤 시간이었다. 강사 목사님은 성전 건축에 대한 취지를 설명하신 후에 헌금을 약정하는 시간을 가졌다. 100만 원을 헌금할 자를 찾았는데 아무도 없었다. 돈이 많은 부자 집사님이나 사업하는 집사님도 강사 목사님의 외침을 외면한 채로 침묵만 지키고 있었다. 강사 목사님의 열정적인 외침에 나 자신도 모르게 손을 번쩍 들었다. 당시 나의 인간적인 조건이나 개인적인 형편으로서는 그 금액을 감당할 수 없었다. 헌금을 작정하는 순간 나는 무덤덤했고 성도들은 놀란 표정을 지었다. 당시 월급으로써는 하나님께 작정한 헌금을 쉽게 드릴 수 없는 처지였다. 월급을 한푼도 쓰지 않고 꼬박꼬박 모은다 할지라도 3년이 걸려야 하는 상황이었다.

그날 이후부터 하나님께 약속한 건축헌금을 빨리 드릴 수 있도록 기도하였다. 아울러 성전을 건축하면 빚을 내서라도 드려야 한다는 원칙을 세웠다. 약정헌금을 드리는 일에 은혜를 베풀어 주시라며 기도하는 마음에 성령님은 말씀으로 응답해 주셨다.

> 네 하나님 여호와께 서원하거든 갚기를 더디 하지 말라 네 하나님 여호와께서 반드시 그것을 네게 요구하시리니 더디면 그것이 네게 죄가 될 것이니라(신 23:21).

하나님의 응답은 내 마음을 더욱 착잡하고도 안타깝게 하였다. 당장에 약속헌금을 드릴 힘이 없으니 하나님께 기도할 수밖에 없었다. 하나님은 나의 기도를 외면치 않으셨다. 하나님은 약속했던 건축헌금을 드릴 수 있는 길을 가르쳐 주셨을 뿐 아니라 구체적인 방법까지도 깨우쳐 주셨다. 나는 하나님의 은혜로 사업을 시작하였고 이후 시원했던 건축헌금을 속히 드렸다. 그뿐만 아니라 사업을 통하여 최신형 2층 집까지 선물로 받는 축복의 사건을 경험하였다.

하나님께 서원했던 것을 빨리 이행하려고 때로는 철야도 했다. 하나님과 약속한 것을 빨리 드려야 한다는 일념으로 밤마다 십자가 밑에 나아가 몸부림치며 간구도 하였다. 그 결과 아름다운 축복의 결과를 볼 수 있도록 사업의 길을 열어 주셨다.

당시 점포의 위치나 주변 환경을 보았을 때 장사가 될 만한 곳이 아니었다. 그런 데다가 장사에 대한 경험이 전혀 없었다. 그럼에도 사업이 잘 될 수 있었던 것은 하나님과 약속한 건축헌금을 신속히 드리려는 믿음에서 비롯된 것이 아니었을까? 당시 사업이 될 만한 여건이 전혀 아니었는데도 주변 사람들이 깜짝 놀랄 정도로 사업이 잘 될 수 있었던 것은 하나님께 대한 서원을 빨리 이행하려는 나의 결단이 있었기 때문이라고 감히 고백한다.

여하튼 하나님께 서원했던 일을 빨리 이행하려는 결단이 나로 하여금 인간의 상상을 초월한 놀라운 축복의 사건을 경험케 되는 기회가 되었다.

목사님들을 섬기겠다고 약속한 사연들

이후 1981년도에 욕실과 수세식 화장실이 딸린 2층 현대식 주택에서 사는 은혜를 누렸다. 그해 겨울, 교회에서 부흥회를 하였다. 목사님들을 섬기라는 의미로 이렇게 좋은 집을 주신 것이라고 깨달았다. 그래서 나는 한 주간 동안 강사 목사님을 단독으로 모시겠다며 자원하였다. 집회 기간에는 물론 평상시에도 교회를 방문하시는 목사님들까지도 모두 모셨다. 부흥집회나 헌신예배에 강사로 오시는 목사님들을 섬기는 일에 최선을 다하였다. 집회기간 중에 식사는 물론 강사님의 속옷과 생필품까지 전담하였다. 하나님께서 베푸신 은혜에 감사하면서 앞으로도 계속하여 교회에 오시는 목사님들을 모두 섬기겠다고 다짐하였다. 이것이 바로 하나님께 향한 서원이었다.

약속을 이행했을 때에 더 큰 축복을 누리다

이후 도시로 거처를 옮기게 되었는데 하나님의 은혜로 아파트를 구입하여 이사하였다. 기성교회보다 개척교회에서 헌신하고 싶은 마음이 생겨 아파트 후문 앞에 개척한 교회에 등록하였다. 새해가 되어 교회 부흥회를 하는데 강사 목사님을 전담하여 한 주간 동안 모시겠다고 자원하였다. 이는 하나님과 약속한 일이기에 기쁨으로 감당하였다.

그 후 매년 집회 때마다 강사 목사님을 아파트에서 모시는 일을 담당하여 왔다. 참으로 감사한 것은 목사님들을 섬길 때마다 부담이 되는 것이 아니라 마음에 기쁨이 더하였다.

창업 2년이 지나면서 하나님의 은혜로 2층 고급주택으로 이사하였다. 주변 사람들로부터 칭송과 축하를 받으면서 입주 예배를 드렸다. 환희와 감격이 넘치는 축복의 사건이 아닐 수 없었다. 감사예배를 드린 후 모든 일들이 하나님의 은혜임을 고백하였다. 순간 마음에 와 닿는 신앙적인 교훈이 있었다.

이와 같은 축복의 사건을 경험할 수 있었던 것은 하나님과의 약속을 지켰기 때문이 아닌가 싶다. 하나님과의 약속을 이행하려는 그 신앙이 나로 하여금 축복의 사건을 경험하는 데 디딤돌 역할을 해준 셈이 되었다. 하나님은 서원을 이행하는 자들에게 은혜와 복을 주시되 더 크고 아름다운 것들로 만족하게 하시는, 참으로 좋으신 하나님이셨다.

증권이나 부동산에 투기하지 않겠다던 약속

30대 초반의 일이었다. 장차 병원 운영을 꿈꾸던 인턴과정에 있던 신실한 젊은 집사와 약속한 것이 있었다. 그것은 다름이 아닌 하나님이 복을 주시면 부동산이나 주식에 투자하지 않겠다는 것이었다. 부동산을 소유하되 꼭 필요한 땅만 소유하겠다는 것이었다. 젊은 집사와의 약속은 시간이 지나면서 하나님과의 약속이 되었다.

하나님의 은혜로 사업을 경영하게 되었고 일취월장하는 가운데 업체의 선두주자 위치에 올랐다. 사업체는 날로 확장되어 가고 번창하여 갔다. 참으로 감사한 것은 은행에 채무가 없는 건실한 기업으로 자리가 굳혀졌다. 하나님의 은혜로 은행에는 자금이 늘 예치되어 있었고 해마다 사업에 필요한 공장 부지나 하치장과 사무실 부지까지도 매입하였다.

증권에 투자하자는 제의를 거절하다

그러던 어느 날이었다. 은행에 근무하는 친구로부터 재산 증식에 대한 제의가 들어왔다. 즉 증권에 투자하자는 것이었다. 상장주식을 확보해 놓으면 떼돈을 벌 수 있다면서 은행에 예치된 돈으로 증권을 하자는 것이다. 순간 지난날의 일들이 생각났다. 사업을 시작하기 전 증권에 손을 대지 않겠다던 약속이 뇌리에 스쳤다. 불로소득이나 도박은 하나님께서 싫어하시는 일이기에 증권을 통하여 재산을 증식하는 일을 단호히 거절하였다. 친구는 은행의 중견간부이기에 증권에 투자하는 일을 자신 있게 시작하였다. 친구는 더 많은 수익을 바라보면서 여유 자금은 물론 나중에는 아내 몰래 은행에서 대출을 받아서까지 증권에 투자하였다.

하나님과의 약속 이행이 큰 손실을 막아내다

몇 개월이 지난 어느 날 늦은 시간이었다. 은행에 다니는 친구가 사무실로 찾아왔다. 친구는 그 동안의 일을 털어놓았다. 처음에는 소득도 있었고 일확천금의 가능성이 보여 대출까지 받아서 투자를 했는데 결국 모든 것을 거의 잃어버렸다는 것이었다.

그날 밤, 잠자리에 들기 전에 기도를 드리는데 친구가 생각이 났다. '그 당시 친구 따라서 증권에 투자했더라면 어떻게 되었을까?'라는 생각이 들었다. 아마 많은 것을 잃어버렸을 것이다. 하나님과의 약속을 이행하려는 그 믿음의 결단이 재산 손실을 막아준 셈이 되었다.

인생을 살면서 일확천금의 기회를 잃을지라도 하나님과의 약속만큼은 반드시 이행하여야 한다. 그래야만 후일에 아름답고도 유익한 결과를 경험할 수 있기 때문이다. 이것이 바로 성경의 가르침이자 직접 체험했던 사건이기도 하다.

하나님께 대한 서원을 어김으로 해를 당하다

농촌 교회에 전도사로 부임을 하면서 혹시 모른다는 생각에 오천만 원의 비상금을 지니고 있었다. 사장을 맡은 동생이 개인적으로 돈이 필요하다기에 돕는 차원에서 빌려주었다. 동생은 고맙다는 말과 함께 은행이자는 주겠다며 돌아갔다. 당시 그 말을 건성으로 들었는데 한 달 후에 동생이 찾아와 "은행이자보다 조금 더 넣었다"며 봉투 하나를 내밀었다. 동생이 주는 돈이기에 나는 아무런 생각 없이 넙죽 받아 챙겼다. 그다음 달에도 그러했다. 서너 번 그리고서 동생은 나타나지 않았다. 그 후 연락도 되지 않았다. 오천만 원의 거금을 그

대로 떼인 셈이 되었다. 당시 오천만 원은 상당히 큰돈이었다.

그 일로 인하여 깨달은 신앙적인 교훈이 있었다. 하나님께 기도하며 약속했던 것을 어긴 것이었다. 동생에게 몇 번의 돈을 받은 것이 바로 이자였다는 것을 깨닫게 되었다. 나는 동생에게 사채놀이를 한 셈이 되었다. 어리석게도 하나님과의 약속을 잊어버렸던 것이다. 나는 즉시 하나님과의 약속을 어긴 것을 회개하였다.

내가 하나님과의 서원이나 약속을 지키려고 했을 때에는 아름다운 결과를 보게 하셨다. 그러나 하나님과의 약속을 어겼을 때에는 그 일의 결과가 손해와 아픔과 패배뿐이었다. 이러한 사실을 성경이나 주변의 사람들이 증명해 주고 있지 않은가? 나는 하나님과의 서원을 이행함으로써 축복의 사건들을 경험하였다. 그러나 하나님과의 약속을 이행치 않아 심적인 고통이나 물질적인 손실을 크게 입은 일들도 있었다. 이 일을 통해서 하나님과의 약속은 반드시 지켜야 한다는 것을 깨달았다.

하나님은 우리로 하여금 서원을 이행함으로 축복의 사건을 경험케도 하시지만 약속을 지키어 화도 면케 하시는 참으로 좋으신 분임을 사건들을 통해서 깨닫고 체험하였다.

주정헌금을 최고액으로 드리겠다고 약속한 사연들

바로 앞의 "생각을 바꾸니 상황이 달라지다"에서 고백한 간증과 관련된 사건이다.

지난 평신도 시절의 일이었다. 하나님께 드리는 일이라면 최고의 것으로 드리려고 최선을 다하였다. 1980년도 당시 보통 이삼백 원이나 오백 원, 여유가 있는 자들은 천 원짜리로 주일 헌금을 드렸던 때였다. 당시 오천 원은 쉽게 드릴 수 없는 상당히 큰 액수였다. 그렇지만 나는 안수집사가 되면서부터 오천 원짜리로 주정헌금을 드렸다. 그러면서 최고액권으로 주정헌금을 하게 해달라고 하나님께 아뢰었다. 하나님께서는 나의 소원을 들으셔서 당시 최고액권으로 주정헌금을 드릴 수 있는 믿음을 주시고 여건을 허락하셨다.

1985년 사업을 시작하면서부터 최고액원으로 주정헌금을 드리게 되었다. 그 후 사업의 발전과 함께 부유했을 때의 일이었다. 헌금을 준비할 때나 하나님께 헌금을 드릴 때면 마음 속 깊은 곳에서 이러한 기도가 자연스럽게 흘러나왔다.

"하나님! 만 원짜리보다 더 큰 화폐가 나올지라도 주일헌금은 최고액권으로 드리게 하옵소서."

이 같은 기도의 내용은 매일같이 반복되었다. 시간이 흐르면서 이러한 내용들이 하나님과의 약속이 되어 버렸다.

목회에 대한 약속을 이행하도록 기회를 주신 하나님

혈기 방장한 30대를 지나 40대로 접어들었다. 사업을 시작한 후 얼마나 바빠 활약을 했던지 목회를 하겠다던 약속을 잊어버렸다. 당시 상황은 사업 확장에 신경을 몰두하며 경영관리에 전심전력을 할 때였다. 사업적으로 최고의 정상에 오르고 있던 어느 날이었다. 더 큰 야망을 품고 더 큰 기업을 이루기 위하여 정계에 진출하려는 계획까지도 세웠다. 사람들의 욕망은 한도 끝도 없다는 것을 나 자신을 통해 확인하는 순간이었다. 사업에 대한 불타오르는 욕망은 결국 하나님과의 약속을 망각하여 버린 채 정상만을 향하여 달리고 있었다.

그러던 어느 날 퇴근 무렵이었다. 나를 납치하기 위하여 계획적으로 찾아온 젊은이가 있었다. 그는 나에게 한 자쯤 되는 회칼로 협박하면서 돈을 요구하였다. 그날 밤 하나님은 사건에 개입하사 머리털 하나도 상하지 않도록 지켜주셨다.

그 일행들이 떠나간 후에 하나님께 두 손 모으고 감사를 드렸다. 온몸이 부들부들 떨리기 시작하였다. 언젠가는 젊은이 일행들이 다시 찾아오리라는 생각에 두렵기도 하고 마음이 심히 착잡하였다. 순간, 지난날 하나님 앞에 친구들과 목회를 하겠다며 약속했던 일이 뇌리에 스쳐갔다. 이어서 45세부터 목회를 하되 농촌목회를 하겠다던 약속도 떠올랐다.

젊은이가 보여준 긴 회칼이 눈앞에서 떠나지 않고 계속해서 아른거렸다. 당시 중소기업 사장들이 피랍되어 산속에서 사체로 발견되는 때였다. 젊은이의 협박과 주변에서 일어나는 상황들을 종합하여 볼 때에 하나님과의 약속을 속히 이행하라는 통보와도 같았다.

목회의 약속을 이행하라며 계속 감동하신 성령님

성령님은 계속하여 하나님과의 약속을 속히 지키라며 마음을 두드리셨다. 언젠가는 젊은이가 다시금 찾아오리라는 생각이 나를 더욱 번뇌에 빠지게 하였다. '혹시라도 젊은이들에게 무슨 변이라도 당하면 쌓인 돈과 번성된 사업이 무슨 소용이 있겠는가?'라는 생각이 나를 더욱 암담하게 만들었다. 이런 모든 일들은 불행한 일을 당하기 전에 하나님과의 약속을 지켜야 한다는 경고와도 같았다.

시간이 흐를수록 서서히 마음에 변화가 일기 시작하였다. 기도하면 할수록 하나님과의 약속을 지켜야 한다는 쪽으로 생각이 기울어지고 있었다. 서원을 지키는 것만이 생명을 보존하는 길이기에 그날부터 "기회가 주어진다면 목회를 하겠습니다" 하고 아뢰었다. 하나님은 나의 기도를 들으시고 목회의 길을 열어주셨다.

내가 부임해 가는 곳은 농촌 오지마을의 다 쓰러져가는 교회였다. 신학생들도 오지 않을 정도로 교세도 약하고 환경도 열악한 교회였다. 자체적으로는 교회 운영이 어려운 곳이었다. 그러기에 내 차지가 되어 그곳에 부임할 수 있었다. 교세가 약하고 열악한 환경일지라도 하나님과의 농촌목회의 약속을 지키는 일이기에 감사하였다. 하나님은 이러한 방법을 통해서 나로 하여금 목회에 대한 서원을 이행토록 하셨으니 얼마나 감사한 일이겠는가?

목회의 길로 들어서는데 불신하며 방해하는 자들도 있었다. 그뿐만 아니라 비방하는 자들도 있었다. 그들이 모두 목회자들이었다는 사실에 가슴이 아팠다. 그렇지만 모든 시련과 어려움을 이겨내고 목회자의 길로 들어섰다. 목회의 기회를 주신 하나님께 감사드릴 뿐이다.

하나님과의 약속을 지키려고 농촌 교회에 자원하다

앞서 여러 번 밝힌 대로 청년시절에 농촌목회를 약속하였다. 그러기에 기회가 주어질 때마다 환경이나 조건을 보지 않고 약속을 지킨다는 마음으로 무조건 순종하였다. 사역지가 없어 놀고 있는 전도사들까지 외면하는 곳일지라도 자원할 수 있었던 것은 청년시절의 하나님과의 약속 때문이었다. 하나님과의 약속으로 인하여 환경이 열악하고 재정이 어려운 줄을 알면서도 자원하였고, 교회와 교인들에게 문제가 많은 줄을 뻔히 알면서도 농촌 교회에 부임하였다. 그뿐만 아니라 때로는 많은 것들을 포기하기도 하며 손해가 따를지라도 농촌목회에 대한 하나님과의 약속을 실천하였다.

지금 시무하고 있는 교회는 목사들이 부임하면 1년도 못 되어 떠나거나 쫓겨나는 교회로서, 오갈 곳이 없는 목사들일지라도 외면하는 교회였다. 그런 교회에 자원하여 부임하였다. 잘못되면 목회를 그만두어야 한다는 위험 부담을 안고서 말이다. 이는 하나님과의 농촌목회에 대한 약속 때문이었다. 설령 전임자들처럼 고통을 당하다가 쫓겨날지라도 하나님과의 약속을 지켜야 한다는 마음으로 이곳에 자원하여 부임하였다.

이곳 교회에서 깨달은 신앙적 교훈

이곳에 부임하여 한 가지 놀라운 사실을 발견하였다. 농촌 교회로 들어오면서부터 피부로 느낄 정도로 성대가 좋아져 말하기가 이전보다 훨씬 편하고 수월해졌다는 사실이다. 건강이 회복되어 가고 있다는 증거였다. 이러한 사실을 가까이 있는 주변 사람들의 입에서 확인할 수 있었다. 만나는 사람마다 이구동성으로 하는 말들이 있었는데, 내 건강이 좋아졌다는 것이다. 나이가 들면서 건강이 약해지며 지병으로 고생하는 자들이 많은데 내 경우에는 건강이 좋아지고 있으니 얼마나 감사한 일인가? 건강을 잃으면 모든 것을 다 잃는 것인데….

건강을 주신 하나님께 다시 한 번 감사드리며 명상에 잠겼다. 순간 뇌리에 '내가 이렇게 건강한 모습으로 생명을 누릴 수 있는 것은 농촌 교회로 들어왔기 때문이 아니었을까?'라는 생각이 스쳤다. 이어서 '만일 도시 교회에 있었다면 건강에 이상도 생기고 생명까지도 이미 끝나지 않았을까?'라는 생각이 들었다. 내가 지금까지 건강한 모습으로 생명을 누리고 있음은 먼저는 하나님의 은혜이다. 그리고 하나님과의 농촌목회에 대한 약속을 지켰기 때문이었다고 감히 고백한다.

농촌 교회에 부임하는 길이 고생길이요, 설령 쫓겨날지라도 하나님과의 약속을 지키려는 믿음의 결단을 보시고 은혜를 베푸시되 건강과 생계를 보장해 주심으로 행복한 인생이 되게 하셨다.

성경을 보면 하나님께 서원했던 사람들이 소개되고 있다. 그 중에 어떤 사람은 약속을 실천하여 더 큰 은혜와 복을 받았지만 약속을 이행치 않음으로 인하여 그 인생이 비극으로 끝나버린 불행한 사람들도 있다. 교훈적으로 두 사람의 사건만 소개하고자 한다.

한나를 통해서 주시는 교훈

엘가나라는 사람에게 한나와 브닌나라는 두 아내가 있었다. 브닌나는 자식이 있었지만 한나에게는 자식이 없었다. 그러다 보니 한나의 마음은 늘 수심으로 가득 차 있었다. 둘째 부인인 브닌나가 한나를 격동하여 번민케 할 때는 식음을 전폐하고 눈물로 세월을 보내기도 하였다. 한나는 브닌나가 괴롭힐 때마다 서러움과 애처로운 모습으로 통곡하며 하나님께 기도하며 서원하였다. 당시의 상황을 성경은 이렇게 전하고 있다.

> 한나가 마음이 괴로워서 여호와께 기도하고 통곡하며 서원하여 이르되 만군의 여호와여 만일 주의 여종의 고통을 돌보시고 나를 기억하사 주의 여종을 잊지 아니하시고 주의 여종에게 아들을 주시면 내가 그의 평생에 그를 여호와께 드리고 삭도를 그의 머리에 대지 아니하겠나이다(삼상 1:10-11).

하나님은 한나의 서원기도를 들으시고 사무엘을 주셨다. 한나가 그 동안 무자하므로 브닌나에게 당한 수모나 괴로움을 생각한다면 사무엘을 자랑하면서 보란 듯이 행복하게 살아야 했다. 인간적인 면에서 볼 때에 어쩌면 그것이 당연한 일일 수도 있었다. 그러나 한나는 그렇게 하지 않았다. 아들이 어느 정도 성장하여 젖을 뗀 후에 하나님께 서원한 대로 사무엘을 엘리 제사장에게로 데려다 주었다.

> 그러므로 나도 그를 여호와께 드리되 그의 평생을 여호와께 드리나이다 하고 그가 거기서 여호와께 경배하니라(삼상 1:28).

서원 이행은 축복의 사건을 체험하는 비결

한나는 자신이 서원한 대로 사무엘에게 삭도를 머리에 대지 않았다. 그리고 그 아이가 젖을 떼자마자 하나님께 드렸다. 보배로운 믿음이 아니고서는 어려운 일이었다. 자신의 마음을 비우고 서원을 이행했던 여인에게 하나님은 어떠한 보상을 해주셨을까? 독자일지라도 하나님과의 서원을 지키기 위하여 어린 사무엘을 과감히 드렸던 한나를 과연 어떻게 하셨을까? 당시의 상황을 성경은 이렇게 말하고 있다.

> 여호와께서 한나를 돌보시사 그로 하여금 임신하여 세 아들과 두 딸을 낳게 하셨고 아이 사무엘은 여호와 앞에서 자라니라(삼상 2:21).

한나는 하나님께 서원을 지킴으로 엄청난 축복의 사건을 체험한 여인이었다. 사무엘 한 명의 자녀를 드리고서 다섯 명의 자녀를 낳았으니 이보다 더 큰 축복이 어디 있겠는가? 그뿐만 아니라 사무엘까지도 존귀케 되었으니 하나님께 서원을 지키는 일이야말로 축복의 사건을 경험하는 비결이었다.

야곱을 통해서 주시는 교훈

야곱은 이삭의 둘째 아들이다. 에서가 받아야 할 축복을 가로챘다. 에서의 낯을 피하여 브엘세바에서 하란으로 도망하는데 날이 저물었다. 거기서 유숙하려고 돌을 취하여 베개를 삼고 누워 잠이 들었다. 그날 밤 꿈에서 긴 사닥다리가 땅에서부터 하늘에 닿았는데 천사가 오르락내리락하는 것이었다. 또 하나님이 나타나셔서 생애를 보장하시며 복을 주겠다며 약속하셨다. 그때 야곱은 하나님께 이러한 서원을 하였다.

> 야곱이 서원하여 이르되 하나님이 나와 함께 계셔서 내가 가는 이 길에서 나를 지키시고 먹을 떡과 입을 옷을 주시어 내가 평안히 아버지 집으로 돌아가게 하시오면 여호와께서 나의 하나님이 되실 것이요 내가 기둥으로 세운 이 돌이 하나님의 집이 될 것이요 하나님께서 내게 주신 모든 것에서 십분의 일을 내가 반드시 하나님께 드리겠나이다(창 28:20-22).

하나님은 야곱의 서원을 받으시고 약속하신 대로 복을 주셔서 마침내 거부가 되게 하셨다. 또한 삼촌 라반과 그 아들들로부터 보호해 주셨고 에서의 칼날이 해하지 못하도록 지켜주셨다. 하나님은 야곱의 서원대로 환난을 당하고 위기에 처할 때마다 지키심으로 평안을 누리게 하셨다.

하나님께 대한 서원을 잊어버린 야곱

야곱은 에서의 문제가 해결되고 위기를 넘기자 하나님께 서원했던 것을 까마득하게 잊어버리고 세겜 땅에 머물렀다. 이는 야곱뿐 아니라 인간이면 누구나 지니는 공통적인 모습이 아닌가 싶다. 여하튼 야곱은 20년 전에 하나님과 맺은 약속을 어긴 것이다. 그때 야곱이 "하나님께서 나와 함께하사 나로 평안히 아버지 집으로 돌아오게 하시면 벧엘에 하나님의 전을 세우겠습니다"라고 서원을 했었다. 그런데 야곱은 그 서원을 잊어버린 것이다. 그 결과 어떻게 되었을까?

야곱은 자식들로 인하여 세겜에서 몰락의 위기를 맞게 되었다. 이는 하나님께 서원한 것을 어긴 결과였다. 성경은 그 당시의 상황을 이렇게 전하고 있다.

> 나는 수가 적은즉 그들이 모여 나를 치고 나를 죽이리니 그러면 나와 내 집이 멸망하리라(창 34:30하).

야곱이 하나님께 대한 서원을 어긴 결과 야곱에게는 불행과 비극만이 기다리고 있었다. 이 같은 일들은 현대를 사는 우리에게도 마찬가지이다. 그러기에 하나님께 대한 서원은 반드시 이행하되 속히 갚아야 하며 해로울지라도 꼭 지켜야 한다고 성경은 교훈하고 있다.

서원을 지키도록 야곱에게 기회를 주신 하나님

세겜에서 멸망의 위기에 처하여 두려워하며 떨고 있는 야곱에게 하나님은 일어나 벧엘로 올라가라고 말씀하셨다. 이는 20년 전 야곱이 형 에서의 낯을 피하여 도망할 때에 하나님께 서원한 것을 이행하라는 말씀이었다. 야곱은 믿음의 사람이자 기도의 사람인지라 빨리 깨닫고 서원을 이행하는 일을 즉시 실천하였다.

야곱은 벧엘로 올라가기 전에 자신은 물론 가족들을 정결케 하였다. 영혼과 마음과 행동까지도 정결케 하였다. 즉 회개를 통해서 하나님이 기뻐하시는 정결한 모습을 갖도록 하였다. 당시 야곱이 가족들에게 명했던 이방신상을 버리고 자신을 정결케 하고 의복을 바꾸는 것이 회개의 의미가 아니겠는가? 야곱은 회개의 과정을 거친 후에 하나님께 단을 쌓기 위해서 벧엘로 향하였다. 당시의 야곱의 결단을 성경은 이렇게 소개하고 있다.

> 우리가 일어나 벧엘로 올라가자 내 환난 날에 내게 응답하시며 내가 가는 길에서 나와 함께 하신 하나님께 내가 거기서 제단을 쌓으려 하노라(창 35:3).

서원을 이행했을 때 체험한 사건

야곱은 하나님이 주신 기회를 놓치지 않고 곧장 서원을 이행하였다. 당시 직면한 절망과 위기가 야곱으로 인하여 빨리 깨닫게 한 것이다. 야곱은 하나님과의 약속을 이행키 위하여 벧엘로 향하였다. 그랬을 때에 하나님은 사건에 개입하셔서 야곱의 가족들을 안전하게 지켜주셨다. 이 사실을 성경은 이같이 증명하고 있다.

> 그들이 떠났으나 하나님이 그 사면 고을들로 크게 두려워하게 하셨으므로 야곱의 아들들을 추격하는 자가 없었더라(창 35:5).

야곱은 하나님과의 서원을 지킴으로 멸망의 위기를 넘길 수 있었다. 야곱의 서원 이행이야말로 자신의 생명은 물론 가족들과 재산까지도 보장을 받을 수 있었다. 야곱에게 있어서 서원 이행은 모든 가족을 살리는 생명줄과도 같았다.

신앙생활을 하다 보면 누구나 하나님 앞에서 서원을 하는 경우들도 있고 교회에서 약속을 하는 경우들도 있다. 어떤 서원이든지 하나님께 향한 서원은 반드시 지켜야 하되 더디 하지 말고 신속하게 이행하여 한나처럼 축복의 사건들을 경험하기를 소망하며 성경에 기록된 서원에 관한 교훈을 소개하고자 한다.

서원에 관한 성경의 교훈들

성경은 서원할 때에 신중하게 할 것을 교훈하고 있는데 이는 하나님 앞에서의 서원은 번복할 수 없기 때문이다. 그러기에 하나님 앞에서의 서원은 아무 생각 없이 해서도 안 되고 사람들에게 자신을 나타내고 과시하려는 마음으로 경솔하게 해서는 더더욱 안 된다.

> 함부로 이 물건은 거룩하다 하여 서원하고 그 후에 살피면 그것이 그 사람에게 덫이 되느니라(잠 20:25).

하나님 앞에 서원한 것은 더디 하지 말고 신속하게 이행하여야 한다. 서원한 것을 속히 갚는 자들은 지혜로운 자들로서 하나님을 기쁘시게 하는 자들이다.

> 네가 하나님께 서원하였거든 갚기를 더디게 하지 말라 하나님은 우매한 자들을 기뻐하지 아니하시나니 서원한 것을 갚으라(전 5:4).
>
> 네 하나님 여호와께 서원하거든 갚기를 더디하지 말라 네 하나님 여호와께서 반드시 그것을 네게 요구하시리니 더디면 그것이 네게 죄가 될 것이라(신 23:21).

하나님은 약속한 자들이 그대로 실행하기를 원하신다. 하나님 앞에서의 헌신이나 주정헌금도 하나님과의 약속이다. 각 기관에서 회비를 정하는 것까지도….

우리가 늘 기억해야 할 것은 하나님 앞에서 한 번 약속한 것은 어떠한 경우에도 번복을 해서는 안 된다는 사실이다. 이것이 바로 성경의 가르침이다. 그러기에 하나님께 대한 서원은 내게 엄청난 손해가 따를지라도 반드시 이행해야 한다. 내 앞에 일확천금의 기회가 생기고 천지를 뒤흔들 만한 권세를 얻을 수 있는 길이 있을지라도 하나님과의 약속만큼은 반드시 지켜야 한다. 이것이 바로 하나님께서 정하신 법칙임을 성경이 증명하고 있다.

> 네 입으로 말한 것은 그대로 실행하도록 유의하라 무릇 자원한 예물은 네 하나님 여호와께 네가 서원하여 입으로 언약한 대로 행할지니라(신 23:23).
>
> 서원하고 갚지 아니하는 것보다 서원하지 아니하는 것이 더 나으니(전 5:5).

그의 마음에 서원한 것은 해로울지라도 변하지 아니하며(시 15:4 하).

사람이 여호와께 서원하였거나 결심하고 서약하였으면 깨뜨리지 말고 그가 입으로 말한 대로 다 이행할 것이니라(민 30:2).

3부

행복의 법칙

09 아름다운 결과를 낳은 양보와 포기
10 용서는 상대가 아닌 나를 위한 일이다
11 사명자의 생명을 보전하시는 하나님
12 그래도 감사하며 산다오.

09
아름다운 결과를 낳은 양보와 포기

인간들에게 공통적인 면이 있다면 결정적인 순간에 상대보다도 나 자신을 우선적으로 생각하게 된다는 것이다. 아마 자기보다 남을 먼저 생각하는 사람은 거의 없을 것이다. 인간은 끝없이 쟁취하면서 더 많은 것을 소유하고 싶어 하는 욕망의 동물이기에 다른 사람에게 먼저 좋은 자리를 양보하고 내게 돌아올 이권을 포기한다는 것은 실로 어려운 일이다.

양보나 포기는 희생과 직결되었기 때문에 아무나 할 수 있는 쉬운 일이 아니다. 그러나 결정적인 순간에 포기와 양보를 통하여 아름다운 축복의 자취를 남긴 사람들도 많이 있다. 이러한 사람들이 성경에도 소개되어 있지만 지금 우리 주변 가운데서도 양보나 포기를 통하여 축복의 사건을 경험한 사람들을 찾아볼 수 있다.

나 역시도 양보와 포기를 통하여 상상을 초월한 기적 같은 축복의 사건을 경험한 사람 중 한 사람이 아닌가 싶다. 주변의 모든 사람들이 양보와 포기의 삶을 살기를 소망하면서 축복의 자취를 남긴 믿음의 사람들을 소개하고자 한다. 또한 양보와 포기를 실천함으로 체험했던 간증들도 전하고자 한다.

성경을 보면 같은 사건 속에 여러 가지 신앙적인 교훈들이 담겨있다. 목사님들의 설교를 보면 한 본문을 갖고 여러 편의 설교를 할 수 있듯이 간증도 마찬가지가 아닌가 싶다. 부족한 종의 경우도 한 사건 속에서 여러 교훈을 얻을 수 있었다. 그러고 보니 간혹 중복되는 사건이 있다는 것을 밝히는 바이다. 독자들의 이해를 바랄 뿐이다. 내 인생 여정 가운데 양보와 포기의 삶을 실천했을 때에 경험했던 아름다운 축복의 사건들을 소개하려 한다.

군종활동을 위해 서무계를 포기하다

나의 병과는 행정이었고 자대 배치 후에 수습기간을 거쳐 중대본부 행정반에서 서무계 일을 보았다. 군대생활을 1년 남짓 했을 무렵이었다. 대통령의 특별지시로 전군신자화운동이 전개되었다. 아울러 중대마다 군종사병을 차출하여 보고하라는 공문이 하달되었다. 그날 인사계는 중대원들의 인사기록카드를 확인한 후에 나를 군종사병으로 지명하여 상부에 보고토록 하였다.

당시 군종사병은 부대에서 자기에게 주어진 업무를 담당하면서 예배 인도와 포교 활동을 하도록 되어 있었다. 나 같은 경우에는 행정병으로 서무계 업무를 보면서 군종의 일을 하게 되었다. 그러다 보니 군종으로서 유리한 조건도 있었고 군종의 사명을 효율적으로 감당할 수도 있었다. 다른 중대에 비하여 군종활동이 활발하게 전개

되기도 하였다. 이는 군종병인 내가 중대 서무계를 담당하고 있었기 때문이었다. 어쨌든 감사할 일이었다.

　서무계 일을 하면서 군종 일을 한다는 것은 무리였다. 한 몸으로 두 가지 일을 하다 보니 본 업무인 서무계 일에 지장이 있기 마련이었다. 상사와 동료들에게 피해를 주지 않으려고 최선을 다했지만 그리 쉽지 않았다. 이러한 사실을 알아차린 중대장이 군종사역을 그만두고 서무계 일에만 충실할 것을 명하였다. 나는 중대장의 명을 받아들이지 않고 군종사병을 계속할 것을 고집하였다. 그러자 중대장은 엄하고 냉정한 모습으로 둘 중 하나를 선택하라고 요구하였다.

　"군종을 하려면 서무계 자리를 내놓고 소대로 내려가든지 그렇지 않으면 군종을 포기해!"

　서무계는 하루 종일 사무실에서 근무하는 보직이라면 소대원은 종일토록 훈련도 받고 작업을 해야 하는 보직이었다. 때로는 작전에 참여하여 며칠씩 야간 훈련도 해야 하는 고생스러운 보직이었다. 그러기에 서무계 자리를 버리고 소대원이 되는 일은 바보스러운 선택이나 다름이 없는 일이었다. 어쩌면 군종활동을 제대로 할 수 없는 상황에 처할 수도 있는 일이었다. 또한 소대원이 되는 일은 신변상 불이익을 당할 수도 있는 일일 뿐만 아니라 고생길을 선택하는 일이었다.

　군대에서 서무계를 포기하는 일은 권좌를 버리는 일과도 같았다. 평상시에도 업무상 시내에 외출하는 날이 많았다. 또한 토요일마다 외출할 수 있는 자리이기도 하였다. 그런 자리를 버리고 소대원이 된다는 것은 3자의 입장에서 생각했을 때 납득할 수 없는 일이었다. 그러나 나는 서무계 자리를 과감히 포기하고 소대원이 되겠다는 결심을 내보였다.

서무계를 포기하고 군종을 선택한 결과

중대장의 명령에 나는 서슴없이 서무계를 내놓고 소대원이 되겠다며 고집하였다. 이는 군종활동만큼은 계속하겠다는 의미였다. 나의 결단에 중대장과 인사계는 크게 놀라며 나를 뚫어지게 쏘아보았다. 자기들의 기대에 어긋나자 어안이 벙벙한 모습을 보이기도 하였다. 중대장과 인사계의 생각에는 나에게 양자 결단을 하라면 군종을 포기하고 서무계 자리를 지킬 줄로 생각했을 것이다. 자신들의 기대에 어긋나자 중대장은 자세를 가다듬고 질타적인 훈시와 함께 불호령을 내렸다.

"꼴도 보기 싫으니 지금 당장 소대로 내려가 버려!"

나는 군종 사역을 감당하기 위하여 남들이 부러워하는 서무계 자리를 과감히 내던져 버렸다. 군종 활동을 하는 일에 있어 고생도 각오하였을 뿐만 아니라 신변에 야기될 불이익까지도 감수하려는 마음으로 결단하였다. 그러나 당장 소대로 내려갈 수가 없었다. 서무계는 아무나 할 수 있는 자리가 아니었기 때문이다. 사무적인 재능도 있어야 하고 행정에 관한 실력도 있어야 감당할 수 있는 자리였다. 서무계는 특수직으로서 행정병과를 가진 자라야만 가능했다. 어쩔 수 없는 상황인지라 계속해서 서무계 일을 해야만 했다.

이후 중대장과 인사계는 나를 눈엣가시처럼 여기며 매일같이 호통을 치기도 하고 트집 잡기를 일삼았다. 상관들이 매몰찬 모습으로 행정요원들 앞에서 창피를 줄 때에는 곤혹스럽고 처참하기까지 하였다.

내가 하는 일을 탐탁지 않게 여기던 중대장은 나를 괴롭히다 못해 타부대로 전출시켜 버렸다. 직속상관에게 고집을 부리며 명령에 불순종했던 대가가 현실로 나타났다. 내가 전출되어 가는 곳이 최전방의 특수부대라는 정보를 들었을 때 눈앞이 캄캄하고 정신이 아찔하였다. 중대장의 명령을 거역한 대가야말로 참으로 참혹하였다. 직속상관의 명을 어긴 대가로 서울 공항동 부대를 떠나 최전방의 특수부대로 전출을 가야 하는 비극적인 운명에 처하고 말았다.

최전방으로 내쫓기는 처참한 신세

전역 1년 2개월을 남겨놓고 타 부대로 전출을 가야 한다는 사실 앞에 심히 두렵고도 답답하였다. 당시 참담했던 나의 모습은 마치 에서 앞에 선 야곱의 심정과도 같았다. 사람인지라 염려와 공포와 두려움이 엄습하여 나를 더욱 서글프게 하였다. 보복이 깔린 중대장의 인사정책으로 거의 2년 동안이나 정들었던 공항동 부대를 떠나야만 했다.

예견치 못한 일이기에 덤덤하기도 했고 한편으로는 마음이 착잡하였다. 전방부대로 가서 겪어야 할 일들을 생각하니 미어지는 아픔이 짓눌렀다. 걷잡을 수 없이 흘러내리는 눈물을 씻으며 전방에서의 군복무를 주님께 맡겼다. 쉽사리 떠나지 않는 애석한 마음은 나를 더욱 안타깝게 하였다. 당시 내가 할 수 있는 일은 암담한 상황을 하나님께 그대로 아뢰면서 기도만 할 뿐 아무것도 할 수 없었다.

서무계를 포기한 대가로 주어진 축복의 사건들

사령부에서 이틀간을 지낸 후, 창설부대로 이송되었는데 수도권에 인접한 김포지역에 위치한 부대였다. 김포공항을 한눈에 볼 수 있는 곳으로서 차량으로 공항동 부대까지 20여 분이면 갈 수 있는 곳이었다. 최전방이 아닌 수도권에 위치한 부대로 인도하신 하나님께 감사할 뿐이었다.

하나님은 여단 인사처에서 사병으로서 최고의 예우를 받을 수 있도록 은혜를 베푸셨다. 이는 군종활동을 위하여 중대 서무계 자리까지도 과감히 포기한 결과가 아닌가 싶다. 하나님은 맡겨진 사명을 감당하기 위하여 자신의 소중한 것들을 버리고 포기하는 자들을 외면치 않으셨다. 반드시 보상하시되 그 인생이 아름답고 존귀하도록 은혜를 베풀어 주셨다.

나는 하나님의 은혜로 인간의 상상을 초월한 축복의 사건들을 경험하였다. 최전방으로 가야 할 자를 수도권 지역에 머물게 하신 것도 참으로 감사한 일인데, 여단 인사처에서, 그것도 사제계장을 대신하는 위치에서 근무를 하였으니 이것이 하나님의 은혜가 아니고 무엇이겠는가?

당시 인사처에서 내가 담당한 일은 예하 부대에 진급과 휴가 인원을 할당하는 일이었다. 또한 상벌위원회 간사로서 재판이나 회의에 참석하여 회의록을 작성하기도 하고 범죄자가 생기면 조서를 꾸미는 일을 하기도 하였다. 상급자들의 권유로 장교 식당에서 식사를 하기도 하고 예하부대 중대장들로부터 과분한 대접을 받기도 하였다. 당시 사병으로서 최고의 영예를 누리는 축복의 주인공이 될 수 있었던 것은 군종활동을 위해서 서무계를 과감히 포기한 대가로 주신 하나님의 선물이었다.

주일 성수를 위하여 직장을 포기하다

제대 후에 대한통운에 입사를 했는데 신입사원인지라 주일 성수를 제대로 할 수가 없었다. 그래서 입사 한 달 만에 사표를 냈다. 좋은 직장일지라도 과감히 사표를 낸 이유는 하나님께서 마음 놓고 주일성수를 할 수 있는 직장을 주실 줄로 믿었기 때문이다. 그뿐만 아니라 더 좋은 직장을 주시어 생애와 미래까지도 책임지실 줄로 믿었다. 또한 나의 인생이 아름답도록 은혜를 베푸시며 복을 주시리라 믿었다.

하나님만을 신뢰하는 믿음이 직장을 포기하는 일에 과감하도록 고리 역할을 하였다. 주일성수를 위해서는 친구들이나 주변 사람들이 부러워하는 직장일지라도 과감히 포기하였다.

내 형편과 처지를 잘 아시는 하나님께서 당시 부소장이었던 집사님을 감동시키셨다. 부소장의 중개로 주일성수 문제를 해결해 주셨는데 1년 365일 숙직을 하는 조건이었다. 매일 밤마다 숙직을 하면서 공부를 할 수 있게 되었으니 나에게는 도리어 유익한 시간이었다. 또한 숙직을 하면서 밤마다 선배들이나 상사들의 업무를 거의 터득하다시피 하였다.

그 결과 하나님의 은혜로 상상을 초월한 일이 일어났는데 입사 1년 2개월 만에 승진 대상자로 거론이 되었다. 이는 큰 축복의 사건이 아닐 수 없었다. 이는 주일성수 때문에 직장을 과감히 포기한 결과로 승진이라는 축복의 사건을 경험하게 한 것이었다.

보상금을 포기했을 때 주어진 결과

1986년도에 사업을 할 때 일이다. 당시 750평 건물로서 사업의 사활이 걸린 공사이기에 100일 동안을 쉬지 않고 매달리면서 많은 것을 투자하였다. 그 결과 군산시청으로부터 쌍방울 군산공장 건축 허가서를 발급받았다. 이제는 그 공사를 할 수 있는 여건을 갖추었다. 그런데 쌍방울 측에서 일방적으로 그 공사를 취소해 버렸다. 그러면서 100일 동안 수고한 대가와 활동비용을 보상해 주겠다는 것이었다. 나는 쌍방울에서 보상금으로 제시한 당시 1천만 원을 일언지하에 포기해 버렸다. 그 결과 어떻게 되었을까?

그 이듬해 신년 초였다. 취소하였던 쌍방울 군산공장을 다시 건축하기로 하였다. 이후 진안공장, 계열사인 전자회사, 전국에 산재된 공장들, 수도권에 있는 하치장 창고까지도 모두 공사를 하였다. 특히 수도권의 하치장이나 전자공장은 수천 평의 대규모 건물로서 호남권에서 업계 선두주자가 되는 데 디딤돌 역할을 해 주었다.

그뿐만 아니라 건설업계를 비롯하여 금융계나 언론계에서 인정하는 막강한 실력자로 부각이 되는 가운데 동종 업자들이나 주변 사람들이 인정하리만큼 정상에 오르게 하였다. 쌍방울 공사는 개인적으로도 축복의 사건을 경험하는 데 징검다리와도 같았다. 그 공사들과 인연이 되어서 당시 전주 신역 부근에 2층 주택까지도 마련하게 되었으니 이 얼마나 경사스럽고도 복된 일인가? 포기의 결단이야말로 단 한 번뿐인 내 인생을 아름답게 만들었을 뿐 아니라 나를 최고의 정상에 우뚝 세워주었다. 나는 쌍방울 사건을 통하여 결정적인 순간에서의 포기야말로 아름다운 결과를 낳는다는 것을 경험하였다.

농촌목회 약속 때문에 도시 교회를 포기하다

지금도 내 마음에는 하나님께 대한 서원이나 약속한 것들은 반드시 지켜야 한다는 원칙이 마음 바탕에 깔려 있다. 그 원칙으로 인하여 두 번씩이나 도시 교회를 포기하고 농촌 교회로 가게 되었다. 인간인지라 육신적인 계산이나 안정적인 목회를 생각하면서 약속한 바를 이행치 않을 수도 있었다. 누구나 다 마찬가지겠지만 내 소유나 권리를 포기한다는 것은 참으로 어려운 일이다. 나 역시도 포기 앞에 욕심과 씨름을 해 보기도 하고 고심도 해 보았다. 가는 곳마다 다른 목사들은 감히 엄두도 내지 못할 정도의 많은 것들을 투자하였다. 그리고서 그곳을 사임할 때에는 빈손으로 깨끗하게 물러섰다.

어디 그뿐인가. 포기는 물론이려니와 교회 형편을 감안하여 건축 부채까지도 안고 농촌 교회로 이동해 가기도 하였다. 많은 것을 투자했던 교회를 포기한다는 것은 실로 어려운 일이 아닐 수 없었다. 그러나 나는 포기하는 일에 과감하였다. 이는 내 안에 포석처럼 깔린 청지기 정신도 한몫했겠지만 욕심은 불행을 불러오는 초청장과도 같다는 것을 깨달았기 때문이다. 또한 내 마음에는 지난날의 사건과 함께 욕심의 결국은 불행과 사망이라는 교훈이 시금석으로 자리매김을 하고 있어 중대한 사건 앞에서 포기를 쉽게 선택할 수 있었다.

포기하는 과정에서 분출되는 욕심을 억제하다

누구나 물질 앞에서는 눈이 멀고 욕심을 부리게 되어 있다. 이는 에덴동산에서 선악과를 욕심냈던 아담의 후손들이기 때문이다. 그러기에 내 주머니에 있는 것들이나 내 앞에 놓인 금덩어리를 포기하는 일은 극히 어려운 일이다.

그러나 우리 주변에는 내게 아무리 소중한 것일지라도 포기하고 양보하면서 사는 이들도 많이 있다. 이 사람들은 빈 마음의 소유자로서 예수님의 마음을 본받아 사는 자들이라고 할 수 있다. 또한 성령님의 감동하심에 따라 마음을 비우고 포기하며 사는 자들이라고 볼 수 있다. 누구나 경험하는 일이지만 포기는 희생이 따르는 일이기에 실천하기가 극히 어렵다. 그러나 어떠한 사건 앞에 희생을 감수하는 자세로 포기를 결단할 수만 있다면 하나님은 그 결과가 아름답도록 은혜를 베푸시리라 확신한다. 이는 내가 직접 경험했던 산 증인이기에 그 사실들을 전하고 있는 것이다.

도시 교회를 포기했을 때 교회 부흥으로 보상하시다

하나님은 나에게 두 번씩이나 농촌목회를 할 수 있는 기회를 주셨다. 나는 그럴 때마다 현재 잘 섬기고 있는 도시 교회를 포기하고 농촌 교회로 부임해 갔다. 땅을 매입하여 사택을 신축하는 등 거금을 투자하였기에 결단하는 과정에서 물질에 대한 애착과 욕심이 생기기도 하였다. 이는 인간이라면 모두가 갖는 공통적인 마음이 아닌가 싶다. 순간순간 투자한 부분에 대한 욕심이 발동하기도 하였으나 성령님의 강력한 이끄심 앞에 포기하지 않을 수 없었다. 성령님은 언제나 결정적인 순간에 개입하셔서 하나님이 기뻐하시는 일에 순종하도록 감동하셨다.

이후 하나님은 획기적인 교회 부흥을 이루어 주셨다. 주일이면 각처에서 찾아오는 새신자로 인하여 교회당이 비좁을 정도로 북적거렸다. 주일이면 축제 분위기 가운데 예배를 드렸다. 농촌 교회일지라도 도시 교회 목사들이 부러워할 정도로 교회 부흥을 이루어 주셨다. 〈국민일보〉를 통하여 전국 교회에 알려지니 제직들을 대동하고 견학하러 오는 교회도 있었다.

이로 인하여 칭송과 찬사를 받는 목회가 되었고 희락이 넘치는 모습으로 목회에 임하였다. 이는 도시 교회에 많은 것을 투자하고도 하나님과의 약속을 이행키 위해서 모든 것을 미련 없이 버리고 떠나온 결과가 아닌가 싶다. 내가 경험한 하나님은 성령님의 감동하심에 따라 포기하는 자에게 상을 베푸시는 분이었다.

또다시 도시 교회를 떠날 수밖에 없는 상황에 처하다

세 번째 목회지에서 교회를 떠나 개척해야 할 상황에 처하고 말았다. 나를 동정하며 따라 주는 몇몇 성도들과 함께 교회를 개척하였다. 성령의 역사로 교회가 부흥되어 개척을 시작한 지 얼마 되지 않아 60여 명의 성도들이 모였다. 하나님의 은혜와 제직들의 헌신적인 협력으로 300여 평의 부지에 모든 시설을 구비하였다. 거금이 투자된 것이다.

농촌목회의 서원을 지키라는 성령님의 감동에 따라 또다시 그 교회를 떠나야만 했다. 사람인지라 투자된 부분에 대하여 욕심을 부릴 수도 있는 상황이었다. 그러할지라도 나는 성령님의 감동에 따라 투자한 부분들을 생각하지 않았다. 투자한 부분들을 과감하게 포기하였을 때에 하나님은 인생을 아름답고 복되게 하심으로 포기가 헛되지 않음을 보여주셨다.

포기했을 때에 인생이 아름답도록 형통케 하셨다

성령님의 감동에 순종하여 포기한 결과는 헛되지 않도록 나를 아름답고도 존귀한 인생으로 우뚝 세워주셨다. 목회의 길을 늦게 출발했을 뿐 아니라 모든 면에 부족할지라도 교단 호남제주연합회 회장을 역임하였다. 이러한 자리에 오를 수 있었던 것은 능력이 있고 배경이 좋아서가 아니었다. 순전히 하나님의 은혜였다. 또한 성령님이 감동하셨을 때에 나의 소중한 것들을 포기했기 때문이었다. 아무리 많은 것들이 투자된 교회일지라도 아까워하지 않고 그곳을 포기하고 떠나왔다.

목회를 하다 보니 때로는 사명 때문에 자녀까지라도 포기해야 하는 일도 있었다. 성령님의 감동에 순종하여 포기했을 때 그 결과가 헛되지 않도록 자녀들에게 인생이 심히 아름답도록 보상해 주셨다. 이후 하나님의 은혜로 큰아들은 30대 초반에 유망 중소기업체의 최연소 총각 과장으로 근무하고 있다. 또한 둘째 아들은 자전거 대리점을 하는데 사회 경험도 부족하고 아직 어린 나이임에도 불구하고 지역에서 인정받는 건실한 업체로 자리를 굳혀가고 있다.

이처럼 자녀들이 형통한 가운데 그 인생들이 아름답게 될 수 있었던 것은 결정적인 순간에 욕심을 버렸기 때문이 아니었을까? 아들들의 모습을 보면서 하나님을 위한 포기와 희생은 결코 헛되지 않다는 것을 재삼 느끼고 있다.

교회를 위해서 자기 사업을 포기한 장로님 이야기

농촌 교회에서 시무할 때에 이웃 교회에 젖소농장을 경영하면서 임실치즈에 우유를 납품하는 장로님을 만났다. 젊어서부터 부부가 열심히 농장을 경영했지만 별 소득이 없자 도시로 나가 돈을 벌어야겠다는 계획을 갖고 기도하면서 기회를 찾고 있었다. 이때 도시에서 우유대리점을 운영하는 동생을 통하여 사업의 길이 열렸다.

이사를 며칠 앞둔 어느 날, 장로님이 성전에 앉아 기도하는데 자기가 떠나면 교회가 문을 닫을지도 모른다는 생각이 들었다고 한다. 그날 밤 장로님은 교회를 지키기 위해서 오래 전부터 꿈꾸던 사업을 취소하였다. 도시로 나가서 사업을 경영하여 돈을 벌 수 있는 기회와 여건을 포기해 버린 것이다. 계약한 것들을 다시 무르면서 손해를 보는 부분도 많았지만 교회를 살리기 위해서 사업을 포기하고 말았다. 하나님이 보시기에 얼마나 아름답고 성도들에게 귀감이 되는 모습인가?

꿈에도 그리던 사업, 그토록 소원하던 도시 생활을 할 수 있는 기회가 주어졌음에도 불구하고 교회를 위해서 모든 것을 포기했던 장로님은 어떻게 되었을까? 하나님은 교회를 위한 장로님의 포기와 결단이 헛되지 않도록 은혜를 베푸셨다.

이후에 임실치즈 조합장에 당선되었다. 장로님은 5년간을 판공비는 제외하고도 봉급만 500만 원씩 받는 복된 인생이 되었다. 이사들 가운데 고등학교 출신은 몇 명 되지 않고 거의 대학교 출신이었다. 장로님은 고등학교 학력자로 대학 출신인 이사들보다 학벌이 부족한 사람이었다. 그러할지라도 장로님이 문벌이 좋은 자들을 물리치고 조합장이 될 수 있었던 것은 하나님의 은혜로서 사업을 포기했던 대가로 주어진 축복이었다.

그곳에서 간증집회를 한 후에 장로님 부부로부터 들은 고백이 있다. 자기가 살고 있는 면에서 두 번째 가라면 서러울 정도로 부자가 되었다는 것이었다.

하나님은 장로님이 교회를 위하여 사업의 꿈을 포기했던 것이 결코 헛되지 않도록 존귀한 인생이 되게 하셨다. 장로로서의 사명을 감당하기 위해 사업의 꿈을 포기했을 때에 주변에서 칭송받는 축복의 주인공으로 우뚝 세워 주셨다. 농촌 교회 장로님처럼 교회와 사명 감당을 위하여 포기할 수만 있다면 축복의 주인공이 되도록 은혜를 베푸시리라.

포기를 통해 축복의 사건을 체험한 성경 속 인물들

성경을 보면 양보와 포기를 통해서 축복의 사건을 경험한 사람들이 있는데, 그 가운데 몇 사람만 소개하고자 한다.

■ 아브라함

아브라함은 하나님의 말씀에 따라 본토, 친척, 아비 집을 포기하는 일에 과감하였다. 또한 하나님의 요구 앞에 100세에 낳은 독자까지도 포기하였다. 이는 장차 하늘의 별과 같고 바닷가의 모래와 같은 수많은 자손들을 통하여 큰 민족을 이루는 일을 포기하는 것과도 같았다. 이러한 일들을 생각하면 아브라함은 정말로 대단한 사람이었다.

성경을 보면 아브라함이 포기한 사건이 또 나온다. 그가 하란을 떠나올 때 롯도 함께 따라 나왔다. 해가 거듭하면서 가병 318명을 거느릴 정도로 번성하였고 롯 역시 부자가 되었다. 더 이상 함께 머물 수가 없어서 갈라서야만 했다. 그때 아브라함은 자신이 먼저 좋은 곳을 선택할 수 있는 권리가 있었다. 그런데도 선택권을 조카 롯에게 양보하였다.

조카 롯이 먼저 좋은 땅을 선택하려 할지라도 아브라함이 롯을 밀쳐내고 자신이 좋은 땅을 차지해야 순서적으로 옳은 일이었다. 그렇게 할지라도 아브라함에게 잘못했다며 돌을 던질 사람은 아무도 없다. 또한 롯이 역시 따지며 대들 수 없는 처지였다. 그럼에도 아브라함은 모든 것을 포기하고 롯에게 좋은 땅을 내어주었다. 아름답고 비옥한 좋은 땅을 내 것으로 만들 수 있는 여건이 얼마든지 조성되어 있었음에도 불구하고 아브라함은 좋은 땅을 포기하였다. 그 결국은 어떻게 되었을까?

롯이 떠난 후에 하나님이 아브라함에게 나타나셨다. 그리고 이렇게 말씀하셨다.

> 너는 눈을 들어 너 있는 곳에서 북쪽과 남쪽 그리고 동쪽과 서쪽을 바라보라 보이는 땅을 내가 너와 네 자손에게 주리니 영원히 이르리라 내가 네 자손이 땅의 티끌 같게 하리니 사람이 땅의 티끌을 능히 셀 수 있을진대 네 자손도 세리라 너는 일어나 그 땅을 종과 횡으로 두루 다녀 보라 내가 그것을 네게 주리라(창 13:14-17).

어떠한 이권 앞에서 욕심을 부리거나 자신의 실력을 행사하지 않고 양보와 포기의 삶을 살았던 아브라함에게 하나님이 복을 주시니 열국의 아비가 되었고, 믿음의 조상이 되는 축복의 주인공이 되었다.

■ 이삭

아브라함의 아들인 이삭 역시 아버지처럼 양보의 삶을 살았던 사람이다. 가나안에 흉년이 들자 이삭도 그랄 땅으로 가서 농사를 지은 적이 있었다. 이삭은 하나님의 은혜와 축복으로 말미암아 성공을 통하여 창대하고 왕성케 되어 마침내 거부가 되었다.

목축업을 경영하는 자들에게 물은 사업의 생명과도 같은 것이었다. 그런데 이삭은 우물을 파는 곳마다 물이 철철 넘쳐나는 은혜를 누렸다. 그런 반면 블레셋 왕 아비멜렉의 목장에는 물이 귀했다. 목축업에는 물이 절대적으로 필요하기 때문에 아비멜렉의 목자들은 이삭의 우물을 엿볼 수밖에 없었다. 텃세라고 할까? 아비멜렉의 목자들이 들이닥쳐 이삭의 목자들이 판 우물을 자기들의 것이라고 우겨대면서 시비를 걸었다. 아비멜렉의 목자들은 이삭의 우물을 빼앗아 가기도 하고 때로는 우물을 메워 버리기도 하였다. 그러할 때마다 이삭과 그 목자들은 싸우거나 다투지 아니하였다. 땀 흘려 힘들게 판 우물일지라도 빼앗아 가면 빼앗기고 자기 것이라고 주장하면 주어버렸다. 억울할지라도 절대로 맞서 싸우지 않았다.

하나님은 포기와 양보의 삶을 살았던 이삭에게 어떻게 보상하셨을까? 이삭이 우물을 파는 곳마다 물이 터져나왔다. 해가 거듭할수록 사업도 창대케 되었다. 또한 이삭을 아무도 해하지 못하였다. 그동안 우물을 빼앗고 괴롭히던 블레셋 왕이 군대장관을 대동하고 이삭을 찾아와 먼저 손을 내밀며 화친을 청하였다. 이제는 이삭의 위상이 대단해졌다. 늘 양보하며 포기만 했던 이삭이 결국에는 승자가 된 셈이었다.

■ 요셉

포기를 통해서 축복의 사건을 경험했던 사람들을 말한다면 이삭의 손자인 요셉을 그냥 지나칠 수가 없다. 요셉은 아버지에게는 사랑을 받았지만 형들에게는 미움을 받았다. 결국 요셉은 소년시절에 형들로 인하여 노예로 팔리게 되는 비극을 겪는데 애굽의 시위대장인 보디발의 집에서 종살이를 하게 되었다.

요셉이 지혜롭고 성실하기도 했지만 하나님이 은혜를 베푸시니 모든 종들과 살림을 관장하는 총무가 되었다. 요셉이 종으로 팔려 노예가 된 것은 불행한 일이었지만 총무가 되었다는 것은 축복의 사건이자 다행스러운 일이었다. 하나님이 요셉과 함께하시니 주인에게 신임과 함께 귀중히 여김을 받게 되었다.

당시의 총무는 노예의 신분으로서 최고의 자리였다. 그럼에도 요셉은 믿음의 정절을 지키기 위해서 유혹을 뿌리치고 도망쳐 버렸다. 노예의 신분으로 최고의 위치인 총무 자리를 과감히 포기해 버렸다. 결국에는 누명을 쓰고 감옥에 갇히는 신세가 되고 말았다. 그러나 요셉의 생애는 감옥에서 죄수의 모습으로 끝나지 않았다.

그 일로 인하여 애굽의 국무총리 자리에 오르는 영광스러운 축복의 주인공이 되었다. 생각해 보건대, 요셉이 왕의 자리에 버금가는 총리가 될 수 있었던 것은 믿음을 지키려는 마음으로 총무 자리를 과감히 포기해 버렸기 때문이 아니었을까?

■모세

성경을 보면 요셉의 사건에 이어 소개되는 역사적인 인물이 있다. 그가 바로 모세인데 태어나자마자 얼마 되지 않아 남아살해정책으로 인하여 나일 강변에 버려지고 말았다. 하나님이 모세와 함께하시니 바로의 공주의 아들이 되어 궁에서 안전하게 호의호식하면서 성장하게 된다. 장성한 후에는 살인사건으로 인하여 미디안 광야에 머무르게 되었다. 모세는 바로의 아들이라 칭함 받기를 거절하였다. 모세는 하나님의 백성들과 함께 고난 받기 위하여 세상의 권세와 애굽의 모든 보화를 포기해 버렸다.

모세는 미디안 광야에서 40년 동안 훈련의 과정을 거친 후에 이스라엘을 해방시키는 민족의 지도자로 쓰임을 받았다. 공주의 아들이라는 칭함을 거절하고 권좌를 포기했던 모세를 하나님이 어떻게 하셨을까? 이스라엘 역사상 위대한 민족의 영도자가 되었다. 모세를 생각해 보건대 하나님은 우리로 하여금 억지로라도 포기할 수밖에 없는 상황을 만들기도 하시고, 포기하면 더욱 보배로운 인생이 되도록 은혜를 베푸시는 참으로 좋으신 분이었다.

■ 이방 여인 룻

구약의 인물 가운데 자신의 모든 것을 포기함으로 축복의 주인공이 된 여인이 있다. 룻은 나오미의 둘째 며느리로서 청상과부가 된 가련한 여인이었다. 아직 젊음이 있기에 마음만 바꾸면 팔자를 고칠 수도 있는 여인이었다. 그럼에도 룻은 시모를 봉양하기 위해서 자신의 청춘과 행복을 포기해 버렸다. 시어머니가 인생을 실패한 후에 고국으로 돌아가려 할 때에 며느리들에게 "너희도 고향으로 돌아가라"며 강권하였다. 이 말은 좋은 사람을 만나서 인생을 다시 시작하라는 의미와도 같았다.

이때 큰며느리는 시어머니의 말이 떨어지자마자 그 즉시로 떠나버렸다. 자신의 행복을 선택한 것이다. 이는 자신의 미래를 위한 선택으로서 인간적인 면으로 볼 때에 어쩌면 지혜로운 결단이라 할 수 있다. 그러나 둘째 며느리인 룻은 그렇지 않았다. 큰며느리와 반대되는 행동을 보였다. 큰며느리는 자신의 행복을 위해서 시어머니를 포기했으나 룻은 시어머니를 모시기 위해서 자신의 모든 것들을 포기하였다. 행복을 누릴 수 있는 젊음도 포기하고 고국과 부모형제들까지도 모두 포기해버렸다. 부모를 위한 사랑과 희생의 마음이 아니고서는 절대로 결단할 수 없는 일이었다. 시모를 위해서 자신의 모든 것을 포기했던 룻의 결말은 과연 어떻게 되었을까?

룻은 당대 유력한 보아스를 만나 가정을 이루어 아들(오벳)을 낳는 행복한 여인이 되었다. 어디 그뿐인가? 다윗의 증조모가 되어 예수님 족보에 오르는 축복의 여인이 되기도 하였다. 이방 땅에서 가련하게 된 인생 실패자 시모를 위해서 자신의 모든 것을 포기했던 룻의 결단이 헛되지 않았다. 룻의 생애를 보면서 포기하는 일이야말로 아름다운 결과를 볼 수 있다는 것을 재삼 느끼게 된다.

■ 사도 바울

사도 바울 역시, 예수님을 얻기 위하여 자신이 가진 모든 것들을 버리고 포기한 자로서 성도들에게 귀감이 되는 인물이다. 당시 바울에게는 모든 사람들이 부러워하는 최고 학문과 권세가 있었다. 거기에다가 많은 사람들이 갖고 싶어 했던 로마 시민권까지도 소지하고 있었으니 얼마나 대단한 사람이었겠는가? 바울은 정치적인 배경도 좋았지만 가문도 좋았고 많은 사람들이 인정할 정도로 그 실력도 대단하였다.

그렇지만 바울은 이 모든 것들을 배설물로 여기며 포기해 버렸다. 이는 아무나 할 수 없는 결단으로서 성도들에게 귀감이 되는 일이었다. 그리스도를 얻기 위해서 모든 것에 대한 포기를 선택했던 바울의 결단은 결코 헛되지 않았다. 주변 사람들의 눈에 보이도록 목회 현장에서 기적의 역사와 희한한 능력들이 나타나 보였다.

사도 바울이 예수님 다음으로 존경받고 찬사를 받은 인물로서 기독교 역사상 찬란한 금자탑을 쌓을 수 있었던 비결이 무엇이었을까? 생각해 보건대 그가 위대한 사도로 존경을 받을 수 있었던 것은 많은 사람들이 그토록 소중히 여겼던 로마 시민권을 비롯한 자신의 모든 것을 과감히 포기했기 때문이었다. 우리도 예수님처럼, 바울처럼 포기의 삶을 살 수만 있다면 우리의 남은 생애를 통하여 아름다운 결과를 보게 되리라 확신한다.

양보와 포기를 통해서 성공한 사람

이 글을 읽는 이들이 양보와 포기의 삶을 통하여 성공한 사람, 아름다운 축복의 주인공이 되기를 바라는 마음으로 한 예화를 소개하려 한다. 일본의 미우라 아야코를 모르는 사람이 없을 것이다. 남편은 직장생활을 하고 미우라 아야코는 가게를 하는데 장사가 얼마나 잘 되는지 물건을 트럭으로 가져올 정도였다. 어느 날인가, 남편이 퇴근하면서 충격적인 사실을 목격하였다. 자기 가게는 손님으로 북적거리는데 다른 가게들이 하나둘 문을 닫고 있는 것이었다. 이러한 사실을 아내에게 말하면서 손님을 다른 가게로 보내주자고 하였다.

그다음 날부터 미우라 아야코는 일부러 물건을 가져오지 않았다. 그리고 손님들이 오면 물건이 없다면서 이웃 가게들로 보내 주었다. 미우라 아야코는 돈 버는 것을 포기하였다. 그러다 보니 이제는 다른 가게들이 바빠지고 미우라 아야코가 한가해졌다. 이제는 시간이 많아져 독서를 하면서 글을 쓰기 시작하였다. 그 글을 신춘문예에 응모하여 당선이 되었는데 그 책이 바로 미우라 아야코의 유명한 《빙점》이다.

그 책이 베스트셀러가 되어 장사할 때 번 돈보다 더 큰 돈을 벌었다는 실화이다. 미우라 아야코는 《빙점》이라는 책을 통해서 세계적으로 유명한 여류작가가 되는 큰 축복을 누렸다. 이는 양보와 포기가 낳은 결과였다.

포기의 본을 보이신 예수님

예수님은 어떠한 분이신가? 바울이 말한 대로 하나님과 그 권세와 능력과 위치가 동등하신 분이다. 그러나 예수님은 하나님의 결단 앞에 마음을 비우고 하늘 영광의 보좌를 버리셨다. 하나님의 뜻을 이루기 위하여 자신의 권좌를 포기하고 육신의 모양으로 이 땅에 오셨다. 예수님의 이러한 결단이 어디서 비롯되었을까?

겸손하고 온유하신 그 성품이 예수님으로 하여금 아버지의 뜻에 순종하여 하늘의 영광 보좌를 포기하게 한 것이다. 죄인들을 위하여 자신의 생명을 포기하신 예수님은 결국 십자가에 달려 죽으셨다. 평소에 말씀하신 대로 한 알의 밀알이 되어 희생하신 것이다. 첫 번째로 하늘 영광 보좌를 포기하고 다음에는 자신의 생명을 포기한 예수님을 하나님께서 어떻게 하셨을까? 사망권세 마귀권세 박살내고 부활케 하사 예수님으로 하여금 승리케 하셨다.

지금까지 소개한 사건들을 살펴보았을 때 공통적인 면들이 있었다. 누구나 공감하는 일이지만 상대에게 양보하고 포기하는 것은 희생이 따르는 일로서 당장에는 손해를 보는 일이다. 또한 바보짓과도 같다. 그러나 종국에는 아름다운 축복의 결과를 가져온다는 것을 보여준 사례가 얼마나 많은가?

인생을 살면서 양보하거나 포기할 수밖에 없는 상황에 처했을 때 내 것을 다른 사람에게 넘겨주고 포기하는 것은 극히 어려운 일이다. 그러나 예수님의 교훈에 따라 마음을 비우고 양보와 포기만 할 수 있다면 그 결단이 헛되지 않도록 하나님이 축복의 사건을 예비하시리라 확신한다.

우리는 모두 예수님의 삶을 본받아 인생을 사는 동안에 포기와 양보의 삶을 살아야 한다. 지금 당장 나에게 엄청난 손해가 따를지라도 또한 희생이 요구될지라도 포기와 양보의 삶을 실천할 수 있어야 한다. 그러할 때 주변사람들이 칭송하며 부러워할 정도로 보상하시되 경사스런 사건들을 경험케 하시리라. 양보와 포기야말로 축복의 사건을 경험케 하는 디딤돌이라는 사실을 늘 기억하기를….

10

용서는 상대가 아닌 나를 위한 일이다

 어느 날인가 말씀을 묵상하고 있는데 문득 이러한 질문이 뇌리에 스쳤다.

'믿는 자들에게 가장 어려운 일이 있다면 무엇일까?'

질문의 답을 찾으려는 마음에 이런 생각이 들었다.

'하루의 일과가 얼마나 할 일이 많고 분주한지 기도의 생활이 참으로 어려운 일이다. 전도를 하고는 싶은데 성령의 체험이 없으니 전도하기도 참으로 어려운 일이다. 믿음이 없이는 교회 일에 헌신하기도 어렵고…. 십일조를 드리기도 참으로 어려운 일이다. 세속적인 사람, 육신적인 사람으로 살다 보니 하나님의 말씀인 성경을 읽는 일이 정말로 힘들고 어려운 일이다. 예수 믿은 지는 수십 년이 되었어도 수준이 아직 어린아이의 신앙이니 감사의 생활도 어려운 일이다.'

그러나 이런 일들보다 훨씬 더 실천하기가 힘들고 어려운 일이 있다. 그것은 바로 형제의 허물을 용서해 주는 일이다. 용서하는 일은 주님의 명령으로서 반드시 실천해야 하는 일인데도 잘 되지 않는다. 나에게 고통을 주고 큰 상처를 주었던 원수 같은 사람들을 용서해 주는 일이야말로 힘들고 어렵다는 것을 체험한 이야기를 하려 한다.

용서, 말로는 쉬우나 실제적으로는 어려운 일

예수님을 닮아 살려는 목사라도 원수를 용서하기란 정말로 힘들고 어려운 일이다. 예수님의 말씀을 되새기면서 상대편에게 받은 상처를 잊으려고 몸부림도 쳐보았다. 그러나 내게 치명적인 상처를 주었던 원수 같은 자들을 잊기란 극히 어려운 일이다. 누구나 경험하는 일이지만 나를 애매히 헐뜯고 비난하며 중상모략한 자들을 용서해 주는 일이란 참으로 힘들고 어려운 일이다. 기도할 때나 말로는 쉬우나 실제적으로는 거의 불가능한 일이라고 해도 과언이 아니다.

내 경험에 의하면 나를 괴롭히며 고통을 준 원수 같은 자들이 생각날 때면 얼굴이 후끈거리면서 혈압이 오르기도 하고 눈에 보이는 것이 없었다. 나에게 엄청난 피해를 주고 꿈에서도 잊지 못할 아픔이나 몸서리를 칠 정도로 수치와 모욕적인 일로 치명타를 준 자가 천사의 가면을 쓰고 위선적인 모습으로 다가왔을 때에 악몽 같은 일들이 되살아나 복수심을 불러일으키기도 하였다. 아무리 심성이 비단결 같고 천사 같은 마음을 지닌 자일지라도 예외가 아닐 것이다.

복수심은 누구나 가지는 공통적인 마음

대부분의 많은 사람들은 기도를 드리는 가운데 예수님의 말씀을 따라 용서했다가도 원수들을 만나게 되면 자신도 모르게 얼굴이 붉어진다. 그러면서 분노가 치밀면서 당한 만큼 갚아줘야겠다는 복수심이 생기기도 한다. 이와 같은 마음은 인간이라면 누구나 모두 다 가질 수 있는 공통적인 마음이다. 나 같은 경우도 사람인지라 내게 고통을 주고 치명적인 상처를 준 사람들이 잊혀지지 않고 문득문득 생각날 때가 있었다.

강단에서 설교할 때, 하나님의 말씀을 들을 때나 기도를 드릴 때에는 용서가 되는데 막상 당했던 상처나 나를 괴롭히고 막대한 손해를 끼쳤던 자들을 만나게 되면 과거의 쓴 기억들이 되살아나 도저히 용서할 수 없는 마음이 나 자신도 모르게 솟구쳐 오르기도 하였다. 그뿐만 아니라 기회가 주어진다면 내가 받은 만큼, 아니 그 이상으로 누르고 흔들어서 되돌려 주리라는 마음을 갖기도 하였다. 아직 성숙되지 못하고 말씀보다도 감정이 앞서는 사람인지라 어쩔 수가 없는 것 같았다.

나에게 고통을 주고 손해를 끼친 원수 같은 자들이 회개는커녕 오히려 비난하며 모함을 일삼는 모습들을 보일 때면 하나님께 맡겼던 원수 갚는 것을 취소하고 똑같은 방법으로 복수해야 되겠다는 마음을 갖기도 하였다. 이러한 마음은 사람이라면 누구나 다 지닐 수 있는 마음이다. 누군가로부터 받은 상처와 고통을 잊어버렸다가도, 또는 원수를 용서했다가도 그들의 못된 행실을 보는 순간 지난날 겪었던 수모와 아픔이 되살아나면서 마음이 괴롭고 고통스러운 것은 사실이다. 아무리 믿음이 좋고 기도하는 사람일지라도 무자비한 방법으로 나에게 고통을 주고 평생 잊을 수 없는 상처를 입힌 사람을 대면할 때 아무렇지 않은 모습으로 대하기가 참으로 어려운 일이다.

코리 텐 붐 부흥사 이야기

세계적으로 유명한 네덜란드의 코리 텐 붐이라는 여자 부흥사 이야기이다. 그가 처녀 때 제2차 세계 대전이 일어났는데 유대인을 숨겨 주었다는 이유로 온 가족이 나치 수용소에 끌려가서 온갖 수모와 고통을 당하였다. 심한 고문으로 부모와 가족들이 모두 죽었다. 자기 혼자만 구사일생으로 살아남아 고국에 돌아와 신학공부를 마치고 부흥사로 활동하게 되었다.

그러던 중 독일에 가서 집회를 인도하게 되었다. 설교를 마치고 교인들과 악수를 하는데 포로로 잡혀 있을 때 처녀인 자기 옷을 발가벗기고 인간 이하의 취급을 했던 병사의 얼굴이 눈에 띄었다. 당시 자기에게 매질도 하고 고통을 주었던 병사가 예수 믿고 변화되어 밝은 미소를 띤 모습으로 악수를 하려고 기다리고 있었다.

순간 코리 텐 붐의 생각 속에 지난날 그 병사에게 당했던 치욕적인 일들이 떠오르면서 그 몸이 얼음장처럼 굳어져 버렸다. 지난날 쓴 기억들과 악몽들이 되살아나 몸이 움직여지지 않았다. 얼마 전까지 강단에서 예수사랑과 용서를 외쳤지만 자기를 짐승 취급하며 고문했던 그의 얼굴을 보는 순간에 과거의 쓴 기억들이 되살아나 너무나 고통스러웠다. 지난날의 치욕적인 상처가 막힌 담이 되어 그에게 손을 내밀 수가 없었다. 많은 성도들에게 예수님의 사랑을 실천하여 원수를 용서하자고 외쳤지만 코리 텐 붐도 사람인지라 자기를 고문했던 당시 그 병사를 바라보는 순간 그 입에서 이런 고백이 나왔다.

"주님, 저는 이 사람을 도저히 용서할 수 없습니다. 주님, 저를 도와주옵소서."

그때였다. 성령께서 이렇게 감동하셨다.

"내가 너를 용서함같이 너도 원수를 용서하라."

코리 텐 붐은 성령의 감동에 순종하여 자기에게 고통과 함께 치욕적인 상처를 주었던 그 형사의 손을 잡았다. 그 순간 마음에서 고통과 아픔이 사라지고 평안이 회복되었다. 잠시 동안 아프고 쓰렸던 코리 텐 붐의 마음에 참된 평화가 임하고 굳어졌던 몸도 회복이 되었다.

회사 공금을 횡령한 간부를 용서케 하신 주님

사업을 할 때의 일이었다. 간부직원이 공금을 횡령하였는데 적은 금액이 아니었다. 해변지역의 해태공장 건축비를 몽땅 송두리째 도박판에서 날려 버렸다. 당시 상당히 큰 액수인지라 사업상 경제적으로 타격을 준 것만은 사실이었다. 이는 법적으로 공금횡령죄에 해당한 일로서 구속을 시켜야 할 상황이었다. 간부들은 이구동성으로 일벌백계의 차원에서 법적인 조치를 취해야 한다며 고소를 주장하였다.

최고 책임자로서 이 일을 곰곰이 생각하는 마음에 하나님이 말씀으로 응답해 주셨다.

> 서로 친절하게 하며 불쌍히 여기며 서로 용서하기를 하나님이 그리스도 안에서 너희를 용서하심과 같이 하라(엡 4:32).

아침마다 예배드리는 기업체로서 예수님을 주인으로 인정한다면 그 가르침을 따라야 한다고 생각하였다. 결국 공금을 횡령한 직원을 용서해야 한다는 결론을 내렸다. 경제적으로 회사에 엄청난 손해를 끼쳤지만 주님께서 내 죄를 용서해 주심같이 나도 그 직원을 용서하였다. 법적인 조치는 고사하고 해고도 하지 않았다. 그 위치에서 여전히 근무하도록 배려해 주었다. 이는 하나님께 용서받은 자로서 당연한 것이라고 생각했기 때문이었다. 하나님이 내 죄와 허물을 용서하심같이 나도 그 직원을 용서하였다.

이후 그동안 마음에 쌓였던 고민거리가 해결되었다. 용서하는 순간 배신감과 함께 마음을 억눌렀던 분통도 사라지고 처벌 문제로 인한 번뇌스런 마음도 평온해졌다. 상대를 용서하는 일은 결국 나를 위한 일이라는 것을 체험하였다. 주님의 말씀에 순종하여 용서하는 삶을 실천할 수만 있다면 마음의 평화를 누리는 은혜의 삶을 살게 되리라 확신한다.

회사를 도산시킨 자들을 용서케 하신 주님

하나님과의 서원을 이행하기 위해 농촌 교회에 전도사로 부임한 후, 온전한 목회 사역을 위해서 대표이사직을 사임하였다. 사장 자리에서 물러난 지 1년 정도 지난 무렵이었다. 사업기반이 튼튼하고 재무구조가 건실했던 회사가 경영진들의 사리사욕으로 인한 계획적인 부도로 도산되어 버렸다. 믿었던 사람들의 욕심과 배신으로 인하여 하루아침에 회사는 물론 모든 부동산까지도 경매 처분을 당해야 할 상황까지 이르렀다.

가족들은 살고 있는 주택까지도 내어주고 사무실에서 생활을 해야 하는 암담하고도 비극적인 상황 속에서 처참한 삶을 살아야만 했다. 이는 회사를 책임지고 운영하겠다는 회장을 위시한 사장과 이사진들이 모두 자기들의 욕심만 채운 결과였다.

야밤에 십자가 밑에 나아가 무릎을 꿇었다. 주님께서 상한 마음을 위로하시며 일만 달란트의 빚을 탕감받은 종의 모습을 생각나게 하셨다. 이어서 이러한 깨달음을 주셨다.

'주님이 나의 죄를 용서하심같이 나도 그들에게 책임을 묻지 않고 다 용서해야 하리라.'

용서를 실천했을 때에 체험한 은혜

그 일로부터 며칠이 지난 어느 날이었다. 회사를 도산시킨 것은 사람들이 저지른 일들이 아니었음을 깨우쳐 주셨다. 형제들이나 직원들은 하나의 도구로 사용되었을 뿐이었다. 회사가 파산된 것은 사업을 배경으로 삼지 말고 오직 하나님만을 의존하라는 의미로 깨달아졌다. 다음에는 '사리사욕에 눈이 어두워 회사를 도산시키고 나를 궁지에 몰아넣은 자들을 용서하라'며 감동하셨다.

성령의 감동하심에 따라 회사를 도산시킨 자들을 용서하였다. 그뿐만 아니라 내게 엄청난 손해를 끼친 자들을 위해서 복을 빌었더니 마음에 평강이 찾아왔다. 부도사건 이후에 부글부글 끓던 마음이 진정되니 마음도 평화로워졌다. 그동안 두통과 복통으로 시달렸는데 용서의 마음을 먹은 후부터 피부로 느낄 정도로 건강이 좋아져 갔다. 용서는 마음의 평안과 몸의 건강을 회복시키는 비결임을 재삼 체험하였다.

고통과 치욕적인 상처를 준 선배를 용서하다

두 번째 농촌 교회에 부임하였다. 시간이 지나면서 교회 안에 이상한 기류가 흐르고 있음이 피부로 느껴졌다. 교인들 간에도 이상한 유언비어가 나돌고 있었다. 집사들의 목사에 대한 불신의 농도가 시간이 흐를수록 더 짙어져만 갔다. 외부 누군가의 조종을 받아 거기에 장단을 맞추어 목사를 계속해서 중상모략을 하니 정말로 가슴 아픈 일이었다. 누군가가 계속해서 교회 안팎으로 불신과 비난의 소리를 퍼뜨리며 고통스럽게 하였다. 사실무근인 말로 중상하며 나를 사지로 내몰고 있었다. 이 일로 인하여 나는 밤마다 십자가 밑에 나아가 주님께 형편과 사정을 아뢰었다.

복수의 마음과 용서의 마음

누군가가 나를 곤경에 빠뜨릴 목적으로 계속해서 악평을 하고 있었다. 하루하루를 어떻게 보냈는지 모를 정도로 애절하고도 곤혹스러운 삶을 살았다. 그러던 어느 날이었다. 상대를 공격할 수 있는 무기가 생겼다. 상대로부터 당하기만 하는 내가 너무 가련했던지 상대와 맞서 싸울 수 있는 강력한 무기를 손에 쥐어주었다.

그때 사탄이 나에게 접근하였다. 그리고 "군대에서 사병의 신분으로 소대장과 중대장을 꺾은 기질과 사업할 때에 건달과 대치했던 담력으로 배후에서 조종하며 괴롭히는 자들과 맞서 싸우라"며 속삭였다. 사탄은 이어서 "상대와 맞설 수 있는 강력한 무기도 있을 뿐 아니라 상대방의 입을 함구시킬 수 있는 증거도 있고 증인들도 있지 않느냐"며 계속해서 충동질하였다.

사람인지라 사탄이 속삭이는 말에 귀가 솔깃하였다. 그동안 당했던 치욕적인 일들이 생각나면서 상대에게 받은 모욕과 고통을 되돌려주어야겠다는 생각이 마음 구석에서 움트고 있었다.

그 순간 성령님은 복수의 칼을 갈고 있는 나를 그대로 방치하지 않으셨다. 아무리 억울해도 반드시 예수님처럼 살라고 감동하시며 마음을 위로해 주셨다. 나는 그 감동을 거역할 수가 없었다. 그래서 예수님의 방법을 선택하였다. 나는 예수님의 뜻을 따라 나에게 고통을 주어 사지로 내몰았던 자들과 다투거나 싸우지 않았다. 지금 당장이라도 달려와 내 앞에 무릎을 꿇게 할 수 있는 무기가 있었지만 그 무기를 사용하지 않았다. 상대를 단번에 처치할 수 있는 힘이 있었음에도 보복하지 않았다. 나는 성령님의 감동하심을 따라 사탄의 방법인 보복을 내던져 버리고 예수님의 용서의 방법을 선택하였다.

선한 방법으로 상대편을 이기게 하신 주님

날만 새면 외부로부터 비난의 소리가 들려왔다. 이 일로 인하여 교회의 분위기는 늘 어수선했고 교인들의 마음은 편할 날이 없었다. 교회의 평안과 안정된 분위기를 원하는 집사들이 선배목사에게 연락을 하였다. "우리 목사님이 목사님(선배목사)에 대한 모든 일들을 다 알았습니다"라는 내용의 전화였다.

이 전화 한 통에 그 동안 나에게 치욕적인 상처를 주며 날마다 고통스럽게 했던 선배가 쏜살같이 달려왔다. 자정이 가까웠는데도 선배목사는 내게 찾아와 변명과 함께 사과를 하였다. 나도 사람인지라 지난날의 일들이 생각 나면서 잠재된 인간적인 기질과 육신적인 감정이 꿈틀거렸다. 그 순간이었다. 성령님은 내 마음을 통제하셨다. 그리고 말씀을 기억하게 하셨다. 자주 듣기도 하고 전하기도 한 말씀이지만 상황이 상황이니만큼 그날은 이 말씀이 마음에 새롭게 와 닿았다.

> 서로 친절하게 하며 불쌍히 여기며 서로 용서하기를 하나님이 그리스도 안에서 너희를 용서하심과 같이 하라(엡 4:32).

성령님은 언제나 결정적인 순간에 개입하셔서 하나님께서 기뻐하시는 편으로 결단케 하셨다. 나는 성령님의 감동과 말씀의 교훈을 따라 보복의 기회가 주어졌음에도 용서하였다. 예수님이 나의 모든 죄를 용서해 주셨던 것처럼 나도 선배목사와 관련된 자들을 용서해 주었다. 그동안 받은 고통과 치욕을 몽땅 누르고 흔들어 넘치도록 해서 되돌려 줄 수 있는 기회가 주어졌음에도 보복하지 않았다. 아픔과 상처를 가슴에 품은 채로 용서하였다. 그 증표로 나는 선배의 손을 잡으며 내 심정을 토하였다.

"선배님의 어려움을 제 어려움으로 알고 선배님의 신상에 어떤 일이 생겼을 때 제가 변호하겠습니다."

그날 밤 마음은 그 어느 때보다도 평화로웠고 심령에는 희락이 넘쳤다. 하나님을 향하여 내 영혼은 기뻐 춤을 추었고 입가에서는 감사가 흘러넘쳤다. 이는 용서의 마음을 가진 자만이 느껴볼 수 있는 쾌감일 것이다.

선배와 장로들이 합세하여 내쫓다

선배목사의 문제가 해결되니 교회는 평온하고 목회는 평안하였다. 거기에다 전도의 열매가 맺혀 주일마다 새로운 신자들이 찾아오니 숫자적으로도 눈에 보이게 부흥이 되어 갔다. 교단 신문과 〈국민일보〉에 소개가 될 정도로 교회가 부흥되니 교회를 욕심내는 자가 있었다. 거기에다가 재력 있는 지역의 사업가들이 모여들어 앞장서서 헌신을 하니 장로들이 위축이 되어 언젠가는 주객이 전도될 것이라는 생각을 하였다. 장로들은 교회에서 자신들의 위치를 지키려는 방안으로 담임목사인 나를 내치기로 결안을 하였다.

이 일에 사탄이 개입되니 선배목사와 장로들이 결탁되어 사임을 요구해 왔다. 선배목사는 자신의 위치와 정치력을 이용하여 대외적으로 꼼짝을 못하게 하였고 장로들은 대내적으로 집사들을 포섭하여 두 손을 들 수밖에 없는 상황을 만들어 버렸다. 선배목사는 자신이 부임해 올 목적으로 수단과 방법을 가리지 않았다. 참으로 애석한 일이 아닐 수 없었다.

장로들은 다른 목사와 교환도 허락하지 않고 두 주 안에 무조건 나가달라며 사임을 요구하였다. 더 기가 막힌 것은 이사 비용은 물론 1원짜리 하나도 줄 수 없다는 것이었다. 장로들과 선배목사는 자신들의 작전을 이루기 위하여 매몰차게 내몰았다. 그래도 나는 성령의 감동하심에 따라 다투거나 싸우지 않고 사임하였다. 당장 오갈 곳이 없는 상황이었기에 시내에다 개척을 시작하였다.

복수심을 불러일으킨 사연들

개척 후 첫 주일이었다. 권사님 두 분을 비롯하여 30여 명 가까이 개척에 합류하였다. 이후 장로들은 교인들의 유동을 막기 위하여 사실무근의 소리로 나를 비방하기 시작하였다. 장로들의 비인간적인 처사에 환멸을 느낀 교인들이 계속해서 찾아오니 개척 3개월이 되면서 50-60명의 성도들이 모였다. 장로들과 선배목사는 내가 이 지역에서 떠나야 교인들이 다시금 돌아온다는 계산 아래 더 악랄한 방법으로 고통스럽게 하였다.

더 기가 막힌 것은 내가 그곳에서 여자관계로 떠났다는 말을 퍼뜨리기도 하였다. 교회에서 싸우지 않으려고 조용하게 물러섰는데도 계속적으로 괴롭히며 개척을 방해하였다. 번민으로 인하여 잠을 이루지 못할 때가 많았고 때로는 두통에 시달리기도 했다. 아내는 허리가 아파 양말을 신지 못할 정도로 고생하였다. 아내를 볼 때면 애처로워 가슴이 미어지는 듯하였다. 집사님 아들의 원룸에서 함께 지내던 둘째가 쫓겨나 짐 보따리를 들고 왔다.

나도 사람인지라 참고 견디는 것도 한계가 있었다. 하나님의 말씀과 예수님의 교훈을 우선 유보시키고 선배목사와 장로들이 행하였던 같은 방법으로 대응하기로 결심하였다. 장로들과 선배목사의 그칠 줄 모르는 터무니없는 비방과 염장을 지르는 모욕적인 행위는 나로 하여금 앙갚음이라는 마음을 갖게 하였다.

복수의 방법으로 장로들의 행위를 만방에 공개하다

그러던 중, 신춘문예 수기 부문에 당선이 되어 주간지인 〈크리스천 신문〉에 연재할 수 있는 기회가 주어졌다. 기회는 이때라 장로들의 불신앙적인 모습과 비인간적인 이야기를 공개하였다. 복수의 방법으로 장로들의 실명을 밝히면서까지 내가 당했던 사연들을 크리스천 신문을 통해서 전국교회에 전하였다.

나는 장로들이 글의 내용을 보고 고소하기를 바랐다. 내가 법정에 서고 명예훼손으로 형을 받더라도 선배목사와 장로들의 이름과 얼굴을 많은 사람들에게 알리고 싶었다. 저들에게 당했던 것이 너무 분하고 억울했기에 그런 마음을 갖게 되었고 복수의 방법으로 주간지인 〈크리스천 신문〉에 그들에게 당했던 사연들을 공개하였다.

용서에 대한 깨달음을 주신 성령님

그러던 어느 날 성령님이 깨달음을 주셨다. 지난날 고통스럽게 하고 경제적으로 손해를 끼쳤던 사람들을 용서하듯 장로들도 용서하라는 감동을 주셨다. 하나님은 사도 바울을 통해서 전해주신 말씀을 기억하게 하시면서 원수 갚는 것을 당신에게 맡기라는 것이었다.

> 내 사랑하는 자들아 너희가 친히 원수를 갚지 말고 하나님의 진노하심에 맡기라 기록되었으되 원수 갚는 것이 내게 있으니 내가 갚으리라고 주께서 말씀하시니라 네 원수가 주리거든 먹이고 목마르거든 마시게 하라 그리함으로 네가 숯불을 그 머리에 쌓아 놓으리라(롬 12:19-20).

나는 성령님의 감동에 순종하였다. 먼저 하나님 앞에 잘못을 시인하고 회개하였다. 매주 〈크리스천 신문〉에 연재하던 글을 중단하였다. 성도들에게는 설교시간을 통하여 '나를 시내로 나와서 개척하게 하신 것은 장로들이 아니고 하나님이시라며 장로들은 하나의 도구로 쓰임 받았을 뿐 아무런 잘못이 없으니 미워하지 말자'며 권면하였다. 또한 "쉼 없이 퍼뜨리는 비난과 유언비어들이나 방해하는 행동들은 우리로 하여금 더욱더 무릎을 꿇게 하므로 교회 부흥과 축복의 사건을 경험케 하려는 하나님의 작전입니다"라고 장로들을 용서하자는 메시지를 전하였다.

고통과 치명적인 상처를 준 장로들을 용서하다

나는 장로들을 용서해 주는 마음으로 식사 초대를 하였다. 내가 초대를 하면 거절할 수도 있기에 개척멤버였던 권사님들을 통해서 오시도록 하였다. 나는 화해의 의미로 선물까지 준비하여 약속 장소로 나갔다. 나에게 수치와 고통을 주었던 자들이었지만 그 일들을 잊고서 웃으며 대하였다. 그런데 장로들은 여전히 나를 이방인이나 원수같이 대하고 있었다. 이는 내가 이 지역에서 멀리 떠나야 교인들이 돌아올 수 있다는 계산을 하고 있음이 확연하게 엿보였다.

장로들은 계속해서 여전히 대응과 도전적인 자세를 보였다. 장로들의 적반하장은 나로 하여금 갈등을 느끼게 했고 안타깝게 느껴지기도 하였다. 정말로 분통터지는 일이었다. 순간 성령님은 장로들에 대하여 용서의 마음이 변치 않도록 말씀을 통하여 마음과 생각을 다스려 주셨다.

> 내 사랑하는 자들아 너희가 친히 원수를 갚지 말고 하나님의 진노하심에 맡기라 기록되었으되 원수 갚는 것이 내게 있으니 내가 갚으리라고 주께서 말씀하시니라(롬 12:19).

나는 주님의 말씀을 따라 진노하심은 하나님께 맡기고 장로들을 용서하였다. 장로들이 뉘우침은커녕 여전히 냉대하고 분통이 터지게 할지라도 관용의 마음으로 참고 견디었다. 성령님은 장로들을 용서하는 마음이 변질되지 않도록 내 곁을 떠나지 않고 계속 마음을 굳게 하셨다.

용서에 관한 말씀으로 무장시키신 성령님

장로들은 계속해서 모욕적인 행동을 보이기도 하고 매몰찬 모습으로 대하였다. 나를 대하는 장로들의 태도는 환멸을 느낄 정도로 어처구니가 없었다. 장로들의 태도는 참으로 애석하고도 황당한 일이 아닐 수 없었다. 저들이 아무리 기분을 상하게 하였을지라도 마음에 평안을 누릴 수 있었던 것은 주님의 가르치심대로 저들을 불쌍히 여기며 인자와 용서의 마음을 가졌기 때문이었다.

용서는 하나님께서 주신 귀한 선물로서 마음을 평안케 하는 비결이었다. 마귀는 장로들을 미워하며 원망하기를 바랐지만 성령님은 순간순간 하나님의 말씀을 상기시킴으로 끝까지 관용의 마음을 갖게 하셨다.

> 누가 누구에게 불만이 있거든 서로 용납하여 피차 용서하되 주께서 너희를 용서하신 것같이 너희도 그리하고 이 모든 것 위에 사랑을 더하라 이는 온전하게 매는 띠니라(골 3:13-14).

주님의 말씀대로 나에게 상처와 고통을 주었던 원수 같은 자들에게 먼저 손을 내밀었다. 예수님이 나에게 관용을 베푸심같이 나도 장로들을 초대하여 식사를 대접하고 선물까지 안겨주었다. 내게 평생 씻을 수 없는 치욕적인 상처를 남기고 고통스럽게 했던 자들을 용서하기란 극히 어려운 일이었다. 그러나 주님의 말씀과 성령님의 감동에 순종하여 장로들에게 관용을 베풀었다. 주님이 내 죄를 사해 주신 것처럼….

고통과 치명적인 상처를 준 자에게 먼저 손을 내밀다

개척 이후 몇 개월이 지났다. 같은 지방회인지라 회의나 행사 때마다 얼굴을 보아야만 했다. 나도 사람인지라 선배의 얼굴을 볼 때마다 굴욕적인 일들이 생각났다. 도저히 용서할 수 없다는 생각과 함께 언젠가는 복수를 하리라는 생각뿐이었다. 자신의 일들을 합리

화하면서 적반하장식의 행동을 보일 때에는 악감정과 함께 가슴이 미어지는 고통을 느끼기도 하였다. 이러한 일이 있을 때면 복수심이 화산처럼 타올라 내 자신을 통제할 수 없었다. 주님은 이러한 나를 외면하지 않으셨다. 성령님을 보내어 마음을 어루만지시며 위로와 함께 말씀으로 깨닫게 하셨다.

> 내 사랑하는 자들아 너희가 친히 원수를 갚지 말고 하나님의 진노하심에 맡기라 기록되었으되 원수 갚는 것이 내게 있으니 내가 갚으리라고 주께서 말씀하시니라(롬 12:19).

성령님은 깨달은 말씀을 삶의 현장에서 실천할 것을 감동하셨다. 기도할 때에도, 말씀을 읽을 때에도, 잠자리에 누울 때에도 성령님은 나를 떠나지 않고 계속해서 복수하려는 마음을 버리고 용서할 것을 감동하셨다. 성령님의 집요하신 감동으로 결국 용서할 것을 다짐하였다. 그 증표로 선배목사에게 내가 먼저 손을 내밀며 악수를 청하였다. 이는 주님이 내 허물을 사하시고 용서해 주셨기 때문이었다.

용서가 가져다준 하나님의 선물

장로들에 대한 미움의 감정과 복수하려는 생각을 접었다. 선배목사도 용서하였다. 이후 건강에 변화가 일기 시작하였다. 용서의 마음을 갖는 순간 그 결과가 두드러지게 나타났는데 피부로 느낄 정도로 건강이 좋아져갔다. 용서는 하나님이 주신 선물로서 마음의 평안은 물론 육신의 건강까지도 회복시키는 치료제와도 같았다.

사실 선배목사와 장로들에게 당한 억울함과 치욕적인 일로 인하여 매일같이 소화불량과 두통으로 시달렸다. 또한 저들의 모욕적인 행위는 나로 하여금 복수의 칼을 갈게 만들었다. 그러나 하나님은 마귀의 덫에 걸려 복수를 꿈꾸고 있는 나를 그대로 방치하지 않으시고 용서의 마음을 갖게 하셨다. 나는 성령님의 감동에 순응하여 장로들과 선배에 대한 복수심을 버리고 용서하였다. 그랬을 때에 번뇌와 고통에서 해방되었고 마음의 평안을 되찾을 수 있었다.

원수 같은 자들에게 먼저 손을 내밀고 그들을 용서하는 일은 상대를 위한 것이 아니라 결국에는 나를 위한 일이었음을 깨달았다.

용서는 평안과 건강의 비결

용서함으로 건강을 누리기를 바라면서 의학자의 말을 소개코자 한다. 예방의학자 코넬 라우스에 의하면 "암 발생의 요인이 미움으로 인한 쇼크에서도 발병될 수 있다"고 하였다. 육체 가운데 생기는 중한 병들은 대부분이 마음속에 쌓인 원한과 미움이 발병의 원인이 될 수 있다는 의미이기도 하다. 여러 사람들의 증언이나 내가 경험한 일들을 통해서 보더라도 미움이나 복수심이 건강을 해친다는 것은 사실이었다.

선배목사와 장로들에게 당했던 일들이 너무나 분하고 억울하여 주야로 복수의 칼날을 갈고 살았었다. 그랬을 때에 두통과 소화불량으로 시달리기가 일쑤였다. 미움은 살인과도 같은 행위로서 다른 사람을 죽이기에 앞서 나를 죽음으로 몰아간다는 사실을 잊어서는 안 된다.

복수의 마음은 하나님의 말씀이 귓가에 들리지 못하도록 차단시켰고 믿음의 삶을 파괴시켜 버렸다. 미움과 복수는 육체는 물론 영혼까지도 사망으로 몰고 가는 사탄의 무기들이다.

용서는 '풀어준다'라는 의미를 갖고 있는데 이는 상대방에게도 해당되는 말이지만 자신에게도 해당되는 말이다. 어쩌면 나 자신에게 더 많이 해당된다고 볼 수 있다. 다른 사람들을 용서하는 일이야말로 나 자신을 고통에서 풀어줄 뿐 아니라 신체의 병까지도 치유하게 된다는 것이다.

'풀어준다'는 말에는 또 하나의 의미가 있다. 용서의 삶을 살게 될 때 미움의 원천이자 복수를 충동질하는 사탄으로부터 풀려나 자유하게 되므로 마음의 평안과 신체의 건강을 누릴 수 있는 것이다. 전문의사의 말에 따르면 "상대를 용서하지 못하는 사람은 자신을 고통의 방에 가두어버리는 일로서 면역력 저하, 두통, 위궤양, 대장염, 관절염, 고혈압, 안면마비, 스트레스 질환 등이 표출된다"는 것이다.

용서야말로 미움과 복수를 버리는 일로서 평안과 건강을 누리는 비결임을 늘 기억하며 살 수 있기를⋯.

용서는 불행을 면하고 자신의 행복을 지켜내는 비결

미움이나 복수심은 사탄을 불러들이는 초대장과도 같다. 또한 원한으로 인한 복수심을 버리지 못하는 자들은 자기 삶 속에 불행을 키우고 있는 것과도 같다. 그러기에 주님의 명령에 따라서 미움을 버리고 용서의 삶을 실천해야 한다. 그래야 정신적인 고통에서 해방되어 마음의 평안과 더불어 신체의 건강을 누리는 행복한 인생이 되리라.

누구나 체험하는 일이지만 미움과 원한과 복수심은 심령의 평안을 빼앗아 가버린다. 또한 신체의 건강도 해칠 뿐 아니라 자신의 삶까지도 파괴시켜 버린다. 그러기에 누군가를 향한 미움이나 복수심은 자신의 인생을 망쳐버리는 일로서 불행을 초래한다는 사실을 기억해야 한다. 용서하는 일이야말로 마음의 평안과 육체의 건강을 통하여 자신의 행복을 지켜내는 비결이라는 사실도 기억하기를….

하나님을 믿는 자들이 불신자들보다 더 건강하고 장수한다는 보도가 일간신문에 보도된 적이 있었는데, 이는 당연한 일이다. 믿는 자라면 형제의 허물을 용서할 때만이 내 죄도 용서받을 수 있다는 성경의 교훈을 알고 있기 때문이다. 그러기에 용서하는 일을 쉽게 실천할 수 있는 것이다.

나도 여기에 해당이 되는 사람이다. 처음에는 나도 사람인지라 받은 고통과 상처가 너무 크고 억울하기에 원수 같은 자들에 대한 원한을 버리지 못하였다. 선배목사와 장로들에게 당한 일이 너무 억울하고 그 일로 인한 치욕적인 일들이 생각이 날 때면 눈에 보이는 것이 없었다. 오직 복수하려는 생각뿐이었다. 내가 받은 것 이상으로 누르고 흔들어서 되돌려 주려는 마음으로 복수의 칼을 갈면서 살았었다. 그들의 불신앙적인 만행을 온 천하에 공개하면서 복수하려 하였다.

복수를 생각하는 그 순간에는 내게서 십자가를 내려놓고 하나님의 말씀을 유보시켰다. 원한에 사무쳐 복수하는 일에 혈안이 되어 불행의 불구덩이로 달려가고 있는 나를 하나님은 그대로 방치하지 않으셨다. 성령으로 내게 오셔서 말씀과 깨달음을 통하여 불행의 내리막길로 치닫고 있는 내 발걸음을 붙드셨다. 그 후 원수 같은 자들에게 용서의 마음을 갖게 하셨다.

앞서 고백한 대로 성령의 감동에 순응하여 원수 같은 자들을 용서했더니 두통이 사라지고 건강이 좋아졌다. 만일 복수하는 일을 중단하지 않았더라면 나는 불행한 모습으로 인생을 끝내는 비극적인 존재가 되고 말았을 것이다. 왜 그러느냐 하면 30년 전에 갑상선 악성종양으로 시한부 인생이 된 몸이었다. 당시 담당의사가 내 생명의 기한을 3, 4년으로 보았다. 만일 원한과 미움, 복수의 마음을 버리지 못했다면 건강이 악화되어 이미 생명을 잃고 말았을 것이다.

그러고 보면 성령님의 감동에 순종하여 용서를 실천했던 것이 건강을 지키고 생명을 부지케 된 확실한 비결이었다.

용서를 통하여 위대한 자취를 남긴 사람들

중국의 격언에 "용서할 줄 모르는 마음은 늘 미움이 차 있기 때문에 마음의 평화를 누리기가 힘이 든다"는 말이 있다. 영국의 속담에는 "용서는 가장 고귀한 승리이다"라는 말도 있다. 이러한 말들이 모두 성경에서 나왔음을 알 수 있다. "네 원수가 주리거든 먹이고 목마르거든 마시게 하라"는 가르침에 순종하여 용서를 실천했던 자들은 진정한 승자로 우리의 가슴속에 남아 있다.

그 누구든지 주님의 가르침을 따라 원수들에게 관용을 베푼 자들은 시간이 흐른 후에도 후대들에게 위대한 승리자로 칭송과 찬사를 받으리라 확신한다. 용서의 삶을 통하여 후대에 아름다운 자취를 남긴 사람들 가운데 감동이 되었던 몇 사람을 소개하려 한다.

장발장 이야기

프랑스의 빅토르 위고가 쓴 《레미제라블》이란 책은 영화로 제작되어 학생들에게 단체로 관람을 시킬 정도로 유명한 작품이다. 장발장이라는 사람이 빵 한 조각을 훔친 죄로 19년간을 감옥살이를 하였다. 장발장은 어느 신부의 집에서 하룻밤을 묵으면서 방안에 있던 은잔을 보는 순간 탐욕이 생겼다.

결국에는 그 은잔을 훔쳐 가지고 도망쳐 버렸다. 장발장이 도중에 형사에게 잡혀 신부 앞에 끌려왔을 때에 미리엘 신부는 그에게 이렇게 말하였다.

"장발장 당신을 기다리고 있었다. 내가 은촛대까지 주었는데 왜 은잔만 가지고 갔는가?"

장발장은 신부의 지혜와 사랑으로 위기를 넘기게 되었다. 여기에서 장발장은 신부의 사랑에 감동하여 회개한 후에 새로운 인생을 살기로 결심하였다. 작가는 이 작품에서 신부의 모습을 통해 기독교의 용서와 사랑을 표현하였다. 장발장은 이후에 새롭게 변화되어 선한 삶을 살았다.

그런데 자베르라는 형사가 장발장을 따라다니며 끈질기게 괴롭혔다. 진절머리가 날 정도로 괴롭기도 하고 고역스럽기도 하였다.

그러다가 프랑스혁명이 일어났다. 장발장을 존경하며 추종하는 청년대원들이 자베르 형사를 잡아와 총살시키려고 하였다. 그러나 장발장은 자기를 괴롭히던 눈엣가시와 같은 자베르를 용서할 뿐 아니라 사랑으로 그를 품고 살았다. 평생을 따라다니며 괴롭게 했던 형사 자베르일지라도 장발장 앞에 엎드려 뜨거운 눈물을 흘리면서 잘못을 뉘우쳤다. 그토록 차갑고도 냉혹한 자베르가 장발장처럼 사랑과 용서의 사람으로 변화되었다.

용서는 사람을 변화시키는 능력임을 보여주는 사건이었다. 사랑과 용서는 악한을 선량한 사람으로 변화시키고야 말았다. 아무리 악질적인 방법으로 괴롭히고 방해하던 사람일지라도 또한 약점을 들추어 치명적인 상처를 입혔던 사람일지라도 보복하지 않고 용서하며 선대했을 때 그 사랑에 감복하여 무릎을 꿇고 마는 것이다. 용서는 주님의 명령으로서 사람을 살리기도 하며 악한 사람을 선한 사람으로 변화시키는 능력이 있다.

링컨의 용서

관용을 통하여 원수를 변화시킨 사람 하면 링컨을 빼놓을 수 없다. 대통령 선거를 할 때 링컨을 낙선시키기 위해 노골적으로 방해했던 사람이 있었다. 선거기간 내내 줄기차게 따라다니면서 링컨에게 '깡마른 볼품없는 고릴라같이 흉하고 못생겼다'면서 온갖 비난과 함께 욕설로 괴롭혔던 사람이었다. 링컨은 이러한 치욕적인 일들을 겪으면서도 낙심치 않고 꿋꿋한 자세로 선거에 임하였다. 링컨은 모든 악조건과 불리한 상황을 극복하고 대통령으로 당선되었다.

그 후 링컨은 선거를 훼방하며 악랄한 방법으로 괴롭게 했던 그를 용서하였다. 그뿐만 아니라 국방부 장관으로 임명하였는데 그가 바로 스탠턴이다. 참모들의 반대에도 불구하고 링컨은 원수 같은 자에게 관용을 베풀었다. 예수님의 사랑을 실천한 것이다.

링컨이 저격을 당했을 때에 스탠턴은 맨 먼저 달려와서 처음부터 끝까지 빈소를 떠나지 않고 그곳을 지켰다. 스탠턴은 장례식장에서 많은 기자들과 조문객들에게 이렇게 말했다고 한다.

"미국에서 가장 훌륭하고 위대한 사람, 존경하는 사람이 여기 누워 계십니다."

스탠턴이 링컨을 존경하며 추앙할 정도로 변화되었다. 무엇이 그토록 오만불손했던 그를 변화시킨 것이었을까? 원수 같은 자에게 처벌은 고사하고 오히려 관용을 베푼 링컨의 그 아름답고도 숭고한 사랑이 그를 변화시킨 것이 아니었을까?

요셉의 용서

구약성경을 보면 자기를 미워했던 형들의 손에 의해서 은 20에 노예로 팔린 자가 있는데 그가 바로 요셉이다. 요셉은 아버지 집에서 호의호식했지만 형들로 인하여 소년시절부터 시련과 고통의 가시밭길을 걸으면서 모진 고생을 하였다. 긴 세월이 지나면서 요셉의 가슴에 형들에 대한 원한이 얼마나 사무쳤겠는가?

애굽의 종으로 팔려온 요셉은 오히려 전화위복이 되어서 애굽의 2인자인 국무총리가 되었다. 그뿐만 아니라 형들에게 복수할 수 있는 기회도 얻었다. 요셉이 일방적으로 받은 고통을 되돌려주면 되는 일이었다. 그럼에도 불구하고 요셉은 보복하지 않았다. 도리어 위로의 말로써 형들을 안심시켰다. 그 사실을 성경은 이렇게 전하고 있다.

> 당신들이 나를 이곳에 팔았다고 해서 근심하지 마소서 한탄하지 마소서 하나님이 생명을 구원하시려고 나를 당신들보다 먼저 보내셨나이다(창 45:5).
>
> 하나님이 큰 구원으로 당신들의 생명을 보존하고 당신들의 후손을 세상에 두시려고 나를 당신들보다 먼저 보내셨나니 그런즉 나를 이리로 보낸 이는 당신들이 아니요 하나님이시라(창 45:7-8).

야곱이 세상을 떠난 후에 형들의 모습은 어떠했는가? 혹시라도 요셉이 어릴 때의 일로 인하여 자신들에게 보복을 할까 봐서 불안에 떨었다. 요셉도 사람인지라 마음이 변하여 자신들에게 앙갚음을 하면 추풍낙엽의 신세인지라 아버지 야곱의 장례를 치른 후에 형들이 요셉에게 찾아와 오래 전 일로 용서를 빌면서 생명을 구하였다.

> 당신의 아버지가 돌아가시기 전에 명령하여 이르시기를 너희는 이같이 요셉에게 이르라 네 형들이 네게 악을 행하였을지라도 이제 바라건대 그들의 허물과 죄를 용서하라 하셨나니(창 50:16-17).

아버지가 죽은 후 두려워 떨면서 생명을 구하고 있는 형들에게 요셉은 자신의 심정을 이렇게 밝혔다.

> 요셉이 그들에게 이르되 두려워하지 마소서 내가 하나님을 대신하리이까 당신들은 나를 해하려 하였으나 하나님은 그것을 선으로 바꾸사 오늘과 같이 많은 백성의 생명을 구원하게 하시려 하셨나니 당신들은 두려워하지 마소서 내가 당신들과 당신들의 자녀를 기르리이다(창 50:19-21).

형들에 대한 요셉의 모습은 용서의 차원을 넘어서 생애까지도 보장할 뿐만 아니라 자녀들까지도 책임을 지겠다는 약속이었다.

요셉의 꿈도 아름답고, 보디발의 아내와 범죄하지 않으려다가 누명을 쓰고 감옥에 간 것도 대단하였다. 그렇지만 어릴 때 자신의 채색옷을 벗기고 그토록 살려달라고 애원을 했음에도 소년시절에 자기를 노예로 팔아넘긴 형들을 용서한 일은 참으로 위대한 일로서 믿는 자들에게 귀감이 된다.

지난날의 모든 아픔과 상처를 잊고 용서를 실천했던 요셉은 노예의 신분으로 옥살이까지 하는 죄수였지만 애굽의 국무총리가 되는 영광스러운 복을 누리는 축복의 주인공이 되었다. 용서하는 자만이 최후의 승리자로 우뚝 세움을 입을 수 있는 확실한 방법이라는 사실을 요셉의 사건을 통해서 알 수 있다. 또한 우리 주변에 요셉 같은 허다한 증인들이 있지 않는가?

다윗이 보여준 용서

다윗의 생애를 보면 하나님의 인도하심이나 도우심이 있었지만 그의 인생길이 그리 순탄하지는 않았다. 늘 위험스런 일이 따랐고 배신과 반역으로 인하여 위협을 당하기도 하였다. 장인인 사울로 인하여 박해와 고난과 위기 가운데서 늘 쫓기며 살았다. 장인이 원수가 되어 사위인 다윗을 죽이려고 끈질기게 추적을 하였는데, 때로는 수천 명의 군사를 동원하기도 하였다.

또한 아들 압살롬은 아버지의 왕좌를 빼앗으려고 반란을 일으키니 다윗은 머리를 가리고 맨발로 울면서 도망치는 비극을 겪기도 하였다. 얼마나 참담한 일인가? 이 일로 인하여 피신하는 다윗에게 시므이는 돌을 던지며 저주를 하였다. 이 같은 치욕을 안겨주었던 신하들을 다윗은 관용하였다. 수행하던 군대장관을 통하여 얼마든지 그를 처단할 수 있었음에도 불구하고 다윗은 그 신하를 살려주었다.

어디 그뿐인가? 자기를 그토록 죽이려고 수천 명의 군사를 동원했던 사울에게 복수할 수 있는 절호의 기회가 있었다. 그럼에도 다윗은 사울을 해치지 않았다. 다윗에게 복수의 기회가 왔음에도 보복하지 않고 용서해 주었다.

반란군을 진압하는 과정에서 다윗은 아비의 목에 칼을 들이댄 아들 압살롬에 대하여 너그럽게 대하라는 부탁을 하였다. 이는 반란군의 수괴인 아들을 용서했다는 증거이다. 압살롬이 죽었다는 소식에 용서는 물론, 그 아들의 이름을 다섯 번이나 부르면서 통곡하기도 하였다.

> 압살롬아 차라리 내가 너를 대신하여 죽었더면, 압살롬 내 아들아 내 아들아…(삼하 18:33).

이 같은 용서의 마음이 다윗으로 하여금 불법의 사하심을 받게 하였고 행복한 삶을 살게 하였다. 그뿐만 아니라 다윗의 관용은 그 신앙을 더욱 빛나게 하였고 자신의 삶을 위대하고도 아름답게 만들지 않았는가?

용서에 대한 바울의 가르침

사도 바울의 위대한 생애는 후대들에게 많은 영향을 미쳤는데 이는 예수님과의 생애와 흡사한 부분들이 많기 때문이다. 또한 사도 바울의 사랑을 실천했던 삶의 모습이 예수님과 닮은 점이 많았다. 그러기에 예수님 다음으로 존경과 찬사를 받고 있지 않을까? 예수님이 용서에 대한 교훈을 주셨듯이 사도 바울 역시 그의 서신을 통하여 용서에 대한 교훈을 남겼다. 그 내용을 몇 가지만 살펴보자.

> 서로 친절하게 하며 불쌍히 여기며 서로 용서하기를 하나님이 그리스도 안에서 너희를 용서하심과 같이하라(엡 4:32).

> 내 사랑하는 자들아 너희가 친히 원수를 갚지 말고 하나님의 진노하심에 맡기라 기록되었으되 원수 갚는 것이 내게 있으니 내가 갚으리라고 주께서 말씀하시니라(롬 12:19).
>
> 누가 누구에게 불만이 있거든 서로 용납하여 피차 용서하되 주께서 너희를 용서하신 것같이 너희도 그리하고 이 모든 것 위에 사랑을 더하라 이는 온전하게 매는 띠니라(골 3:13-14).

사도 바울은 자신도 물론이려니와 다른 사람에게도 용서의 삶을 실천할 것을 가르쳤다. 로마 옥중에 갇혀 있을 때 주인의 재물을 훔쳐 도망친 오네시모라는 노예가 찾아왔다. 오네시모는 자초지종을 바울에게 고백하고 회개한 후 신실한 모습으로 살았다. 그러나 주인의 선처가 없으면 처형을 당할 수밖에 없는 처지였다. 그래서 바울은 빌레몬에게 오네시모를 용서해 주라는 내용의 편지를 써 두고 편에 보내면서 오네시모도 함께 딸려 보냈다. 바울은 사도의 권위로 제자인 빌레몬에게 강력하게 선처를 명할 수도 있었다. 그러나 바울은 겸손한 자세로 오네시모를 용서할 뿐 아니라 형제로 받아들일 것을 간곡히 부탁하였다.

사도 바울은 용서의 삶을 실천할 뿐 아니라 제자인 빌레몬에게까지도 용서의 삶을 살도록 권면하였다. 사도 바울의 감동적이면서도 귀감이 되는 이러한 모습이야말로 믿는 자라면 모두가 본받아야 할 삶이 아닐지….

용서에 대한 예수님의 가르침

예수님은 용서에 대하여 묻는 베드로에게 이러한 비유로 말씀을 하셨다. 주인에게 일만 달란트 빚을 진 자가 있었다. 그 빚을 갚을 길이 없자 주인이 그 종의 빚을 모두 탕감해주었다.

그런데 종이 나가서 자기에게 백 데나리온 빚을 진 동료 한 사람을 붙들어 목을 잡고 빚을 갚으라며 독촉을 하였다. 그러자 그 동료 역시 자기가 주인에게 사정한 것처럼 엎드려 간곡히 조금만 참아 달라고 하였다. 하지만 탕감은커녕 그 동료를 잡아다가 옥에 가두어 버렸다.

주인이 이 사실을 알고 다시 일만 달란트 빚을 졌던 자를 다시 감옥에 가두도록 하였다. 그러면서 이러한 말을 하였다.

> 내가 너를 불쌍히 여김과 같이 너도 네 동료를 불쌍히 여김이 마땅하지 아니하냐(마 18:33).
>
> 너희가 각각 마음으로부터 형제를 용서하지 아니하면 나의 하늘 아버지께서도 너희에게 이와 같이 하시리라(마 18:35).
>
> 용서하라 그리하면 너희가 용서를 받을 것이요(눅 6:37).

예수님이 우리에게 가르쳐 주신 기도문 가운데서도 용서의 중요성을 말씀하셨다. 먼저 우리가 형제의 죄를 용서해 주어야만이 하나님께서도 우리의 죄를 사해 주신다는 것을 교훈하셨다(마 6:8-15).

> 우리가 우리에게 죄 지은 자를 사하여 준 것같이 우리 죄를 사하여 주옵시고…(마 6:12).

하루는 베드로가 예수님께 형제가 나에게 죄를 범하였을 경우에 몇 번이나 용서해야 할 것인가를 여쭈었다.

> 주여 형제가 내게 죄를 범하면 몇 번이나 용서하여 주리이까 일곱 번까지 하오리이까(마 18:21).

예수님은 베드로의 질문에 이렇게 대답하셨다.

> 예수께서 이르시되 네게 이르노니 일곱 번뿐 아니라 일곱 번을 일흔 번까지라도 할지니라(마 18:22).

예수님은 비유로 말씀하셨다. 일만 달란트 빚을 탕감받고도 일백 데나리온의 빚진 자를 옥에 가둔 자를 옥에 가두었다. 그리고 자비를 베풀지 않은 일만 달란트 빚진 종에게 이렇게 말하였다.

> 악한 종아 네가 빌기에 내가 네 빚을 전부 탕감하여 주었거늘 내가 너를 불쌍히 여김과 같이 너도 네 동료를 불쌍히 여김이 마땅하지 아니하냐 (마 18:32-33).

주님으로부터 큰 죄를 용서받고서도 형제들의 작은 허물을 용서치 않으면 하나님도 우리의 죄를 용서치 않으신다는 교훈이다. 우리가 형제들의 허물과 죄를 용서해 줄 때만이 하나님도 우리의 허물과 죄를 용서해 주신다고 말씀하셨다.

> 내가 너를 불쌍히 여김과 같이 너도 네 동료를 불쌍히 여김이 마땅하지 아니하냐…너희가 각각 마음으로부터 형제를 용서하지 아니하면 나의 하늘 아버지께서도 너희에게 이와 같이 하시리라(마 18:33-35).

예수님이 보여준 용서

예수님은 용서의 삶에 대하여 명하시고 친히 본을 보여주셨다. 예수님은 용서의 방법에 대하여 질문하는 베드로에게 형제가 잘못한 것이 있거든 일흔 번씩 일곱 번이라도 용서해 줄 것을 가르쳐주셨다. 형제의 과오를 무한정으로 용서하라는 의미이다.

예수님은 가르침 그대로 용서를 몸소 실천하셨는데 자기를 십자가에 처형시키는 자들과 비방하며 욕하는 자들을 모두 용서하셨다. 예수님은 십자가의 쓰라린 고통 가운데서도 "아버지여 저들의 죄를 사하여 주옵소서"라는 용서의 기도를 드리셨다. 평소에 제자들에게 가르치신 대로 예수님은 친히 용서의 본을 보여주신 것이다.

용서의 삶은 주님의 명령이자 친히 본을 보이신 일로서 성도들이 당연히 실천해야 할 의무이기도 하다. 그뿐만 아니라 마음의 평화와 건강을 누리는 비결이기도 하다

예수님을 닮아가는 자들이 보여야 할 모습

주님을 본받아 그리스도의 형상을 닮아가는 믿음의 사람들은 원수 갚을 기회가 왔을지라도 절대로 복수의 칼을 쓰지 못한다. 자신

이 유리한 고지를 점령하고 예리한 특수 무기를 소유했을지라도 주님을 본받아 사는 사람들은 어떠한 경우에도 그 무기를 사용하지 않는다. 설령 원수들이 중상모략하고 비난을 일삼아 고통스럽게 할지라도 주님을 닮아 사는 자들은 용서의 마음을 갖는다.

그럴 만한 몇 가지 이유가 있다.

먼저는 용서의 마음으로 사는 자들은 원수를 사랑하라는 예수님의 말씀에 순종하려고 노력하는 자들이기 때문이다.

다음은 용서의 마음을 가진 자들은 예수님의 성품을 닮아 사는 자들이기에 복수보다도 용서하기가 더 쉽기 때문이다. 그뿐만 아니라 원수 갚는 것을 하나님의 진노하심에 맡기며 사는 사람들이기 때문에 복수할 수 있는 절호의 기회가 올지라도 포기해 버린다.

주님의 마음을 본받아 사는 자들은 미워하는 삶이 아니라 사랑하는 삶의 모습을 지녀야 한다. 원수에게 복수할 수 있는 기회가 있을지라도 용서할 수 있는 너그러운 모습을 보여야 한다. 주님께서 우리의 죄와 허물을 용서해 주셨듯이 우리의 삶 가운데서도 그러한 모습이 비쳐야 한다. 용서를 실천하는 삶이야말로 주님을 닮아가는 자들이 보여야 할 모습들이 아닌가?

복수를 꿈꾸고 있는 자들에게

나에게 잊지 못할 상처를 준 자가 있는가? 나를 무참히 짓밟고 고통을 준 자가 있는가? 내게 엄청난 손해를 입히고 치욕을 안겨준 자가 있는가? 내게 치명적인 상처를 준 자가 있는가? 도저히 용서할 수 없는 원수 같은 자가 있는가? 소리 없는 총으로 쏘아 죽이고 싶도록 미운 자가 있는가? 그 동안 당한 일들이 너무나 분하고 억울하여 밤마다 복수의 칼을 갈면서 상대에게서 받은 고통과 수모를 되돌려주려고 기회를 찾고 있지는 않는가?

　사람들은 누구에게나 눈을 감기 전에는 잊을 수 없는 한맺힌 일들이나 평생 씻을 수 없는 아픔의 사연들이 있다. 지난날의 치욕적인 일들에 대하여 기회와 여건만 있으면 원수를 갚아야겠다는 마음으로 복수의 칼을 갈기도 한다. 나 역시도 치명적인 상처를 준 자들을 잊지 못하였다.

　밤이면 그 사건들이 악몽처럼 되살아나 나를 얼마나 고통스럽게 했는지 모른다. 때로는 뜬눈으로 밤을 지새우면서 지옥 같은 시간들을 보내기도 하였다. 그러면서 순간순간 복수를 생각하였다. 미움과 보복의 생각은 나로 하여금 불면증과 함께 두통과 소화불량으로 시달리게 하였다. 참으로 애처로운 삶이 아닐 수 없었다.

　거듭 밝히지만, 복수는 사탄이 사주하는 일로서 인생을 불행하게 만들지만 용서는 성령님이 주시는 선물로서 인생을 행복하게 만들 뿐만 아니라 삶을 아름답게 가꾸어 준다. 보복하고 싶은 마음을 버리지 못하고 인생을 고통 가운데 사는 불행자로 만들어 갈 것인가, 용서를 실천함으로 행복한 삶을 살 것인가? 선택은 자유이지만 건강한 삶이나 행복한 인생으로 살기를 원하거든 복수심을 버리고 용서의 삶을 살기를 바란다.

용서에 대한 결론을 맺으면서

　복수를 꿈꾸고 있는 자들을 위해서 내가 깨달았던 바를 말하려 한다. 지내놓고 보니 복수는 하나님이 싫어하시는 일로서 참으로 부질없는 일이었다. 이어서 앙갚음은 성숙된 신앙인의 삶의 자세가 아님도 깨달았다. 원수를 갚는 일은 하나님의 자녀로서 옳은 방법이 아니라는 것을 깨달았고 복수는 또 다른 복수를 불러오는 것임도 깨달았다.

지난날 받은 상처와 고통이 너무 커서 받은 고통을 되돌려 주려는 마음으로 복수를 꿈꾸고 있을 때 성령님이 상처를 어루만지시며 원수 갚는 일을 하나님의 진노하심에 맡기고 관용을 베풀라는 감동을 주셨다. 그때 나는 순종의 모습으로 보복을 버리고 용서를 선택하였다. 그랬을 때에 마음의 평안과 육체의 건강까지 회복이 되었다. 이것이 바로 복수의 마음을 버리고 용서를 선택한 결과가 아닌가 싶다.

주님께 받은 사죄의 은총을 기억하면서 내게 고통을 주고 치명적인 상처를 주었던 원수 같은 사람들을 용서할 수만 있다면 우리 마음에는 기쁨과 평화가 가득하고 우리의 삶 속에는 행복이 넘치리라 확신한다.

11

사명자의 생명을
보전하시는 하나님

어느 날 서재에 앉아 무엇인가를 구상하는데 어렸을 때의 일이 문득 떠올랐다. 목사가 되었기에 지금의 신분과 관련이 있는 것 같아 지난날의 추억을 더듬어 보았다. 하나님이 내게 때마다 일마다 은혜를 베풀지 않으셨더라면 어떻게 되었을까? 아마 지금 이 순간까지 존재하지 못했을 것이다. 거의 60대 중반의 나이가 되도록 생명을 부지하며 건강을 누릴 수 있음은 순전히 하나님의 은혜였음을 고백하지 않을 수 없다.

하나님의 은혜를 생각하니 저절로 두 손이 모아졌다. 그리고 생명과 건강을 보장하신 하나님께 감사를 드렸다. 그 순간 깨달아지는 영적인 교훈이 뇌리에 스쳤다.

이는 후일에 하나님을 위하여 무엇인가를 해야 할 사명이 있기 때문이었다. 나를 통하여 무엇인가 해야 할 일이 있기에 하나님이 내 생명을 지키시며 건강이 유지되도록 순간순간마다 은혜를 베푸신 것이 아니었을까? 지금까지 내 생명이나 건강이 보장될 수 있었던 것은 하나님을 위해서 무엇인가 할 일이 있는 사명자였기 때문이었음을 고백하며 체험했던 일들을 소개하고자 한다.

어렸을 때 있었던 이야기

어머니를 통해서 들었던 어린 시절의 이야기이다. 나는 태어나면서부터 부모님의 애간장을 태웠다고 한다. 내가 태어날 당시 아버지는 세무서 직원이었다. 젊은 나이에 세무서 주임이 되셨기에 다른 집에 비해 비교적 부유한 편이었다. 사람마다 만족이 없듯 가정에 문제가 있었다. 할아버지와 아버지가 그토록 기다리는 아들은 낳지 못하고 어머니가 딸만 셋을 낳으셨다. 어머니가 대를 이을 아들을 낳지 못하자 집안이 편치 못하였다.

아들을 중시 여기는 풍토인지라 할아버지는 별의별 생각을 다하셨다. 거기에다가 아버지는 출장이 잦았고 퇴근시간이 늦기가 일쑤였다. 아들을 낳지 못한 어머니는 죄인처럼 늘 숨을 죽이며 지내야 했다. 그러다가 어머니는 고추가 달린 아들을 낳으셨다. 참으로 경사스러운 일이 아닐 수 없었다. 10여 년을 기다린 아들이기에 모두들 기뻐했다. 손자를 보는 재미로 할아버지는 자주 들르셨고 아버지는 일찍 귀가하셨다. 가정에 아들이 태어남으로 인하여 모두들 기뻐하며 살았다.

내가 두 살 되던 해였다. 그토록 애지중지하던 아들이 원인 모를 병에 걸렸다. 가족들은 아들의 병을 치료하기 위해서 백방으로 노력하였다. 좋은 병원이라고 하면 다 다녀 보았고, 용하다는 의원들도 모두 찾아다녔지만 허사였다. 당시 아버지가 영광세무서에서 근무하셨기에 광주의 큰 병원에까지 다녀보았지만 병을 고칠 길이 없었다. 시간이 흐르면서 시름시름하다가 어느 날 갑자기 숨이 끊겨 버렸다. 순간 가족들은 하늘이 무너져 내리는 것 같은 절망에 휩싸였고 앞이 캄캄하였다. 슬프고 고통스러운 시간들이었다. 가족들의 울음과 통곡의 소리가 담장을 넘어 이웃들에게까지 들렸다. 집안은 온통 초상집 분위기였고 가족들의 마음은 슬픔으로 휩싸여 있었다.

당시 어린 아들을 가슴에 묻어야 하는 비통함과 고통은 말로 표현할 수 없었으리라…. 죽은 아들이 살아날 소망이 없자 가족들은 날이 새면 산에다 시체를 묻기로 결의하고 모두들 잠자리에 들어갔다. 어머니는 아들의 시신 앞에서 통곡하다가 지치고 피곤했던지라 벽에 기대어 앉은 채로 잠이 들고 말았다. 시간은 자정을 훨씬 넘었고 새벽녘이 가까운 시간이었다. 선잠이 든 어머니 귀에 비몽사몽간에 신음하는 소리가 들렸다. 눈을 떠보니 죽었던 아들이 살아나 호흡이 돌아왔다는 것이다.

그래서 나는 지금 두 세상을 사는 사람이 되었다.

후일 하나님을 위한 사명자이기에

목사가 된 지금, 어머니를 통해 전해 들은 어렸을 때의 일을 생각해 볼 때에 하나님이 살려주셨음이 분명하였다. 이 땅에서 하나님을 위하여 무엇인가 해야 할 일이 있는 사명자이기에…. 사명자의 생명은 무서운 질병이라도 앗아갈 수 없음을 보여준 사건이었다. 후일 평신도로 또는 목사로 복음의 협력자로 물질의 사명자로서 감당할 사명이 있기에 생명을 지키시고 보호해 주셨음을 깨닫게 되었다.

고아나 거지 신세가 될 뻔

아버지의 고향은 금산사가 있는 김제 금산이었다. 할아버지와 할머니가 그곳에 살고 계셨기에 명절은 물론이고 주말이면 아버지를 따라 할아버지 집에 자주 갔었다. 언제부터인가 아버지가 직장일로 분주하셨던지 오랫동안을 할아버지 집에 가지 않으셨다. 어린 마음에 갑자기 할아버지 집에 가고 싶은 충동이 생겼다.

초등학교 3학년 때로 기억이 된다. 토요일 하굣길에 우연히 버스터미널 앞을 지나가게 되었다. 아버지와 같이 할아버지 집에 가던 일이 생각났다. 마침 금산행 버스가 눈에 띄었다. 할아버지 집에 가야겠다는 마음으로 나도 모르게 금산행 버스에 올라타고 말았다. 어린 마음에 '할아버지 집에 가 있으면 아버지가 데리러 오겠지'라는 생각으로 버스에 올랐던 것 같다. 그동안 아버지와 다녀본 가늠이 있기에 종점에 거의 이를 때까지 기다렸다. 사람들 틈바구니에 끼어서 졸다가 자다가 하다 보니 어느새 금산 종점까지 와 버렸다.

버스에서 내려서 보니 어찌된 일인가, 할아버지가 사시는 동네가 아니었다. 할아버지 동네는 산골짜기인데 내린 곳은 상가와 집들이 많은 도회지였다. 그곳이 바로 무주 금산이었다. 어린 나이에 아무 생각도 없었고 어떻게 해야 할지도 몰랐다. 하루아침에 길 잃은 미아가 되어버렸다.

날은 어두워지고 갈 곳은 없고 버스정류장을 서성이고 있었다. 누군가가 나에게 다가왔다. 어디로 갈 곳이 없으면 따라오라면서 앞장을 섰다. 나는 그를 졸래졸래 따라갔다. 그가 나를 데리고 간 곳은 개천가 다리 밑에 설치된 움막이었다. 나보다 두어 살쯤 더 먹어 보이는 두 명의 아이가 있었다. 나를 데리고 온 자가 거지 대장이었다. 그날 밤은 그 아이들이 얻어온 음식으로 배를 채웠다. 잔칫집에서 얻어온 음식에 이것저것 섞여진 음식이었다. 점심부터 굶었으니 맛이 있을 수밖에 없었다. 다음날 아침까지 두 아이가 얻어온 음식으로 끼니를 때웠다.

나의 신변을 보호하기 위한 하나님의 섭리

일요일 아침이 되었다. 대장은 내 손에 깡통을 하나 들려주면서 동냥하는 법을 일러주었다. 이어서 밥이나 돈을 얻어 오라며 점심때까지 움막으로 돌아오라는 명을 내렸다. 대장은 우리에게 "딴 짓 하면 죽는다"는 엄포를 놓았다. 한 마디로 도망치지 말라는 뜻이었다. 두 아이와 함께 나는 책가방을 둘러맨 채로 깡통을 들고서 거리로 나왔다. 나는 아이들과 헤어져 동냥을 나섰다. 몇 집 들렀지만 밥 한 숟갈 얻지 못하였다. 빈손으로 들어가면 혼도 나고 굶긴다는 대장의 말에 밥을 얻어야 한다는 마음으로 어느 집 대문을 열고 들어갔다. 마당에는 중년 남자가 마당을 쓸고 있었다.

입고 있는 옷이나 꼴로 보아 거지가 아닌 어린애가 책가방까지 들쳐 매고 동냥을 하니 이상했던지 내게 묻기 시작하였다. 집이 김제라는 말 외에는 아무 대답도 못하자 답답했던지 그는 마루에 앉아 내 책가방을 열고 뒤지기 시작하였다. 후일에 생각하니 내가 어느 학교에 다니는지 확인하려고 책가방을 열어본 것 같았다. 학교를 확인하기 전에 가방 안에서 아버지의 사진을 발견한 그는 깜짝 놀라면서 내게 "이 사진이 누구냐?"고 물었다. 아버지라고 하자 그는 두 손으로 내 얼굴을 어루만지면서 무어라고 하셨다. 이젠 되었으니 안심하라는 뜻이었다.

11 사명자의 생명을 보전하시는 하나님

그는 어린 나에게 "아버지와 같은 영광세무서에서 근무를 하다가 아버지는 김제세무서로, 나는 무주세무서로 왔다"라고 하면서 아버지와 가까운 친구임을 밝혔다.

마음이 안심되니 말문이 열려 "할아버지 댁에 가려고 금산행 버스를 탔는데 무주까지 왔어요"라고 말씀드렸다. 당시에는 관공서 외에 전화가 없었던 때인지라 그 길로 자전거를 타고 세무서로 달려가 김제세무서 일직에게 전화를 걸었다. 우리 집에다 "아들이 잘 있으니 안심하라"는 연락을 취해 주라는 부탁까지 하였다.

그분은 나에게 점심밥을 먹인 후, 버스정류장으로 데리고 와 차표와 과자를 사주며 돈까지 손에 쥐어주었다. 차가 떠날 무렵 차장에게 "이 아이를 김제까지 잘 데려다 주시오"라고 부탁하였다. 그리고 버스가 출발하자 아버지 친구는 모습을 감추었다.

나를 지키기 위해 거지까지도 사용하신 하나님

아버지의 사진을 언제 누가 내 가방에 넣었을까? 참으로 이상하고 묘한 일이었다. 나는 아버지 사진을 가방에 넣은 일이 없었다. 당시 거지 대장을 만난 것이나 누군가를 통하여 책가방에 아버지의 사진을 넣었던 것도 나를 빨리 집으로 돌려보내기 위한 하나님의 섭리가 아니었을까?

하나님은 나의 신변을 보호하기 위해서 거지 대장을 만나게 하시고 아버지 친구 집으로 내 발걸음을 인도하셨던 것이다. 이는 후일에 교회를 위하여 할 일이 있는 사명자이기에 나를 보호 차원에서 하나님이 행하신 일이 아닌가 싶다.

지내놓고 보니 하나에서 열까지, 일어난 모든 일들이 나를 보호하시기 위한 하나님의 섭리였음을 깨달았다. 후일에 목회를 하면서 교회를 건축해야 할 사명자이기에 머리털 하나 상치 않도록 주 날개 아래 지켜주신 것이 아니었을까? 하나님은 자신의 뜻을 이루시기 위하여 거지까지도 도구로 사용하시는 분이었다.

악성종양이라도 나를 해치지 못한 이유

나는 한창 젊은 30대 중반의 나이에 큰 수술을 받았다. 이후에 나는 언제 죽을지 모르는 시한부 인생이 되고 말았다. 의사로부터 목에 절어 있는 암세포로 인하여 갑상선과 임파선에까지 전이가 되고 성대까지도 거의 절단했다는 말을 전해 들었다. 13시간 동안이나 수술했으니 대수술인 것만은 사실이었다. 머리까지 수술을 하면 생명이 위험하기 때문에 뇌 속으로 뻗쳐 있는 암세포 줄기를 제거하지 못한 상태로 수술을 종료하고 말았다. 뇌 속으로 파고들어간 암세포 줄기를 제거하지 못했으니 죽는 것은 시간 문제였다. 그 후로부터 나는 시한부 인생으로 살아야 하는 비극적인 존재가 되고 말았다.

당시 의사들이 뇌 속에 뻗친 암세포 줄기에 손대지 않은 것은 수술을 할지라도 살 수 있는 가능성이 희박하기 때문이 아니었을까 하는 생각이 든다. 이는 내 생명을 포기한 것이나 다름이 없는 처사였다. 당시 담당의사는 내 생명의 기한을 3년으로 보았다.

하나님은 정말 살아계신 분

당시 시한부 인생이었던 나는 담당의사와 주변 사람들의 상상을 깨뜨리고 지금까지 건강한 모습으로 살고 있다. 이는 후일에 교회를 위하여 무엇인가 할 일이 있는 존재였기에 생명과 건강을 지금까지 보장해 주신 것이 아닌가 싶다. 모든 사람들에게 공포와 두려움을 느끼게 하는 무서운 불치의 병이나 난치병일지라도 하나님을 위하여 할 일이 있는 사명자의 생명만큼은 해하지 못한다는 것을 몸소 체험하였다.

이러한 사실 앞에 사명자로 지명된 것이 얼마나 감사하고 다행스러운지 말로 표현할 수가 없다. 내가 경험한 하나님은 살아계신 분으로서 사명자들의 생명과 건강만큼은 반드시 보장해 주시는 능력의 하나님이셨다. 하나님은 시공간을 초월하여 존재하시는 분임을 내 모습을 보면서 확인하고 있다.

사명이 있는 자들은 누구든지 외면치 않으신다

하나님은 그 어느 시대에나 사명자로 지명된 사람들의 신변을 지켜주셨다. 하나님은 사명자로 지명된 자들은 그 누구든지 모두 다 생명을 보호해 주셨다. 목사뿐 아니라 장로, 권사, 집사, 교사 등 그 어떤 자들이든 주님을 위하여 무엇인가 할 일이 있는 사람들을 하나님은 절대로 외면치 않으셨다. 모두 그 생명을 보호해 주셨을 뿐 아니라 건강이나 생계까지도 보장해 주셨다. 이에 대한 증인들이 성경에도 있지만 우리 주변에도 사명으로 인하여 생명을 보장받은 증인들이 허다하다. 나도 그 증인이라고 나설 수 있음은 생명과 신변과 건강을 보장받았기 때문이다.

성경의 인물 가운데서도 사명자들의 생명만큼은 하나님께서 전적으로 보장해 주셨음을 보게 된다.

사명자인 모세를 지키시고 보호하신 하나님

모세는 이스라엘 백성을 애굽에서 구원시켜야 할 사명을 띠고 세상에 태어났다. 모세가 태어난 시기는 바로의 남아살해정책으로 남자 아이가 태어나면 모두 죽이는 때였다. 모세 역시 태어나면서 죽을 수밖에 없는 운명이었다. 참으로 비극적인 일이 아닐 수 없었다. 그렇지만 모세는 하나님의 특별하신 은혜로 그 신변을 안전하게 보호받을 수가 있었다. 그 이유가 무엇이었을까? 모세는 장차 하나님의 구속의 역사를 이루어야 할 사명자였기 때문이었다.

모세는 하나님의 보호로 인하여 석 달 동안을 안전하게 지냈다. 하나님은 모세를 안전한 포구와도 같은 바로 궁에서 자라도록 섭리하셨다. 바로의 칼날에 처참하게 죽었어야 할 어린 모세가 공주 아들의 신분으로 살게 되었으니 이보다 더 큰 은혜가 또 어디에 있었겠는가? 모세는 하나님의 은혜로 세상에서 가장 확실한 은신처인 바로의 궁에서 소년시절을 보냈다. 모세에게는 이스라엘 백성들을 구원할 사명이 있었기에 하나님께서 그 신변을 안전하게 보호해 주신 것이 아니었을까?

사명자인 베드로를 지키시고 보호하신 하나님

성령 강림 이후, 베드로를 위시한 사도들의 활약은 참으로 대단하였다. 한 번 외침에 수천 명씩 회개하고 주께로 돌아오기도 하고 앉은뱅이가 일어나 걷기도 하였다. 병든 사람이든 더러운 귀신에게 괴로움을 받는 사람이든 베드로 앞에 나오기만 하면 모두 나음을 얻었다. 이 일로 인하여 믿고 주께로 돌아오는 자가 날마다 더하였다.

당시 대제사장들은 사도들의 활약을 시기할 뿐 아니라 위기위식을 느낀 나머지 베드로를 잡아다가 옥에 감금시켜 버렸다. 하나님은 사명자인 베드로를 외면치 않으셨다. 천사들을 보내어 옥문을 열고 끌어내심으로 그들의 신변을 보호해 주셨다. 아무리 옥문을 단단히 잠그고 간수들이 철저하게 지켰을지라도 하나님이 행하시는 일은 그 누구도 막아낼 수가 없었다. 이 사건 역시 하나님께서 사명자의 생명만큼은 반드시 보호해 주신다는 사실을 보여주는 사건이었다.

사명자 베드로의 생명을 보호하심

그 후에 베드로가 또 다시 옥에 갇히게 되었다. 교회 부흥을 저지하고 더 나아가 교회를 말살시킬 목적으로 베드로를 처형시키려고 하였다. 베드로는 헤롯의 칼에 의하여 꼼짝 없이 죽게 될 상황에 처하고 말았다. 지난번 베드로가 옥에서 탈출했던 일을 생각하고 이번에는 깊은 옥에 가두었다. 그뿐만 아니라 탈출하지 못하도록 두 군사 사이에 베드로를 쇠사슬로 단단히 묶어 놓았다. 또한 군사 네 명씩 짝을 지어 네 패가 베드로를 옥에서 꼼짝도 못하도록 철통같이 경계를 섰다. 그야말로 개미새끼 한 마리도 얼씬거리지 못하도록 철저하게 지켰다. 그러할지라도 하나님은 천사를 보내셔서 감옥에서 베드로를 구출해 주셨다.

인간들의 그 무엇이 하나님이 행하시는 행사를 막을 수 있으랴. 베드로가 죽음 직전에 있었음에도 불구하고 신변을 보호해 주시며 생명을 안전하게 보전시켜 주신 것은 당시 그가 교회를 위해서 해야 할 사명이 남아 있었기 때문이다. 오늘날에도 누구든지 하나님을 위해서 무엇인가 해야 할 사명이 있다면 베드로처럼 그 생애나 신변이 안전하도록 반드시 보호해 주시리라 확신한다.

전도의 사명자 사도 바울의 경우

사도 바울은 원래 사울이라는 이름을 가진 자로 교회를 박해하며 그리스도를 믿는 자들을 잡아 공회에 넘겨주는 자였다. 그러나 다메섹에서 예수님을 만난 후에 변화되어 복음을 훼방하는 자가 이제는 복음을 전하는 자가 되었다. 이후 바울은 오직 예수님만을 바라보며 교회를 세우고 전도하는 일에 그 일생을 보냈다. 그러나 사도로서의 삶은 순탄하지 않았다. 고난의 연속이었고 가는 곳마다 환난과 핍박이 기다리고 있었다.

때로는 동족들로 인하여 위험한 일을 만나기도 하고 전도하다가 매를 맞고 감옥에 갇히는 시련을 겪기도 하였다. 때로는 40에 하나 감하는 매를 맞고서 고통과 신음 가운데 밤을 보내기도 했다. 그런 일이 세 번이나 있었고 가는 곳마다 위험이 따르기도 하였다. 사도 바울은 자신을 해하려는 무리들로 인하여 그 어디 한 군데도 안전한 곳이 없었다. 전도 여행 중에 사도 바울의 발길이 닿는 곳마다 강, 산, 바다, 시내, 광야 그 어디든 위험이 따랐다. 강도들이나 이방인들, 심지어 동족들이나 형제들 가운데서도 사도 바울을 해치려는 자들이 늘 있었다.

이러한 위험 가운데서도 바울의 발걸음이나 삶이 안전할 수 있었던 것은 주님께 받은 사명이 있었기 때문이었다. 사도 바울에게 복음 증거를 위한 사명이 있었기에 그 누구도 그 생명을 해하지 못하도록 지켜주셨다. 사도 바울의 생애를 통해서 사명자의 생명은 꼭 하나님이 보장해 주신다는 것을 재삼 깨닫게 되었다.

나에게 건강과 생명을 주심은 아직 사명이 있기에

어느 시대 그 누구든지 하나님을 위하여 무엇인가 할 일, 즉 사명이 있는 자들의 생명만큼은 전적으로 보장해 주셨다. 이에 대한 증인들이 성경에도 허다하지만 우리가 살고 있는 현세에도 헤아릴 수 없이 많다. 그 일에 대하여 감히 증인이라며 나설 수 있는 것은 나역시도 하나님께로부터 생명을 보장받았을 뿐 아니라 건강하도록 은혜를 베풀어 주셨기 때문이다. 그러니까 지금 내가 살아 호흡하고 있다는 것은 사명자의 생명은 하나님 손에 있다는 사실을 증명해 주고 있는 것과도 같다.

지난날의 삶을 돌아보건대 앞서 간증한 것처럼 큰 사고를 당한 적도 있었고, 불치의 병으로 인하여 수술을 받은 후에 항암 치료, 재활치료를 받아야만 했다. 어디 그뿐인가? 성대 절단으로 말을 제대로 하지 못하는 벙어리, 신경 손상으로 왼손을 쓰지 못하는 불구자, 몇 년 후면 죽어야 하는 시한부 인생이 되고 말았다. 당시 암담한 내 모습은 누가 보아도 희망이 없는 사람이었다. 또한 그 어디서나 쓸모없는 가련한 존재였다.

그뿐만 아니라 주변 사람들에게는 내가 곧 사망에 처할 비극적인 운명의 사람으로 알려졌다. 당시 내 형편과 처지야말로 삶에 대한 희망도 없고 가능성도 없는 상황이었다. 그러한 나의 생명을 연장하시고 건강을 보장해 주신 이유가 있었다. 그것은 나에게도 지상에서 감당해야 할 사명이 있었기 때문이었다.

지내놓고 보니 나도 사명자 중 한 사람

때가 이르니 하나님은 나를 자신의 도구인 일꾼으로 부르시고 과정과 연단을 걸쳐 목회자의 반열에 세우셨다. 그리고 건축을 해야 할 교회로만 인도하셨다. 부임하여 가는 곳마다 성전이든 교육관이든 사택이든 건축하는 일과 낡아진 교회 건물들을 보수하는 일들이 나의 사명이었다. 참으로 신기하고 놀라운 것은 다른 목사들이 이루지 못하는 일들을 나는 부임하면서 즉시 그 일을 해냈다. 이처럼 부임하는 교회마다 건축의 사명을 감당할 수 있도록 은사와 능력을 주셨다. 이때를 위해서 건축 사업을 경영케 하신 것이 아니었을까?

참으로 감사한 것은 부임하는 곳마다 건축의 사명을 감당하도록 재산을 조금 남겨두셨고 믿음이 좋은 일꾼들을 붙여주시기도 하셨다. 그뿐만 아니라 업자들에게 건축비를 차질 없이 집행하도록 주변 사람들을 통해서 자금까지도 조달해 주셨다.

그때마다 마음속에 깨달아지는 영적인 교훈이 있었다. 하나님께서 나의 건강을 보장해 주시고 생명을 연장해 주신 것은 단 한 가지, 건축을 위한 사명 때문이었다. 지내놓고 보니 나를 목회의 길로 들어서게 하신 것도 성전 건축을 위한 사명 때문이었다는 깨달음이다. 오늘도 아직 하나님을 위하여 무엇인가를 해야 할 사명이 있는 자들의 생명이나 건강은 하나님께서 반드시 보장해 주신다는 것을 체험하며 살고 있다.

사명자의 생사는 오직 하나님께 달려 있다

수술한 지 30년이 되어가고 있다. 이제는 신체적으로도 쇠약해져 가는 연령이 되기도 하였다. 그럼에도 삶을 유지하며 목회 사역을 감당하는 데 지장이 없음은 하나님께서 육체의 건강을 보장해 주셨기 때문이다. 하나님은 나의 건강한 모습을 통해서 사명자의 생명이나 건강만큼은 전적으로 하나님께 달려 있음을 입증시켜 주셨다.

지금의 내 모습을 바라보면서 하나님께 감사드리고 있다. 목회자로 부르신 것도 감사하거니와 생명도 보장하시고 건강과 생애까지도 책임져주시는 하나님께 순간순간 감사를 드리면서 하루하루의 삶을 살고 있다.

교회 안에서 존귀한 일꾼이자 위대한 사명자라 할지라도 때로는 고난에 처하기도 하고 때로는 질병으로 시달리면서 인생을 고달프게 사는 자들도 있다. 또한 삶이 위기에 처할 수도 있고 죽음의 고비를 넘길 수도 있다. 생명이 위태로운 지경에까지 이를 수도 있다. 그러할지라도 하나님이 주신 사명을 다 마치기까지는 그 누구도 생명을 해하지 못하며 그 무엇도 건강을 상치 못하게 하신다는 확신을 갖게 되었다.

사명자의 생사가 하나님께 달려 있다는 사실은 성경에서도 증명하지만 나를 통해서도 보여 주셨다. 지금 건강한 모습으로 살고 있는 나를 보는 자들에게 사명자의 생사가 하나님께 있음을 증명해 주고 있지 않는가?

사명자로 살아야 할 이유가 있다면

하나님은 지상에 교회를 세우시고 복음 전파의 사명을 감당토록 하기 위하여 역할을 담당할 직분자들을 세우셨다. 그래서 교회는 행정상 목사, 장로, 안수집사, 권사, 집사들로 구성되어 있는데 맡겨진 직임이 다 다르며 직임에 따라 담당해야 할 사명들도 각기 다르다. 그러나 분명한 사실은 하나님을 위해 헌신하며 교회를 위해서 봉사의 일을 하는 자들을 하나님은 결코 외면치 않으셨다는 것이다.

그러면 하나님께서 사명이 있는 자들에게 무엇으로 어떻게 보상해 주셨을까? 먼저는 사명을 잘 감당할 수 있도록 영적 자원인 은사와 지혜를 주셨다. 다음에는 물적인 자원을 공급하시되 필요한 모든 것들을 채워 주셨다. 그 다음에는 하나님께 부여받은 사명을 다 마치는 그 시간까지 생명을 보장해 주셨다.

삶을 사는 동안 위험한 일이나 대형 사고들이 위협하며 인간의 의술로 치료할 수 없는 불치의 병들이 난무할지라도 교회를 위하여 무엇인가 해야 할 사명만 있다면 하나님께서 그 생명은 반드시 보호하시고 사명 있는 동안에 생계나 건강만큼은 전적으로 보장하신다니 이보다 더 기쁘고 행복한 일이 또 어디 있겠는가?

사명자로서 사는 최선의 삶

믿는 자들이 알아야 할 분명한 사실이 있다. 나에게 아직 생명과 건강이 있음은 하나님을 위해서 무엇인가를 해야 할 사명이 있기 때문이다. 설령 몸이 약할지라도, 중한 병에 걸렸을지라도, 세상에서 천대받고 멸시를 당할지라도 사명을 감당하는 일을 포기하지 말아야 한다. 설령 다른 사람들보다 배우지 못하여 무식하고 또는 가난할지라도 낙심치 말아야 할 이유가 있다면 하나님을 위한 사명자의 생명, 건강, 생애는 하나님께서 보장해 주시기 때문이다.

이러한 사실은 나뿐 아니라 하나님을 위해서 헌신하는 자들이라면 누구나 피부로 느끼면서 살고 있다. 그러기에 나에게 하나님과 교회를 위해서 무엇인가 할 일, 즉 사명이 있다는 것은 축복이자 행복한 일이다. 미천한 인생으로서 하나님의 거룩한 행사를 거행하는 일에 참여자가 되었으니 이보다 더 영광스런 축복과 행복이 또 어디에 있겠는가?

하나님으로부터 모든 것을 보장받아 행복한 인생으로 살기 원하거든 교회에서 무엇인가를 감당하는 사명자로서의 삶을 살아야 한다. 또한 나에게 사명을 주신 하나님께 감사하면서 살아야 한다. 그렇게 살아갈 때 우리의 생명과 건강과 생애까지도 보장해 주심으로 땅에서는 존귀하게 쓰임 받는 보배로운 인생이 되리라 확신한다.

12

/

그래도
감사하며 산다오

지금 우리가 살고 있는 시대는 보편적인 입장에서 볼 때에 감사거리보다도 불평거리가 훨씬 더 많은 것 같다. 농사를 지어도 병충해나 재해로 인하여 뿌린 만큼 수확이 되지 않는다. 젊은이들이 대학을 졸업하여도 취업하기가 어려운 세상이다. 지금은 경기가 좋지 않아 무슨 사업을 하든지 성공보다는 실패할 확률이 더 높다. 밤잠을 이루지 못하고 고생하여 전문직 자격증을 취득하였음에도 임용이 보장되지 않는 시대이다.

불평거리는 믿는 자들에게 있어서도 예외가 아니다. 아무리 믿음이 돈독한 장로님일지라도 경영에 실패할 수도 있고 사업이 존폐위기에 처할 수도 있다. 열정적인 신앙으로 헌신하며 기도하는 권사님의 가정일지라도 갑작스런 환난으로 인하여 고난의 가시밭길을 걸을 수도 있다. 인생을 살다 보면 신상의 예기치 못한 일로 인하여 번민에 빠져 밤잠을 설치는 경우들도 있기 마련이다.

이러한 상황에 처하면 대부분의 사람들은 감사보다는 불평의 마음을 갖게 된다. 이는 사람이라면 누구나 다 가지는 공통적인 마음이 아닌가 싶다.

감사는 삶을 아름답게 하는 원동력

지난날을 회고해 보면 하나님께서 은혜를 베푸시므로 경사스런 일이나 축복의 사건들을 경험도 했지만 시련과 환난도 많이 따랐었다. 인생 여정에 여러 번의 위기가 있었고 절망적인 사건들도 많았었다. 어디 그뿐인가? 혼자서 감당할 수 없는 환난으로 인하여 밤마다 십자가 밑에 나아가 아뢰기도 했었다. 누군가로부터 치욕적인 일을 당할 때도 있었는데 그때는 애처로운 모습으로 참담한 세월을 보내기도 하였다.

이러한 상황에 처하면 불신앙의 사람들은 감사보다 불평이 먼저 나온다. 나도 항상 믿음이 좋은 것만은 아니었다. 믿음이 식어지거나 약했을 때에는 감사보다도 불평이 쉽게 나온 사람이었다. 하나님은 이러한 나를 외면치 않으시고 믿음을 회복하게 하시고 그 믿음을 견고케 하셨다.

믿음의 결국은 내 마음에서 불평을 내어쫓고 감사의 마음을 갖게 하였다. 믿음은 감사를 낳았고 감사는 내 삶을 아름답게 하는 원동력이 되었다. 또한 감사는 내 삶을 풍성케 하는 강력한 요소와도 같았고 단 한 번뿐인 내 인생을 행복한 삶으로 이끄는 마차와도 같았다. 감사는 축복의 통로이자 행복의 디딤돌이며 운명을 바꾸고 인생을 아름답게 만드는 능력임이 분명하였다. 이후 내 건강을 걱정하며 위로하는 사람들에게 전하는 한 마디의 고백이 있었다.

"그래도 감사하며 삽니다. 그래도 감사하며 산다오."

성대를 수술한 후에 친구에게 토로한 고백

거듭되는 고백이지만 젊은 시절 30대 초반의 나이에 불행하게도 갑상선 악성 종양으로 13시간 동안을 수술을 받았었다. 당시 갑상선과 임파선은 물론 성대 80퍼센트 이상을 절단해 버렸다. 이후에 건강상태나 목소리가 예전과 같을 수는 없었다. 수술 후에 호흡 장애도 왔고 말을 하는 데도 힘이 들고 어려웠다. 그보다 더 처참하고 고통스러운 것은 말소리가 분명치도 않았고 말을 크게 할 수도 없는 것이었다. 아무리 힘을 주어 말을 하여도 상대편이 잘 알아듣지 못할 정도로 소리가 나지 않았다. 시간이 흐르면서 차츰 좋아지기는 했지만 성대가 완벽한 사람들의 목소리와 같을 수는 없었다.

수술 후 1년 정도가 지났을 무렵, 고향 친구를 만났다. 친구는 나의 변해 버린 목소리에 약해진 음성, 목은 물론 귀밑까지 생긴 수술 자국을 보고서 어찌된 영문인지 물었다. 그는 모태 신앙으로 성가대원까지 하면서 신실한 모습으로 사명을 감당하는 집사였다. 같은 교회에 출석한 것은 아니지만 신앙의 친구인지라 가까이 지내는 사이였다.

수술한 사실을 전혀 몰랐던 친구는 미안하다는 말을 되풀이하면서 이런 상태에서 어떻게 사느냐며 염려하였다. 나는 친구에게 앞으로 몇 년 살 수 없는 시한부 인생이라는 사실도 밝혔다. 그러면서 이런 고백을 하였다.

"나는 지금 시한부 인생에다가 말까지 제대로 할 수 없을지라도 그래도 감사하며 산다오."

친구에게 그런 고백을 한 지가 벌써 30년이 지났다. 그럼에도 건강한 모습으로 생명을 누리고 있음은 분명 하나님의 은혜이다. 여기에 또 하나 덧붙이고 싶은 고백이 있다. 이는 암담한 상황 가운데서도 원망치 않고 그래도 감사하며 산다는 고백을 하면서 믿음으로 살아온 결과였다. 믿음은 감사를 낳고 감사는 축복과 기적의 사건을 잉태시킬 뿐 아니라 삶의 현장과 내 사건 속에서 하나님을 실제적으로 경험케 하는 능력이었다.

우리가 처한 상황이 아무리 절망적이며 암담할지라도 믿음을 잃지 않고 감사의 삶을 살 수만 있다면 하나님의 은혜의 역사를 체험케 되리라 확신한다.

개척교회를 시작하며 여러 목사들에게 했던 고백

두 번째 농촌 교회에서 시무하다가 어느 날 갑자기 개척을 해야만 하는 상황에 처할 때가 있었다. 선배목사의 정치적인 압력과 장로들의 요청에 따라 많은 목사들이 부러워하던 교회에서 떠나왔다. 하루아침에 환경이 바뀌었다. 이제는 내일 일을 장담할 수 없는 개척교회를 시작하게 된 것이다. 그럼에도 불구하고 마음은 여전히 여유가 있었고 평안하였다. 이후부터 고생길이 시작되었는데도 사임설교를 했을 때처럼 감사의 마음은 여전하였다. 하나님의 평강이 그리스도 안에서 내 마음을 주장하고 있다는 증거였다.

사도 바울이 매를 맞고 감옥에 갇혀서도 감사가 넘치는 기도와 찬양을 할 수 있었던 것은 하나님의 평강이 그 마음을 주장했기 때문이었다. 내 마음도 하나님의 평강이 주장하니 초라하기가 그지없는 대여섯 평의 작은 공간일지라도 감사가 저절로 나왔다.

믿음은 감사의 삶을 살도록 이끄는 마차와 같다는 것을 다시 한 번 느꼈다. 또한 감사는 암담한 현실과 열악한 환경을 극복할 수 있는 능력이라는 사실을 실감하였다. 현실적으로 볼 때에 불평과 원망의 삶을 살아야 할 상황임에도 감사를 할 수 있었음은 내 안에 주님이 주신 믿음이 있었기 때문이었다.

내일 일을 전혀 예측할 수 없는 상황임에도 불구하고 감사하면서 십자가를 바라보며 무릎을 꿇었다. 지금까지 살아온 것과 지나온 세월들이 모두 하나님의 은혜임을 고백하였다. 현실은 암담하고, 상황은 오열할 정도로 처참했지만 하나님의 평강이 마음을 주장하니 감사의 조건들이 연이어 생각났다. 그래도 감사할 수 있도록 은혜를 베푸신 하나님께 감사드릴 뿐이다.

농촌 교회에서 사임을 하고 나온 그 주간에 여러 명의 선후배 목사들이 다녀갔다. 또한 여러 목사들로부터 염려와 함께 위로의 전화를 받기도 하였다. 그럴 때마다 그들을 향한 나의 한 마디의 고백이 있었다.

"그래도 감사하며 삽니다. 그래도 감사하며 산다오."

교회 운영을 염려하는 분들에게

지금 시무하고 있는 교회에서의 이야기이다. 부임한 지 3개월 만에 벌어진 주동집사의 목사추방운동이 처음에는 좌절되었으나 끝내는 관철되어 단합된 행동을 보였다. 믿음이 없는 새신자들과 경제력이 전혀 없는 연로한 교인들만 남겨두고 집단으로 교회를 떠나버렸다. 그러다 보니 교인들의 헌금으로는 공과금조차 해결할 수 없는 상황이 되고 말았다.

당시 교회를 방문하는 사람들마다 교회의 어려운 형편을 염려하며 걱정하였다. 그들로부터 동정을 받을 때마다 내 입에서 나오는 한 마디의 공통적인 고백이 있었다.

"그래도 감사하며 삽니다. 그래도 감사하며 산다오."

이후에 하나님은 교회 운영에 차질이 없도록 친히 은혜를 베푸셨는데 목회에 필요한 부분들을 모두 공급하셨고 모자람이 없도록 재정을 채워주셨다. 이러한 일들을 통해서 하나님의 교회는 하나님이 친히 그 운영을 책임져 주신다는 것을 깨달았다. 그리고 감사는 하나님의 능하신 손길을 움직이는 비결이라는 사실도 피부로 느꼈다.

암담한 상황에서도 감사의 고백이 나오다

어느 해인가 불청객인 '볼라벤'이라는 태풍이 휘몰아쳐 왔다. 당시 볼라벤은 많은 사람들에게 공포와 두려움을 주면서 전국을 강타하였다. 태풍은 점점 강해지면서 종탑 지붕과 교회당 지붕 마감재인 아스팔트슁글이 태풍에 모두 날아가 버렸다. 태풍에 종탑 지붕은 완전히 벗겨져 버렸고 교회당 지붕의 상당 부분까지도 파손되었다.

태풍으로 인한 피해와 고충은 이것으로 끝나지 않았다. 상황은 산 넘어 산이었다. 교회당 천장 전체에 빗물이 주룩주룩, 뚝뚝 떨어지고 있었다. 누전으로 인하여 차단기가 내려가니 전기 공급이 되지 않았고 예배를 드리는 데 곤란을 겪기도 하였다. 우리는 애처로운 모습으로 기도만 할 뿐이었다. 나는 답답한 마음과 착잡한 심정으로 십자가 밑에 나아가 암담한 상황과 열악한 환경을 아뢰었다. 밤을 지새우며 간구하는 나를 외면치 않으시고 말씀으로 응답해 주셨다. 평소에 즐겨 암송하던 말씀이 뇌리에 섬광처럼 스치었다.

> 아무것도 염려하지 말고 다만 모든 일에 기도와 간구로, 너희 구할 것을 감사함으로 하나님께 아뢰라(빌 4:6).

하나님의 말씀이 기억되는 순간에 기도의 내용도 바뀌었다. 태풍으로 인하여 건물이나 지붕 전체가 날아가지 않고 마감재만 날아간 것을 감사하였다. 성글이 바람을 타고 멀리 날아갔는데도 사람이나 차량에 추돌되지 않았음을 감사하였다. 교회당에 빗물은 새어들지만 예배는 드릴 수가 있음에 감사하였다. 교회가 어려움에 처했다는 소식이 전해지면서 전화가 빗발쳤고 찾아와서 위로하며 염려를 해준 목사님들이 있었다. 그럴 때마다 내 입에서는 이러한 고백이 나왔다.

"그래도 감사하며 삽니다. 그래도 감사하며 산다오."

감사는 하나님의 손길을 움직이는 도구

그러던 어느 날이었다. 우리 교회에 관심을 갖고 계시는 원로목사님이 태풍에 교회는 괜찮으냐며 안부를 물으셨다. 나는 기도를 부탁드리는 차원에서 태풍으로 인한 피해상황과 교회 형편을 그대로 말씀드렸다. 그랬더니 공사비가 얼마나 드는가를 알아보고 연락을 달라고 하셨다. 결과적으로 원로목사님의 자녀들을 통해서 지붕공사를 해결해 주셨다.

결국 교회당 건물이 이전보다도 더 아름다워졌다. 교회당 지붕을 볼 때마다 흐뭇하였고 감사가 절로 나왔다. 환난이나 고난과 시련 가운데서의 감사야말로 하나님의 살아계심을 피부로 느끼게 되는 비결임을 증명해 주는 사건이었다.

하나님을 향해 감사하는 마음에 영상처럼 스치는 영적인 교훈이 있었다. 태풍에 지붕이 파손되어 비가 새는 상황 가운데서도 불평치 않고 감사했더니 하나님께서 그 믿음을 보시고 원로목사님을 감동시키신 것이 아니었을까?

하루하루 건강과 생명 주심에 감사하면서

나는 새벽에 일어나면서 오늘도 생명 주심에 감사한다. 이어서 호흡할 수 있음에 감사하며 일과를 시작한다. 기관지가 좋지 않아 늘 감기를 달고 산다. 알레르기 비염이 있어 환절기나 황사가 있는 날에는 콧물, 재채기로 인하여 고통의 세월을 보낸다. 거기에다 성인병까지 있으니 내 건강은 이미 적신호가 온 지 오래였다. 어디 그뿐인가. 30년 전에 목을 수술했던 신체인지라 때로는 호흡곤란으로 고통에 시달리기도 한다. 한밤중에 잠을 자다가도 숨이 탁탁 막힌다. 이 모습이 내 건강의 현주소이다.

주치의나 다름이 없을 정도로 내 건강을 챙겨주는 장로님이 계신다. 한약방을 운영하시는 장로님인데 목사가 병을 달고 사니 가련하게 보였던지 10년 이상을 한약으로 섬겨 주고 계신다. 몸의 기력이 약할 때에는 보약을 다려주기도 하신다. 그러다 보니 몸에 이상이 생기면 먼저 장로님에게 달려간다. 장로님은 나를 만날 때마다 그런 몸으로 어떻게 목회를 하느냐고 하면서 걱정과 함께 나의 건강을 챙겨주신다. 그럴 때마다 내 입에서 나오는 고백은 어느 때나 한결같다.

"그래도 감사하며 살고 있습니다."

한약방 장로님을 만난 지가 벌써 15년이 지났다. 내가 지금 이 순간까지 호흡하고 있음은 순전히 하나님의 은혜였는데 거기에는 그래도 감사하는 믿음의 고백이 있었기 때문이 아니었을까?

냇가에서 넉장거리를 했을지라도 감사하다

4월 어느 날인가 친구 목사 부부가 찾아왔다. 산에서 나는 엄나무의 잎과 두릅나물이 건강에 좋다며 동행하기를 원하였다. 내가 살고 있는 지역인지라 안내하면서 운동도 할 겸, 친구 목사 부부와 함께 교회 뒷산에 올라갔다. 태풍에 쓰러진 나무들로 인하여 길도 막히고 숲이 우거져 등산하기가 곤란하였다.

산과 산 사이에 골짜기가 있었는데 그곳을 지나다가 넓적한 바위 위에서 그만 미끄러져 버렸다. 바닥에 이끼가 끼어 있어 발을 내딛는 순간 넉장거리하고 말았다. 누가 볼까봐서 후다닥 일어났다. 그 순간에 내 입에서 "하나님, 감사합니다"라는 말이 저절로 흘러나왔다. 감사거리가 아님에도 하나님께 감사가 먼저 나왔다. 이는 믿음의 사람이라면 누구나 다 가지는 공통적인 모습이 아닌가 싶다.

넉장거리를 했지만 걷는 데는 아무 이상이 없어 그길로 하산하였다. 생각할수록 참으로 감사하고 또 감사할 일이었다. 앞으로 엎드러졌든지 뒤로 넉장거리를 했었더라면 머리가 다치든가 얼굴이 상했을 것인데 옆으로 미끄러져 팔만 좀 이상이 있었다.

"하나님, 한쪽만 조금 다치게 하심을 감사합니다."

감사 신앙에서 감사의 고백이 나온다

집에 오니 그제서야 허벅지가 부어오르면서 통증이 오기 시작하였다. 넘어지면서 바닥에 마찰된 팔도 아픔과 함께 쓸 수 없을 정도로 부자유스러웠다. 그러할지라도 팔이 부러지지 않았기에 이로 인하여 감사하면서 하룻밤을 지냈다. 아침에 일어나니 허벅지와 팔뚝은 전날보다 더 부어 있었고 통증도 더 심하였다. 그러할지라도 감사를 드렸다. 바윗돌 위에서 완전히 넉장거리를 하였음에도 머리가 상하지 않고 허리를 다치지 않았으니 얼마나 감사한 일인가? 두 손을 마주 붙잡고 하나님께 감사를 드렸다.

빠른 회복을 위해서 병원을 찾았다. 원장이 넘어질 때의 상황을 들은 후에 진찰해 보더니 경험과 상식이나 넘어진 정황으로 보아 영락없이 허리를 다쳐야 맞는 것인데, 하나님이 보살펴 주셨다는 것이었다. 이 일을 통해 하나님의 보호하심을 다시 한 번 체험하였으니 얼마나 감사한 일인가? 부자유스러운 몸에다 통증으로 신음하면서도 하나님께 감사할 수 있음은 그래도 내 심령에 감사의 신앙이 굳게 자리를 잡고 있기 때문이 아니었을까? 그 감사의 신앙이 감사하는 습관을 갖게 했고 건강과 생명을 누리는 데 디딤돌이 되었다. 참으로 감사할 따름이다.

지갑을 도둑맞고도 감사하다

한밤중에 잠에서 깨어났다. 다른 날에는 알람소리를 듣고 새벽에 일어나는데 그날따라 웬일인지 새벽 2시쯤에 깨어났다. 목이 말라 물을 마시러 주방에 들어서는 순간에 도둑이 들어왔다는 것을 알았다. 주방 창문이 열려 있었다. 서재로 가 보니 서랍들이 모두 열려 있었고 책장에 꽂혀 있던 몇 권의 책들이 뽑혀 있었다. 서랍을 확인하는 순간, 지갑이 없어졌다는 사실을 알았다. 지갑에는 신분증과 약간의 현금과 두 개의 신용카드가 들어 있었다. 불쾌하기도 하고 지갑을 잘못 간수한 나 자신이 원망스러웠다.

한밤중에 즉시 카드사에 분실신고를 하였다. 두 군데 모두 확인하니 카드는 아직 사용하지 못한 것 같았다. 카드를 도난당하기는 했지만 불이익을 당하지 않았으니 얼마나 감사한 일인가? 만일 지갑이 도난 맞았는지를 모르고 있었다면, 만일 이른 저녁에 지갑을 잃어버렸더라면, 만일 도난 신고를 하기 전에 카드를 사용했더라면, 꼼짝없이 불이익을 당하고 말았을 것이다. 그런데 한밤중에 도난을 당했으니 얼마나 감사한 일인가?

새벽기도회를 마치고 도둑으로 인하여 어지러워진 서랍과 책들을 정리한 후에 책상 앞에 앉았다. 한밤중에 있었던 일을 생각하니 감사가 저절로 나왔다. 지갑은 잊어버렸으나 금전적으로 손해를 보지 않았으니 참으로 감사한 일이었다.

손녀의 발가락뼈가 부러졌음에도 감사하다

하나님의 은혜로 둘째아들에게서 손자손녀를 보았다. 자식 사랑은 내리사랑이라고 아들보다도 손녀가 더 예쁘고 사랑스러웠다. 손자손녀를 선물로 주신 것도 감사한데 주일마다 볼 수 있어서 더욱 감사한 일이었다. 주일예배를 드리러 왔는데 한쪽 발을 땅에 딛지 못하는 것이었다. 토요일 오후에 소파에서 내려오다가 넘어진 후부터 한쪽 발을 쓰지 못한다는 것이었다. 병원에 가서 X-레이를 찍어보니 발가락 뼈 끝부분이 부러졌다며 깁스를 해주었다. 지난번에는 수족구병에 걸려 두 주간 동안 입원해 있었는데 이번에는 발을 다쳤으니 손녀에게는 수난이었고 가정적으로는 환난이었다.

병원에서 손녀의 다친 다리에 손을 얹고 빨리 회복되기를 위해 기도하였다. 또한 한쪽 발만 다쳤음을 감사하였다. 아들 부부 역시 믿음의 사람들인지라 한쪽 다리만 다친 것이 그나마 다행이라며 감사하였다.

아장아장 걸으면서 뛰어놀아야 할 시기에 깁스를 하고서 유모차를 타고 다니는 손녀를 볼 때 안쓰러웠다. 깁스를 했을지라도 주일예배에 참석하여 '기도 손'을 하고 '아멘'을 하는 손녀의 모습에 다시 한 번 감사드렸다. 손녀가 다쳤다는 것을 알고서 걱정을 해주는 친구목사에게 나는 이런 고백을 하였다.

"한쪽 발만 다쳐서 감사합니다."

인생을 살면서 감사해야 할 이유

불평은 사탄의 도구로서 삶의 터전을 지옥으로 만드는 마력이 있다. 그러나 감사는 하나님의 선물로서 마음은 물론 주변까지도 천국으로 만드는 위력이 있다. 그러기에 어떠한 경우에도 감사하며 살 수 있어야 한다. 이것이 바로 감사하면서 살아야 할 이유 중의 하나이다.

주변 사람들이 나를 원수같이 대하며 괴롭힐지라도, 환난과 핍박이 눈보라처럼 휘몰아쳐 올지라도, 지금의 삶이 힘들고 어려울지라도, 설령 하나님께서 나를 외면하실지라도, 기도에 응답이 없을지라도, 설령 원수들에게 욱여쌈을 당하고 죽음의 위기에 처할지라도, 그래도 감사하며 살 수 있어야 한다. 성도들이 환난이나 시련과 고난 가운데서도 감사해야 할 이유가 있다면 감사하는 자의 결국이 아름답고 위대하도록 하나님께서 배경이 되어 주시기 때문이다. 범사에는 물론이려니와 환난 날에나 고난의 때에 감사하는 자들을 하나님은 외면치 않으시고 그 인생이 아름답고 행복하도록 배후에서 도우시리라 확신한다.

감사하면서 살아야 인생이 아름답고 행복하다

성경에는 원망불평을 하다가 불행하게 되었거나 패망한 사람들이 나온다. 그러나 감사의 삶을 통하여 축복과 기적의 사건들을 체험한 사람들도 있다. 전자를 가리켜서 '불신앙의 사람들'이라고 한다면 후자를 가리켜서 '믿음이 돈독한 사람들'이라 할 수 있다. 원망과 불평의 사람들을 가리켜서 '자신을 불행으로 몰고 가는 사람들'이라고 한다면 감사하는 사람들을 가리켜서 '행복을 만들어 가는 사람들'이라고 할 수 있다.

믿음이 돈독한 신앙의 사람들에게서 볼 수 있는 하나의 공통점이 있다면 절망과 위기의 상황 속에서도 감사를 잃지 않았던 사람들이었다. 감사는 하나님께서 주신 선물로 인생을 행복하게 하지만 불평은 사탄이 주는 것으로, 인생을 불행케 만든다는 사실을 주변 사람들을 통해 누누이 보아왔다.

감사는 믿음을 생동케 하지만 불평은 믿음을 소멸시켜 버린다는 사실도 경험하였다. 믿음의 사람들은 감사를 통하여 자신의 운명을 바꾸어 존귀한 자리에 올랐으나 불신앙의 사람들은 불평을 하므로 자신의 운명을 파멸로 몰아갈 뿐이었다. 뿐만 아니라, 단 한 번인 자신의 인생을 파멸시켜 버렸다. 그래서 나는 감사하며 살기로 했다.

나가면서

글을 마무리하면서 남기고 싶은 메시지가 있다. 인생길에서 빈들이나 무덤과 같은 절망적인 상황에 처하여 앞길이 칠흑같이 어두울지라도 감사하며 살아야 한다. 이유는 감사의 힘이야말로 인생과 삶을 바꾸는 능력이자, 마음의 병과 신체의 질병을 치유하는 능력이기 때문이다. 그리고 감사의 마음이라야 하나님이 거하시며 감사의 마음에 은혜가 머물러 있기 때문이다.

믿음이 불평을 감사로 바꾸는 능력이라면 감사는 절망을 소망으로, 불행을 행복으로, 병든 육체를 건강한 신체로, 고통을 평안으로, 부족함을 풍성함으로, 빈들을 잔칫집으로, 사망을 생명으로, 패망의 위기를 축복의 기회로 바꾸는 능력이라 할 수 있다.

그러므로 어떤 상황에서도 감사할 수 있어야 한다. 인생길에 어떠한 위기의 상황이 올지라도 그래도 감사하며 살 수 있어야 한다. 감사는 축복을 끌어오는 능력이라는 사실을 기억하면서 감사의 삶이 습관화되기를 원한다. 그래서 모두 다 능력의 하나님을 경험함으로 기적의 사건을 삶의 현장에서 내 자신의 사건으로 체험하는 축복의 주인공들이 되기를 소망하는 바이다.

해를 선으로 바꾸신 하나님

1판 1쇄 인쇄 _ 2018년 8월 1일
1판 1쇄 발행 _ 2018년 8월 6일

지은이 _ 이재영
펴낸이 _ 이형규
펴낸곳 _ 쿰란출판사

주소 _ 서울특별시 종로구 이화장길 6
편집부 _ 745-1007, 745-1301~2, 747-1212, 743-1300
영업부 _ 747-1004, FAX 745-8490
본사평생전화번호 _ 0502-756-1004
홈페이지 _ http://www.qumran.co.kr
E-mail _ qrbooks@gmail.com / qrbooks@daum.net
한글인터넷주소 _ 쿰란, 쿰란출판사
등록 _ 제1-670호(1988.2.27)
책임교열 _ 김영미·송은주

ⓒ 이재영 2018 ISBN 979-11-6143-168-0 03230

책값은 뒤표지에 있습니다.
이 출판물은 저작권법에 의해 보호를 받는 저작물이므로 무단 복제할 수 없습니다.
파본(破本)은 구입처에서 교환해 드립니다.